KB089289

나 홀로 고수익 내는 경매의 블루오션 3

이것이 진짜 소송 경매다

나 홀로 고수익 내는 경매의 블루오션 3

이것이 진짜 소송 경매다

이종실 지음

한국경제신문 *i*

경매(競賣) 컨설팅을 오랫동안 해왔지만 필자에게 경매는 여전히 어렵고 까다롭다. 지금도 경매 앞에서는 늘 겸손하려고 애쓴다. 경매가 어려운 건 여러 이유가 있겠지만, 기본적으로 경매를 지탱하는 두 기둥이 '법'과 '소송'이기 때문이다. 경매의 시작과 끝을 보라. 경매 신청에서부터 개시결정, 매각실시, 불허가 신청, 즉시항고, 매각결정, 잔금납부, 소유권 등기이전, 배당, 인도명령, 명도소송, 매각에 이르기까지 법과 소송으로 점철되어 있다.

경매의 또 다른 얼굴은 소송이다. 경매를 집행하려면 집행권원이 필요하다. 압류나 가압류 같은 금전 채무에 의해 집행되는 강제경매는 법원에 소송을 제기해 판결문이나 결정문과 같은 집행권원을 확보해야 한다. 소송 없이는 경매도 없는 셈이다. 근저당권의 실행에 의해 바로 경매가 이루어지는 임의경매는 이런 소송절차가 생략되어 있을 뿐이다.

우리가 경매에 참여한다는 건 직간접적으로 소송에 참여한다는 말과 같다. 부동산 경매에서 가장 쉽다고 하는 아파트 경매만 봐도 그렇다. 경매에 나온 아파트는 채권과 채무의 권리관계에 얽힌 무수한 소송의 결과물일 가능성이 높다. 죄를 짓거나 송사에 휘말리지 않는 한평생 법원 한 번 갈 일 없는 사람일지라도 경매를 하려면 법정에 수시로 드나들어야 한다. 매각허가나 불허가 과정에서 손해를 입거나 권리에 손상을 입을 경우 이의신청이나 즉시항고를 통해 바로 잡아야 한다. 등기이전을 완료한 뒤에는 임차인을 내보내기 위해 인도명령이나 명도소송을 해야 한다. 자칫 법정지상권이나 유치권, 가처분이나 가등기와 같은 까다로운 법률관계에 얽히면 무효 확인이나 배상 청구 등 또 다른 소송에 뛰어들어야 한다. 즉, 소송을 모르거나 소송이 두려우면 애초부터 경매를 시작하지 말아야 한다.

그렇다고 잔뜩 겁부터 먹을 필요는 없다. 현대 사회에 사는 우리는 예전보다 훨씬 더 다양하고 복잡한 법률관계로 얽혀 있다. 소송이 벌어지면 소송을 둘러싼 법률과 판례가 너무나 복잡하고 방대해 전문가의 도움 없이는 해결하기가 어렵다. 간단한 내용증명 하나 보내려고 해도 해보지 않은 사람에겐 결코 쉬운 일이 아니다. 법과 소송은 누구한테나 어렵다는 얘기다.

그 때문에 법과 소송은 한때 법률가들의 전유물이었다. 시대가 바뀌면서 법과 소송의 독과점에도 변화가 일고 있다. 이른바 '나 홀로 소송'의 시대다. 대법원이 매년 발간하는 사법연감에 따르면, 2017년 현재를 기점으로 과거 5년간 진행된 민사소송 가운데 '나

홀로 소송' 사건이 70%가 넘는 것으로 나타났다. 같은 기간 동안 전체 민사소송 525만 건 중 376만 건이 혼자 진행한 소송이라는 얘기다. 특히 소송 청구가액이 3,000만 원 이하인 소액 심판의 경우 나홀로 소송 비율이 80%를 훌쩍 넘는다.

요즘엔 법원에 직접 가지 않고도 소(訴)를 제기하고 진행할 수 있는 전자소송 제도도 시행되고 있고, 소송을 언제 어디서나 쉽게 제기하고 확인할 수 있도록 도와주는 모바일 애플리케이션도 출시되어 있다. 간단한 소송은 변호사나 법무사의 도움 없이 혼자 진행할 수 있는 시대다. 이런 '나홀로 소송'은 소액 경매에 특히 유용하다. 소액 경매를 하면서 변호사까지 선임해버리면 본인에게 돌아가는 수익이 없을 수도 있기 때문이다.

필자는 오랫동안 농지, 도로, 건축, 지분, 법정지상권 등 일반인들이 어려워하는 경매 물건을 주로 다루어왔다. 도로나 지분, 거기에 법정지상권이 동시에 얽힌 까다로운 물건이 나왔다면 물건의 처리과정에서 한두 차례의 소송은 불가피해질 수도 있다. 물론 소송이라는 험난한 길을 가지 않고도 협상을 통해 마무리되는 경우도 있지만, 경매 물건 중에는 반드시 소송을 전제로 해야만 풀리는 물건들이 있다. 지분이나 법정지상권, 유치권과 같은 이른바 '특수

물건'일수록 그럴 가능성이 높다. 필자는 이런 과정을 수없이 경험했다. 어떤 경우에 어떤 소송을 제기해야 하나? 이런 살아 있는 생생한 경험을 여러분과 공유하기 위해 실전 사례들을 모아《이것이 진짜 소송 경매다》라는 책을 내고자 한다. 이 책은 필자가 앞서 발간한《이것이 금맥 캐는 농지 경매다》와《이것이 진짜 도로 경매다》에 이어 세 번째 시리즈에 해당한다.

어쩌다 이 책을 붙잡게 된 독자가 있다면 고맙다는 인사와 함께 미리 몇 가지 당부드리고자 한다. 먼저 이 책은 '소송' 전문가가 아니라 '경매' 전문가가 쓴 책이라는 점을 강조해두려 한다. 경매관련 법률 체계나 소송의 절차나 기법을 염두에 두고 이 책을 골랐다면 '물건'을 잘못 고른 셈이다. 실제 경매 물건을 처리하는 과정에서 소송이 어떻게 영향을 미치는지를 보여주는 게 주목적이다. 예를 들어, 13분의 2에 해당하는 보잘 것 없는 토지 지분을 낙찰받아이를 처리하는 과정에서 소송이 어떤 지렛대 역할을 하는지를 자세히 보여준다. '소송' 실무를 배우고 익히자는 게 아니라 '경매'를 더 잘해보자는 쪽에 방점을 둔 책이다.

두 번째로 언급하고 싶은 것은 법과 소송의 이중성이다. 필자가 이 책을 쓰면서 지난 3년 간 제기한 소송 건수를 헤아려보니 백 건이 훌쩍 넘어갔다. '소송광(狂)'처럼 비쳤다면 오해다. 소송을 거치지 않고 해결한 경매 건수는 이보다 두세 배나 더 많다. 필자가 경매를 하면서 강조하게 된 법언(法諺)이 두 개 있다. 하나는 "법은 권리 위에 잠자는 자의 권리를 보호하지 않는다"는 것이고, 또 다른 하나는 "주장만 하지 말고 입증도 해야 한다"는 것이다. 입증할 수 없는 소송을 피해야 한다. 따라서 입증이 가능한 경우에만 소송을 시작해야 한다.

우리가 경매를 하면서 소송을 하는 이유는 간단하다. 경매에 나온 부동산은 채권 채무에 의한 권리관계로 법과 소송에 이리저리 찔리고 할퀸 상처투성이 물건일 가능성이 높다. 이런 물건을 낙찰받아 온전한 나의 소유로 만들거나 다시 매각하려면 곪은 상처를 털어내고 곱게 단장해야 한다. 완벽한 물건으로 만들려면 물건 주인이 적극적으로 권리를 주장하고 권리를 확보해야 한다. 법은 주장하지 않는 사람의 권리까지 나서서 찾아주고 보호해주지 않는다. 소송은 나의 권리를 온전한 것으로 만들어주는 가장 적극적인 수단이다.

하지만 소송만이 능사는 아니다. 소송을 통해 받아낸 최상의 판결보다 최악의 화해가 나을 때가 많다. 1억 원 이상 민사소송이 상고심 확정까지 걸리는 기간이 건당 평균 991일이라는 통계가 있다. 소액사건이나 단독사건의 건당 처리 기간은 그보다 짧은 797일이라고 한다. 큰 재산이 걸린 경매 물건이라면 자칫 생계마저 포기하고 법정싸움에만 2년 이상 매달려야 할 수도 있다. 그래서 협상이나 대화로 권리관계를 풀고, 재매각할 수 있다면 당연히 소송을 피해야 한다. '소송 경매'라는 말을 제목으로 갖다 붙였지만 여전히 협상, 조정, 화해가 낫다는 점을 강조해두고 싶다.

그렇다면 외유내강(外柔內剛)한 경매인의 모습은 어떨까. 안으로는 강인한 소송 실력을 감추고 있으면서 겉으로는 부드러운 협상력으로 물건을 처리해낸다면 경매계의 진정한 고수(高手)가 아닐까. 아무쪼록 이 책이 여러분의 경매 실력을 한 단계 더 높이고, 까다로운 물건을 처리해 수익을 실현하는 데 조금이라도 기여할 수 있다면 더 바랄 게 없겠다.

이종실

'소송 경매'의 성공 방정식

경매 투자의 첫 번째 단계는 권리분석이고, 두 번째는 적절한 시기와 적절한 금액에 입찰을 하는 것이고, 세 번째 단계가 낙찰 후 해결방안이라 할 것이다. 이 책은 경매 투자의 마무리 단계인 낙찰 후 소송을 통한 문제해결 및 경매 투자금의 회수에 초점이 맞추어져 있다.

많은 투자자들은 첫 번째 단계에서 수익성이 높은 물건임에도 법정지상권 성립 여지가 있거나 다수 공유자 중 1인의 지분이라는 등의 특수한 조건과 그에 따른 막연한 두려움 때문에 투자 목적물에서 아예 제외시키는 우를 범하고 있다. 아파트 경매의 경우 평균 낙찰가율이 80~85%로 형성되어 있고, 인기 지역의 경우 감정가의 100%를 상회하기도 한다. 이는 공인중개사 사무소를 통해 급매물로 나오는 일반 매물보다 수익성이 떨어지는 경우도 많아 경매 물건으로써 투자 가치를 상실했다고 볼 수 있다.

감정평가액이 1,000만 원인 토지가 '법정지상권 성립여지 있음'이라는 매각물건명세서의 문구 하나로 유찰이 거듭되어 600만 원대 혹은 500만 원대까지 떨어지기도 한다. 수익성의 관점에서 볼 때 그러한 물건이야 말로 매력적인 경매 투자 대상이라 할 것이다.

이종실 교수가 낙찰받아 소송의뢰한 사건을 처리해주다 보니 건물매각 제외 혹은 지분 경매가 대부분이었다. 처음 소송대행을 해주며 이것이 경제적 이득이 될까하는 의문을 제기한 적도 많았으나 "어느 날 합의 되었으니 소송 취하해주세요"가 전체 물건 중 60%가 넘었다.

결론은 소정의 목적이 달성되었기에 취하한 것이다. 내용적으로 이종실 교수의 낙찰물건을 검토해보니 다음과 같은 결론을 내리게 되었다.

법정지상권이 성립하는지 여부는 제쳐두고 낙찰 후에 소송을 통해 얼마든지 문제를 해결할 수 있다는 신념이다.

낙찰 후 일단 건물 철거 및 토지 인도 소송을 제기하면 법정지상권이 있거나 혹은 없다고 하더라도 토지의 매도 가격에 따라 대부분 합의로 끝나는 사실을 나도 이종실 교수의 소송의뢰 경험에 의해 알게 되었다.

그 이유는 법리적으로 두 가지다. 소송결과 법정지상권이 성립되지 않는 것으로 밝혀질 경우 원고는 건물을 철거할 권리를 갖게 된다. 법원은 피고에게 건물을 철거하고 토지를 원고에게 인도하라는 판결을 하게 되고, 이에 따라 건물 철거에 들어가야 한다. 만약 피고 측에서 건물 철거를 원하지 않는다면 어쩔 수 없이 원고와 협상을 통해 적절한 가격에 토지를 사들여야 된다. 만약 법정지상권이 성립하는 것으로 판명되어 건물을 철거할 의무가 없다하더라도, 지료 상당의 부당이득금은 토지 소유주에게 지급할 의무가 있으므로 건축주는 초저금리 은행이율을 이용해 토지를 저당 잡히며 토지구입 합의를 요구하게 된다는 사실을 경험을 통해 알게 되었다.

지분 경매도 마찬가지다. 다수 지분권자 중 일부 지분만 경매로 나오는 지분 경매가 고수익을 가져다 준다는 사실을 일반인들은 잘 알지 못하고 있다. 지분 일부를 낙찰받아 공유물 분할 소송을 제기하면 투자금액을 훨씬 상회하는 금액을 회수할 수 있는 사례를 여러 번 목격하게 되었다.

오랫동안 소송업무를 지원해주며 곁에서 지켜본 이종실 교수는 사람들이 불안전하고 까다롭다고 느끼는 물건이 반값 정도로 떨어졌을 때 낙찰받아와 소송의 방향을 예기하는 이종실 교수의 탁월한 생각을 접할 때마다 오랜 시간 동안 법무사를 해온 나도 놀랄 때가 상당히 많았다. 남들이 아예 외면하는 물건을 주로 다루다보니 생각지 못하던 일들이 생길 때도 있었으나 며칠 후 적절한 해결방안을 찾아내는 것도 여러 번 목격하게 되었다.

《이것이 진짜 소송 경매다》는 말하자면 이 교수가 무수히 많은 실전 소송 사례를 통해 찾아낸 특수물건의 성공 방정식이다.

이 책은 이제 막 경매 투자에 관심을 갖고 시작하는 초심자들에게는 두려움을 줄여주는 역할을, 투자경험이 풍부한 분들에게는 적절한 투자 방법과 해결방안을 제시하는 경매 투자의 바이블 역할을 하리라 믿는다.

책을 출간하기까지 수고하신 저자 이종실 교수의 노고를 다시한 번 치하 드리며, 이 책을 읽는 모든 분들이 경매 투자를 통해 목적하신 소정의 결과를 얻으시길 바란다.

법무사 유종수

차 례

머리말 … 4
추천의 글 '소송 경매'의 성공 방정식 … 10

PART 01 공유자 우선매수 실전 사례

🔍 공유자 우선매수 신청이란? … 19
01 우선매수 신청을 여러 명이 동시에 할 경우 … 20
02 입찰보증금을 제출하지 않으면 우선매수 무효 … 24
03 우선매수 신청 권한은 1회만 주어진다 … 28
04 공유자가 많을 땐 돌아가면서 신청한다 … 31
05 우선매수를 몰랐던 공유자가 낙찰자 미납 후 우선매수를 사용하다 … 34
06 자격 없는 공유자가 우선매수했다가 추후 불허가 … 37
07 여러 필지 매각 때 모든 필지에 지분 있어야 공유자 자격 발생 … 41
08 이런 경우엔 공유자 우선매수 신청 자격 없다 … 44

PART 02 행정소송의 시작

🔍 행정소송이란? … 49
🔍 농취증 미발급에 대한 판결문 사례 … 51
01 합법 건물인 공장이 세워진 농지의 경매 … 58
02 주택이 세워진 과수원의 농취증 발급 여부 … 92
03 잘못된 농지전용부담금 부과에 맞선 행정심판 … 101

PART 03 토지 특수 경매 입문

01 까다로운 권리분석을 끝내놓고 … 129
02 명도 협상의 모범 답안? … 143
03 "집 마당에 컨테이너 놓고 살 테니 알아서 하세요" … 162
04 '역지분' 구조도 돈이 되네요 … 170
05 땅 한 필지를 세 사람에게 매각하다 … 179
06 "법은 권리 위에 잠자는 자의 권리를 보호하지 않는다" … 196
07 지분 얼마에 파실래요? … 211

PART 04 소송 송달 후 합의

01 공유자가 미국에 거주한다고? … 219
02 주유소를 허물어달라? … 229
03 욕설만 퍼붓는 공유자와 어떻게 협상하나요? … 242
04 우선매수 권리를 모르는 공유자 … 253
05 헌 건물이 자기 것이라고 하는 이웃집 주인 … 258

PART 05 조정으로 합의한 실전 사례

01 "죽을 때까지 이 집에서 못 나가!" … 273
02 남의 집 마당의 5평짜리 조각 땅 … 288
03 "멀쩡한 건물을 왜 허뭅니까?" … 307
04 2,100만 원에 낙찰받은 토지에 7,500만 원짜리 건물을 허물라니요? … 324
05 돌아가실 때까지 지료 낼게요! … 339
🔍 부동산 점유 취득시효란? … 356
06 시효취득으로 맞서는 건물주를 응징하다 … 359
07 이웃에서 토지 침범을 취득시효로 명도 거부하다 … 378

PART 06 판결문으로 결정

01 무변론 무대응 … 391
02 건물은 지키고 싶고 많은 돈은 내기 싫고 … 403
03 돈은 안 내고 말로만 하는 자식들 … 416
04 동문서답 … 436
05 무변론 무대응 판결 후 협상 … 446
06 얼마에 지분 파실래요? … 455

Part
01

공유자 우선매수
실전 사례

"
제도를 아는 것 자체가
큰돈이 되기도 한다.
"

공유자 우선매수 신청이란?

"교수님, 13분의 2 쪼가리 땅 지분을 경매로 받아서 어디에 씁니까?"

요즘처럼 지분 경매가 크게 주목받지 않았을 때 수강생들로부터 간혹 들었던 질문이다. 상식적으로 생각해봐도 그렇다. 100평짜리 대지 가운데 5평만큼만 지분으로 매입한다면 무슨 소용이 있을까 싶다. 공유 지분은 권리를 지분만큼 다른 공유자들 여러 명과 함께 공유하고 있기 때문에 해당 부동산을 관리하고, 매각하고, 처분하는 데 많은 제약과 불편이 따른다. 다른 부동산의 지분을 내 돈을 주고 매입하기가 꺼려지는 것도 이런 권리상의 제약 때문이다. 그래서 부동산의 지분이 경매로 나왔을 때 처음에는 사람들의 관심을 그다지 끌지 못했다.

하지만 알고 나면 지분 경매만큼 매력적인 경매 분야도 드물다. 성공적으로 지분을 낙찰받았을 때, 다른 지분권자에게 지분을 되팔아 단기간에 수익을 올릴 수도 있고, 작은 지분을 지렛대 삼아 지분 전체를 내 것으로 만들 수도 있기 때문이다. 뒷장에서 실전 사례를 통해 자세하게 소개하겠지만, 지분 경매로 수익을 실현하는 방법은 대략 세 가지 정도다. 첫째는 협상을 통해 다른 공유자에게 지분을 되파는 방법이다. 둘째는 낙찰자가 나머지 공유자의 지분을 사들여 내 소유로 만들거나 제3자에 매각하는 방법이다. 세 번째는 이런 협상이 결렬되었을 때 공유물분할청구 소송을 통해 해당 부동산을 경매로 매각해 대금을 지분대로 나누는 방법이다. 뒤로 갈수록 시간과 노력이 많이 걸리는 단점이 있지만, 권리분석만 제대로 한다면 적은 돈을 들여 높은 수익을 올릴 수 있는 게 지분 경매다.

하지만 이런 지분 경매도 단점은 있다. 낙찰자 입장에서 가장 큰 단점은 공유자 우선매수 신청 제도다. 열심히 권리분석을 하고, 발품을 팔아 현장 조사를 한 뒤 경매에 들어가 1등으로 낙찰받으려는 순간, 공유자가 나타나 우선매수 신청을 해버리면 모든 게 허사가 되고 만다. 이처럼 공유자 우선매수 권한은 낙찰자에겐 독이지만, 공유자 입장에선 공유재산을 지킬 수 있는 약이다. 제도를 잘 활용했을 때 그렇다는 얘기다. 그러나 경매를 오랫동안 하면서 느낀 점은 낙찰자나 공유자나 모두 '공유자 우선매수 신청 제도'에 대해 정확하게 모르는 경우가 많더라는 것이다. 심지어 공유자가 우선매수를 신청해 매각 물건을 가져갈 수 있는데도 일반인들과 함께 응찰에 참여해 눈앞에서 물건을 놓치는 것도 목격했다. 그래서 이 장에서 일곱 가지 사례를 통해 공유자 우선매수 신청 제도가 무엇인지 자세히 알아보려고 한다. 제도를 아는 것 자체가 간혹 큰돈이 되기도 한다는 걸 명심해두자.

우선매수 신청을 여러 명이 동시에 할 경우

01

공유자 우선매수 신청은 복수의 공유자들이 공유하고 있는 부동산이 지분으로 경매에 나왔을 때 나머지 지분권자가 제3의 입찰자에 우선해 해당 지분을 매수할 수 있는 권리를 말한다. 이는 공유지분의 매각으로 인해 새로운 사람과 공유관계를 맺는 것보다 기존 공유관계를 유지하는 것이 공유재산의 관리에 더 효율적이라는 사회적 합의에 따른 것이다.

'공유자의 우선매수권'은 민사집행법 제140조에 규정되어 있다. 그 내용은 다음과 같다.

① 공유자는 매각기일까지 제113조에 따른 보증을 제공하고 최고매수신고가격과 같은 가격으로 채무자의 지분을 우선매수하겠다는 신고를 할 수 있다.

② 제1항의 경우에 법원은 최고가매수신고가 있더라도 그 공유자에게 매각을 허가해야 한다.

③ 여러 사람의 공유자가 우선매수하겠다는 신고를 하고 제2항의 절차를 마친 때는 특별한 협의가 없으면 공유지분의 비율에 따라 채무자의 지분을 매수하게 한다.

④ 제1항의 규정에 따라 공유자가 우선매수 신고를 한 경우에는 최고가매수신고인을 제114조의 차순위매수신고인으로 본다.

공유자 우선매수를 신청하는 방법은 두 가지가 있다. 하나는 사건번호가 나온 뒤 경매 기일 전까지 서류로 신청하는 방법과, 경매 당일 법정에 나가 집행관이 해당 물건에 대한 매각을 종결한다는 고지 전까지 신청하는 방법이 있다. 과거 공유자들이 우선매수 제도를 무한정 사용해 경매 가격을 떨어뜨리는 데 악용한다는 지적에 따라 지금은 1회에 한해 사용 권한이 주어지고 있다. 이 때문에 어느 방법이든 신중하게 사용해야 한다. 공유자 입장에서 두 방법 모두 각각 장단점이 있다. 서류로 신청하게 되면 문건접수내역을 통해 일반에 공지가 되기 때문에 제3자의 경매 참여를 막는 효과를 얻을 수 있다. 하지만 해당 경매 기일에 권한을 신청하지 않으면 1회 사용한 것으로 간주되어 다음 기일부터는 자격이 없어진다. 두 번째 방안은 대중적 공시효과는 없지만, 해당 기일에 법정에 나가 경매를 지켜보다가 아무도 응찰하지 않을 경우 권한을 사용하지 않고 다음 기일로 넘길 수 있다.

우선매수 청구가 실제로 어떻게 사용되는지 사례를 통해 살펴보자. 이번 물건은 경남 김해에 토지와 건물이 각각 5분의 1씩 지분 경매로 나와 창원에 있는 수강생에게 추천했던 물건이다. 3차 매각 때 수강생이 9,159만 원을 써서 최고가매수신고인이 될 뻔했는데, 5분의 1 지분을 가진 다른 공유자 김○○ 씨가 공유자 우선매수를 신청해 빼앗기고 말았던 물건이다. 이처럼 지분 경매는 어렵게 권리분석을 하고 현장 조사를 한 뒤 응찰했다가 경매 당일 공유자가 나타나면 최고가매수신고인의 신분을 고스란히 넘겨줘야 한다.

이런 경우도 있었다. 토지와 건물의 4분의 1 지분이 경매로 나와 응찰해 1등을 했는데, 공유자가 나타났다. 그런데 잠깐 후에 다른 공유자가 나타나고, 곧이어 또 한 명의 공유자가 더 나타나 모두 세 명의 공유자가 동시에 우선매수 신청을 하는 걸 본 적이 있다. 이런 경우는 어떻게 처리할까? 4분의 1 지분을 세 사람이 3분의 1

2016 타경 34×× 경상남도 김해시 지내동 4×× 외 1필지

2016 타경 34■ (강제)	물번1 [매각] ∨		매각기일 : 2017-06-13 10:00~ (화)		경매5계 055-239-2115
소재지	(50826) 경상남도 김해시 지내동 4■외 1필지 [도로명] 경상남도 김해시 분성호677번길 4-17[지내동 4■외 1필지]				
용도	주택	채권자	농협은행	감정가	121,964,264원
대장용도	단독주택 다세대주택	채무자	김■규	최저가	(64%) 78,057,000원
지분토지	160.2㎡ (48.46평)	소유자	김■정 外	보증금	(10%)7,806,000원
지분건물	65.504㎡ (19.81평)	매각대상	토지/건물지분매각	청구금액	101,247,081원
제시외	포함 : 1.3㎡ (0.39평) 제외 : 33.8㎡ (10.22평)	배당종기일	2016-06-13	개시결정	2016-03-18

기일현황

회차	매각기일	최저매각금액	결과
신건	2016-12-12	121,964,264원	유찰
2차	2017-01-09	97,571,000원	유찰
3차	2017-02-10	78,057,000원	유찰
	2017-03-10	62,446,000원	변경
신건	2017-04-12	121,964,264원	유찰
2차	2017-05-10	97,571,000원	유찰
3차	2017-06-13	78,057,000원	매각
김■철/입찰4명/낙찰91,596,000원(75%) 2등 입찰가 : 79,234,000원			
	2017-06-20	매각결정기일	허가
	2017-07-18	대금지급기한	

주요 등기사항 요약 (참고용)

[주 의 사 항]
본 주요 등기사항 요약은 증명서상에 말소되지 않은 사항을 간략히 요약한 것으로 증명서로서의 기능을 제공하지 않습니다.
실제 권리사항 파악을 위해서는 발급된 증명서를 필히 확인하시기 바랍니다.

[건물] 경상남도 김해시 지내동 4   의 1필지   고유번호 1966-2005-008608

1. 소유지분현황 (갑구)

등기명의인	(주민)등록번호	최종지분	주　　　소	순위번호
김　정 (공유자)	700826-*******	5분의 1	경상남도 김해시 지내동 4	1
김　규 (공유자)	660901-*******	5분의 1	김해시 지내동 4	1
김　월 (공유자)	680810-*******	5분의 1	김해시 지내동	1
김　옥 (공유자)	660413-*******	5분의 1	김해시 장유면 대청리 291-1 갑오마을1단지푸르지오아파트 101-18	1
김　식 (공유자)	330206-*******	5분의 1	김해시 지내동 4	1

2. 소유지분을 제외한 소유권에 관한 사항 (갑구)

순위번호	등기목적	접수정보	주요등기사항	대상소유자
2	가압류	2006년6월19일 제48926호	청구금액 금3,692,807원 채권자 농업협동조합중앙회	김　규
3	압류	2015년10월28일 제126870호	권리자 김해시	김　규
4	강제경매개시결정	2016년3월18일 제23629호	채권자 농림수산업자신용보증기금관리기관농업협동조합중앙회	김　규
5	압류	2016년10월28일 제100044호	권리자 국민건강보험공단	김　월

씩 똑같이 나누어 갖게 된다. 그럼 지분 비율이 다른 공유자가 동시에 신청하면 어떻게 될까? 예를 들어, 10분의 1 지분을 가진 공유자와 20분의 1 지분을 가진 공유자가 동시에 신청했다고 가정하면, 이때는 지분 비율대로 나누게 된다.

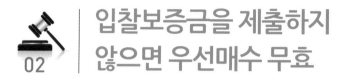

02 | 입찰보증금을 제출하지 않으면 우선매수 무효

경매 당일 법정에서 공유자 우선매수 신청을 하려면 신분증과 함께 매각 가격의 10%에 해당하는 입찰보증금을 준비해야 한다. 입찰보증금과 관련해 이런 일이 있었다.

충남 공주에 토지 지분 5분의 1이 강제경매로 나왔을 때였다. 1,000만 원에 시작한 감정가가 30%대까지 떨어져 필자의 수강생이 응찰했다. 해당 물건은 채권자인 금융기관이 채무자가 사망하는 바람에 자녀들에게 대위상속(사망한 채무자의 재산을 직계 비속에게 상속하게 하는 것)을 시켜 자녀들이 5분의 1씩 지분으로 갖고 있었다. 이후 같은 동네 주민인 신○○ 씨가 자녀 중 한 명인 정○○ 씨의 지분을 사서 해당 토지에 농사를 지으며 관리하고 있었다. 이런 상태에서 정씨 자녀 중 다른 한 명의 지분이 경매로 나왔던 것이다.

수강생이 최고가로 무사히 낙찰받은 뒤 토지를 관리하고 있는 신씨를 만나러 갔다. 필자의 권유대로 수강생이 신씨에게 협상안을 제시했다. 수강생은 평당 3만 5,000원에 낙찰을 받았으니 평당 7만 원에 신씨가 땅을 사가거나, 아니면 그 가격에 신씨가 수강생에게 팔거나 둘 중 하나를 선택하라고 제안했다. 그 제안에 신씨는 자신이 꼭 사고 싶다면서 대신 좀 깎아달라고 했다. 370만 원에 낙찰받아서 취득세를 내고 나면 기껏해야 100~200만 원 남는데, 깎아줄 게 뭐있냐고 수강생이 대꾸했다. 그러자 신씨는 자기가 차순위 신고를 해두었다면서 200만 원을 줄테니 수강생더러 잔금을 내지 말고 매입을 포기하면 어떻겠냐고 제안해왔다.

'어, 공유자가 왜 입찰에 들어가서 차순위 신고를 하지? 우선매수 신청을 하면 아무런 문제가 없었을 텐데?'

사연을 들어보니 이랬다. 신씨는 최저가격에 2만 원을 더 써서 입찰 후에 아무도 안 들어오면 그 가격에 낙찰받을 생각이었다. 그런데 우리 수강생이 함께 응찰해 20만 원을 더 쓰는 바람에 최고가매수신고인 자격을 빼앗길 처지가 되었다. 이때 신씨가 급하게 공유자 우선매수 신청을 한 것이다. 집행관이 신분증을 요구해 공유자 신분은 확인되었다. 이어 입찰보증금 제출을 요구하자, 돈이 입찰함 봉투에 들어 있다면서 그걸 받아서 제출하면 안 되냐고 사정했다. 집행관은 현재 이 순간에 입찰보증금이 없으면 무효라면서 우선매수 신청을 받아들이지 않았다.

신씨는 공유자 우선매수 신청제도에 대해 알고 있었지만, 이런 실수를 저지르는 바람에 매수신청이 무효가 되고 말았다. 수강생은 덕분에 잔금 납부는 물론, 등기절차도 거치지 않고 수익을 실현할 수 있었다.

2013 타경 34×× 충청남도 공주시 탄천면 운곡리 15×-×

2013 타경 34▒▒ (강제)		매각기일 : 2014-04-14 10:00~ (월)		경매1계 041-840-5742
소재지	(32608) 충청남도 공주시 탄천면 운곡리 15▒-▒ 외2필지 [도로명] 충청남도 공주시 운곡양지울길 ▒ (탄천면)			
용도	대지	채권자	희망모아유동화	감정가	10,346,200원
지분토지	363.6㎡ (109.99평)	채무자	정▒구	최저가	(34%) 3,548,000원
건물면적		소유자	정▒구 外	보증금	(10%) 355,000원
제시외	제외 : 176.2㎡ (53.3평)	매각대상	토지지분매각	청구금액	116,571,042원
입찰방법	기일입찰	배당종기일	2013-10-01	개시결정	2013-07-12

기일현황

회차	매각기일	최저매각금액	결과
신건	2013-12-23	10,346,200원	유찰
2차	2014-01-27	7,242,000원	유찰
3차	2014-03-03	5,069,000원	유찰
4차	2014-04-14	3,548,000원	매각
	낙찰3,789,000원(37%)		
	2014-04-21	매각결정기일	허가
	2014-05-20	대금지급기한	미납
	2014-05-30	매각결정기일	차순위 매각허가
	2014-06-20	차순위매각허가	납부
	2014-07-24	배당기일	완료
	배당종결된 사건입니다.		

[토지] 충청남도 공주시 탄천면 운곡리 160-▒   고유번호 1612-1996-876241

순위번호	등 기 목 적	접 수	등 기 원 인	권 리 자 및 기 타 사 항
3	소유권이전	2007년3월20일 제7568호	2006년1월23일 상속	공유자 지분 5분의 1 정▒ 670126-2****** 서울 중랑구 면목동 104-▒ 지분 5분의 1 정▒ 680416-1****** 남양주시 별내면 화접리 600-▒ 지분 5분의 1 정▒구 690310-1****** 공주시 장기면 금암리 391-▒ 지분 5분의 1 정▒ 710821-1****** 서울 관악구 신림동 646-▒ 지분 5분의 1 정▒구 811026-1****** 공주시 탄천면 운곡리 160-▒ 대위자 동부화재해상보험주식회사(110111-0005285) 서울 강남구 대치동 801-10 대위원인 서울중앙지방법원 2000가소217612판결정본 (구상금)
4	3번정▒구지분강제경매개시결정	2007년3월26일 제8134호	2007년3월26일 대전지방법원공주지원의 강제경매개시결정(2007 타경1618)	채권자 동부화재해상보험주식회사 110111-0005285 서울 강남구 대치동 801-10
5	3번정▒구지분전부이전	2009년1월2일 제73호	2008년12월31일 강제경매로 인한 매각	공유자 지분 5분의 1 신▒ 611227-1******

26 이것이 진짜 소송 경매다

주요 등기사항 요약 (참고용)

[주 의 사 항]

본 주요 등기사항 요약은 증명서상에 말소되지 않은 사항을 간략히 요약한 것으로 증명서로서의 기능을 제공하지 않습니다.
실제 권리사항 파악을 위해서는 발급된 증명서를 꼭 확인하시기 바랍니다.

[토지] 충청남도 공주시 탄천면 운곡리 16█ 대 619㎡   고유번호 1612-1996-876241

1. 소유지분현황 (갑구)

등기명의인	(주민)등록번호	최종지분	주 소	순위번호
신█식 (공유자)	611227-1******	5분의 1	충청남도 공주시 탄천면 운곡리 1██	6
정█구 (공유자)	710821-1******	5분의 1	서울 관악구 신림동 646-█	3
정█구 (공유자)	680415-1******	5분의 1	남양주시 별내면 화접리 699-█	3
정█구 (공유자)	690310-1******	5분의 1	공주시 정기면 금암리 391-█	3
정█구 (공유자)	670126-2******	5분의 1	서울 중랑구 면목동 194-██	3

2. 소유지분을 제외한 소유권에 관한 사항 (갑구)

순위번호	등기목적	접수정보	주요등기사항	대상소유자
2	가압류	2006년6월4일 제14676호	청구금액 금12,863,790원 채권자 한국주택금융공사업무수탁기관주식회사국민은행	정█구 등
7	압류	2010년10월18일 제27315호	권리자 국	정█구
8	압류	2011년12월29일 제37219호	권리자 서울특별시중랑구	정█구
9	강제경매개시결정	2013년7월12일 제18646호	채권자 희망모아유동화전문유한회사	정█구

우선매수 신청 권한은 1회만 주어진다

공유자 입장에서 우선매수 권한을 사용하는 방법은 앞서 두 가지가 있다고 설명했다. 서류로 신청할 경우 문건접수 내역을 통해 일반에게 공지가 된다. 이렇게 서류로 신청해놓고 매각 기일에 아무도 응찰하지 않았다고 해서 매수 신청을 하지 않으면 1회 사용한 것으로 간주되어 더 이상 권한이 주어지지 않는다. 이번 사례가 그런 경우다.

경남 거창에 토지 지분 15분의 2가 경매로 나왔는데, 낙찰받기만 하면 돈이 될 만한 물건이어서 창원의 수강생에게 추천했다. 1,400만 원의 최초 감정가가 3차까지 떨어졌을 때 수강생이 응찰해 최고가매수신고인으로 호명되었다. 이어 집행관이 공유자 우선매수 신청할 사람 없냐고 묻자, 공유자 최○○ 씨가 우선매수 신청을 하겠다며 법대 앞으로 나왔다. 집행관이 최씨로부터 신분증을 제출받아 공유자 여부를 확인하고 있을 때 수강생이 집행관에게 이의를 제기했다. 수강생은 법원의 문건접수 내역에 공시되어 있는 '공유자 최○○으로부터 공유자 우선매수 신청 있음'이라는 내용을 보여주면서 말했다.

"공유자는 1차 경매기일에 앞서 서류로 우선매수 신고를 해놓고 경매 당일 매수하지 않은 적이 있습니다. 이미 신청 권한을 1회 사용했으므로 이번 매수 신청은 무효입니다."

집행관이 서류를 다시 살펴보더니 수강생의 이의제기가 옳다고 인정해 공유자 최씨의 우선매수 신청을 받아들이지 않았다. 그렇게 해서 수강생이 해당 물건을 낙찰받게 되었다.

2016 타경 100×× 경상남도 거창군 가북면 몽석리 3××

2016 타경 100■■ (강제)		매각기일 : 2016-09-09 10:00~ (금)		경매2계 055-940-7142	
소재지	(50117) 경상남도 거창군 가북면 몽석리 3■ 외8필지				
	[도로명] 경상남도 거창군 내촌길 66■ (가북면)				
용도	대지	채권자	신용보증기금	감정가	14,327,666원
지분토지	937.06㎡ (283.46평)	채무자	최■림	최저가	(64%) 9,170,000원
건물면적		소유자	최■김 外	보증금	(10%)917,000원
제시외	제외 : 5.44㎡ (1.65평)	매각대상	토지지분매각	청구금액	43,345,811원
입찰방법	기일입찰	배당종기일	2016-06-20(연기)	개시결정	2016-02-16

기일현황 ▼간략보기

회차	매각기일	최저매각금액	결과
신건	2016-07-08	14,327,666원	유찰
2차	2016-08-12	11,462,000원	유찰
3차	2016-09-09	9,170,000원	매각
백■현/입찰2명/낙찰10,890,000원(76%)			
	2016-09-13	매각결정기일	변경
	2016-09-22	매각결정기일	허가
	2016-10-20	대금지급기한 납부 (2016.10.05)	납부
	2016-11-14	배당기일	완료
배당종결된 사건입니다.			

정정공고 ▶ 정정일자 : 2016-07-05

정정내용	2016. 7. 5.자 공유자 최■겸으로부터 공유자우선매수신청있음.

주요 등기사항 요약 (참고용)

[주 의 사 항]

본 주요 등기사항 요약은 증명서상에 말소되지 않은 사항을 간략히 요약한 것으로 증명서로서의 기능을 제공하지 않습니다.
실제 권리사항 파악을 위해서는 발급된 증명서를 필히 확인하시기 바랍니다.

[토지] 경상남도 거창군 가북면 몽석리 3██ 대 160㎡   고유번호. 1914-1996-348629

1. 소유지분현황 (갑구)

등기명의인	(주민)등록번호	최종지분	주 소	순위번호
임██분 (공유자)	290226-*******	16분의 3	경상남도 거창군 가북면 몽석리 3██	2
최██림 (공유자)	680629-*******	16분의 2	부산광역시 금정구 장전동 107-██	2
최██범 (공유자)	620124-*******	16분의 2	경상남도 김해시 삼계동 1428-1 분성마을3단지동원로얄듀크 309-14██	2
최██림 (공유자)	660812-*******	16분의 2	부산광역시 금정구 부곡동 63-11 부곡동에스케이아파트 109-13██	2
최██숙 (공유자)	660310-*******	16분의 2	부산광역시 동구 성남이로 49-██(좌천동)	2
최██범 (공유자)	561014-*******	16분의 2	경상남도 거창군 거창읍 강변로9길 ██	2
최██숙 (공유자)	630102-*******	16분의 2	서울특별시 서대문구 북아현로 72-██(북아현동)	2

2. 소유지분을 제외한 소유권에 관한 사항 (갑구)

순위번호	등기목적	접수정보	주요등기사항	대상소유자
7	압류	2014년3월28일 제4632호	권리자 국	최██림
8	가압류	2014년11월24일 제16393호	청구금액 금42,500,000 원 채권자 신용보증기금	최██림
9	가압류	2015년7월22일 제11526호	청구금액 금72,990,107 원 채권자 중소기업은행	최██림
10	강제경매개시결정	2016년2월16일	채권자 신용보증기금	최██림

04 | 공유자가 많을 땐 돌아가면서 신청한다

　이번 건은 경매를 잘 아는 사람들이 공유자 우선매수 신청 권한을 최대한 활용해 제3자 입찰을 방어해낸 사례다. 경남 거제에 괜찮은 단독주택이 토지와 건물 일괄 지분으로 경매에 나왔다. 해당 물건 바로 옆에 자투리 시유지 두 필지가 붙어 있어 낙찰받기만 하면 꽤 높은 수익이 기대되는 물건이었다. 3,700만 원에 시작한 물건은 유찰을 겪으면서 매각 가격이 떨어지기 시작했다. 공유자들이 전문가라고 여겨지는 건 두 번째 유찰까지는 응찰자가 없을 것으로 보고 우선매수 신청을 하지 않다가 3차부터는 공유 자들이 돌아가면서 우선매수 신청을 했다는 점이다.

　5차에 가서 매각 가격이 절반 이하로 떨어지는 걸 보고선 혹시나 싶어 수강생들에게 추천했다. 5차에도 우선매수 신청이 되어 있었지만, 필자는 혹시 모르니 3차 가격 수준으로 응찰 가격을 확 높여서 써보라고 했다. 수강생이 3차 매각가격인 2,200만 원에 써서 최고가매수신고인으로 호명되었으나, 예상대로 우선매수 신청을 해 두었던 공유자가 나타나 그 가격에 가져갔던 사건이다. 이처럼 공유자의 수가 많을 때는 매 기일마다 돌아가면서 신청을 해놓고 매각 가격을 지속적으로 낮추는 것도 방법이다.

2016 타경 48×× 경상남도 거제시 능포동 3××

2016 타경 48▮▮ (강제)		매각기일 : 2017-07-13 10:00~ (목)		경매4계 055-640-8504	
소재지	(53314) 경상남도 거제시 능포동 3▮▮ [도로명] 경상남도 거제시 능포로6길 3▮▮ [능포동▮▮▮]				
용도	주택	채권자	농업협동조합자산관리회사	감정가	37,416,300원
대장용도	단독주택	채무자	고▮아외2명	최저가	(41%) 15,326,000원
지분토지	49,33㎡ (14,92평)	소유자	고▮아 外	보증금	(10%)1,533,000원
지분건물	16,5㎡ (4,99평)	매각대상	토지/건물지분매각	청구금액	107,720,823원
제시외	2,13㎡ (0,64평)	배당종기일	2016-11-08	개시결정	2016-07-19

기일현황

회차	매각기일	최저매각금액	결과
신건	2017-03-09	37,416,300원	유찰
2차	2017-04-13	29,933,000원	유찰
3차	2017-05-11	23,946,000원	유찰
4차	2017-06-08	19,157,000원	유찰
5차	2017-07-13	15,326,000원	매각
공유자매수신고 (주)일▮/입찰3명/낙찰 22,000,000원(59%)			
2017-07-20	매각결정기일		

소멸되지 않는 등기부권리	해당사항 없음
설정된 것으로 보는 지상권	해당사항 없음
주의사항 / 법원문건접수 요약	일괄매각, 제시외 건물 수목 포함, 지분 매각 2017-04-18 공유자 공▮현 공유자 우선매수 신청 제출 2017-05-19 공유자 이▮자 공유자 우선매수 신청 제출 2017-06-14 공유자 주식회사일▮ 공유자 우선매수 신청 제출

4면적중 박▮수외2인지분 0,53전부

능포로6길 39-▮ [수목]
향나무외
(ㄷ)
금액 : 133,500원
매각포함
약20주중 박▮수외2인지분 2,67주

증여
소유권(지분)
2016-03-03 건물/토지
김▮곤외 2명
강제경매로 인한 매각
강제경매(지분)
2016-07-19 건물/토지
농업협동조합자산관리회사
청구 : 107,720,823원
2016타경48▮
농업협동조합자산관리회사
박▮수,고▮아,고▮효지분

주요 등기사항 요약 (참고용)

──────── [주 의 사 항] ────────

본 주요 등기사항 요약은 증명서상에 말소되지 않은 사항을 간략히 요약한 것으로 증명서로서의 기능을 제공하지 않습니다.
실제 권리사항 파악을 위해서는 발급된 증명서를 필히 확인하시기 바랍니다.

[건물] 경상남도 거제시 능포동 3█ 　　　　　　　　　　　　　　　　　　　고유번호 1949-1996-186616

1. 소유지분현황 (갑구)

등기명의인	(주민)등록번호	최종지분	주　　　소	순위번호
고█효 (공유자)	871113-*******	420분의 16	부산광역시 영도구 동삼남로31번길 14, 2█호 (동삼동,호반빌라)	2
고█아 (공유자)	841126-*******	420분의 16	부산광역시 영도구 동삼남로31번길 14, 2█호 (동삼동,호반빌라)	2
공█현 (공유자)	700621-*******	420분의 28	부산광역시 해운대구 해운대로 284, 106동 16█호 (우동,샌텀센시빌)	5, 6
김█곤 (공유자)	890318-*******	420분의 21	경상남도 고성군 하이면 월흥7길 22	16
박█수 (공유자)	611028-*******	420분의 24	부산광역시 영도구 동삼남로31번길 14, 2█호 (동삼동,호반빌라)	2
이█자 (공유자)	441120-*******	420분의 21	부산광역시 금정구 동부곡로 █ (부곡동)	16
주식회사일█ (공유자)	180111-0663966	420분의 68	부산광역시 사하구 피정로 1019-1 천아하늘정원 2█호	5, 6, 9
주식회사일█ (공유자)	180111-0663966	420분의 42	부산광역시 사하구 낙동대로 198, 2█호 (피정동, 천아하늘정원아파트)	16
천█예 (공유자)	660301-*******	420분의 112	경상남도 거제시 용소7길 20, 104동 6█호 (아주동, 숲속의아침)	12, 13
허█식 (공유자)	550117-*******	420분의 44	부산광역시 사하구 하신번영로 365, 115동 18█호 (하단동,가락타운)	5, 6, 9
황█덕 (공유자)	640601-*******	420분의 28	부산광역시 사하구 피정로244번길 46-█ (피정동)	5, 6

05 우선매수를 몰랐던 공유자가 낙찰자 미납 후 우선매수를 사용하다

충남 청양에 토지 13분의 2 지분이 경매로 나왔을 때의 일이다. 1,400만 원 하던 최초 가격이 두 차례 유찰 후 절반까지 떨어졌을 때 필자의 수강생이 응찰해 낙찰받았다. 요즘들어 경매가 일반인들에게 많이 알려졌다고는 하지만, 공유자 우선매수와 같은 경매 권리를 속속들이 아는 사람은 그리 많지 않다. 공유자가 나타나면 할 수 없지만, 지레 포기하지 말고 수익이 될 만한 물건이라면 부지런히 응찰해보기를 권한다. 전체 지분 경매에서 공유자가 우선매수 신고를 하는 경우가 25% 정도라는 통계도 있다. 경매를 하다 보면 알겠지만, 공유자가 교통 정체 때문에 늦거나 혹은 급한 일이 생겨서 참석하지 못할 경우도 종종 발생한다.

나중에 알고 보니 이번 경우는 공유자들이 우선매수 제도를 몰라서 들어 오지 않은 경우였다. 운 좋게 물건을 낙찰받은 수강생은 채무자의 집으로 찾아갔다. 대개 첫날엔 연락처만 남겨놓고 돌아왔다가 이후 협상을 진행하는데, 집에서 공유자를 만나는 바람에 얘기를 나누게 되었다. 둘이 거실에 앉아 차 한잔을 마시며 이런저런 얘기를 나누던 중 공유자가 말했다.

"그렇잖아도 어떤 분이 낙찰받았는지 기다리고 있었습니다. 지분을 다시 사고 싶은데 어떡하면 좋겠습니까?"

수강생은 그 자리에서 공유자 우선매수 신청 제도를 알려주고 아직 기회가 있다고 설명했다. 공유자가 수강생한테 400만 원만 주면 자신이 잔금을 내지 않고 물건을 포기하는 방안이라고 말했다. 그러면 법원에서 경매 기일이 다시 잡히는데, 그때 가서 이전 가격으로 공유자 우선매수를 하겠다고 하면 된다는 것이다. 설명을 들은 공유자는 그렇게 하겠다고 했다. 수강생은 그 후 잔금을

2016 타경 12×× 충청남도 청양군 운곡면 효제리 86×-×

2016타경12		* 대전지방법원 공주지원 * 매각기일 : 2017.04.24.(月) (10:00) * 경매 2계(전화:041-840-5743)					
소재지	충청남도 청양군 운곡면 효제리 86- 외 2필지 도로명주소검색						
물건종별	농지	감정가	14,625,340원	오늘조회: 1 2주누적: 0 2주평균: 0 조회동향			
토지면적	453.23㎡(137.102평)	최저가	(49%) 7,167,000원	구분	입찰기일	최저매각가격	결과
				1차	2016-11-28	14,625,340원	유찰
				2차	2017-01-02	10,238,000원	유찰
건물면적	건물은 매각제외	보증금	(10%) 720,000원	3차	2017-02-13	7,167,000원	낙찰
				낙찰 9,200,000원(62.9%) / 1명 / 미납			
매각물건	토지만 매각이며, 지분 매각임	소유자	한■회	4차	2017-04-24	7,167,000원	
				낙찰 : 7,167,000원 (49%)			
				(입찰1명,낙찰:한■회 (공유자우선매수))			
개시결정	2016-05-19	채무자	한■회	매각결정기일 : 2017.05.01 - 매각허가결정			
				대금지급기한 : 2017.06.02			
사건명	강제경매	채권자	신용보증기금	대금납부 2017.06.01 / 배당기일 2017.06.22			
				배당종결 2017.06.22			

본건 주위환경   기호(1) 전경

주요 등기사항 요약 (참고용)

[주 의 사 항]

본 주요 등기사항 요약은 증명서상에 말소되지 않은 사항을 간략히 요약한 것으로 증명서로서의 기능을 제공하지 않습니다.
실제 권리사항 파악을 위해서는 발급된 증명서를 필히 확인하시기 바랍니다.

[토지] 충청남도 청양군 운곡면 효제리 86- 전 1687㎡   고유번호 1646-1996-063561

1. 소유지분현황 (갑구)

등기명의인	(주민)등록번호	최종지분	주　　소	순위번호
조　희 (공유자)	200806-*******	13분의 3	충청남도 청양군 운곡면 아들바위길 80-	2
한　희 (공유자)	541126-*******	13분의 2	세종특별자치시 도움3로 75,1106동 2　호(종촌동,가재마을아파트)	2
한　희 (공유자)	700929-*******	13분의 2	대전광역시 서구 복수중로 38,202동 1　호(복수동,삼익목화아파트)	2
한　희 (공유자)	640413-*******	13분의 2	충청남도 서산시 남부순환로 767,108동 3　호(축성동,삼성아파트)	2
한　희 (공유자)	670423-*******	13분의 2	전라북도 익산시 하나로13길 26,106동 6　호(영등동,우남그랜드타운)	2
한　희 (공유자)	590708-*******	13분의 2	충청남도 청양군 운곡면 아들바위길 80-	2

2. 소유지분을 제외한 소유권에 관한 사항 (갑구)

순위번호	등기목적	접수정보	주요등기사항	대상소유자
3	압류	2016년4월11일 제2949호	권리자 익산시	한　희
4	강제경매개시결정	2016년6월19일 제4030호	채권자 신용보증기금	한　희

미납하고, 공유자가 우선매수 권한을 사용해 3차 때의 최저가로
지분을 매입해갔다. 수강생은 400만 원을 받아 등기를 거치지 않
고도 입찰보증금을 제외한 수익을 올렸다. 물론 수강생이 공유자
우선매수 제도를 잘 알고 있었기 때문에 가능한 일이었다.

06 자격 없는 공유자가 우선매수했다가 추후 불허가

이번 사례에서 살펴보려고 하는 건 공유자의 우선매수 신청 자격에 관한 것이다. 충남 금산에 현재 가동중인 공장의 토지와 건물 지분이 각각 7분의 2씩 경매로 나왔다. 등기 서류와 현장 조사를 통해 알아본 바로는 공장 설립자가 죽은 후 부인과 두 아들이 공장을 물려받아 운영하고 있었다. 그런데 공장을 운영하던 작은아들이 갑작스레 죽는 바람에 엄마가 아들의 건물 지분을 인수해 공장 운영을 이어갔다. 엄마가 지분을 상속할 때 작은 아들 앞으로 잡혀 있던 선순위 근저당까지 함께 떠안았다. 결국 그 근저당 때문에 아들의 지분이 임의경매로 나온 것이다.

1억 7,800만 원에 시작한 경매 가격이 두 차례 유찰 후 8,700만 원까지 떨어지자 수강생에게 응찰을 권했다. 현재 공장이 돌아가고 있기 때문에 이런 건은 낙찰받기만 하면 공유자들에게 금방 되팔 수 있는 물건이다. 수강생이 1억 2,600만 원에 써서 최고가매수

신고인으로 호명되었지만, 공유자인 모친 김모씨가 우선매수 신청을 하는 바람에 그 가격에 빼앗기고 말았다. 문제는 모친 김모씨의 우선매수 신청 자격이었다. 김씨는 아들 지분을 상속했기 때문에 근저당을 떠안고 있는 채무자 신분이기도 하다. 토지는 지분권자로서 문제가 없지만, 건물은 채무 당사자이기 때문에 우선매수 신청 자격이 없다. 수강생이 이 사실을 알았더라면 현장에서 이의를 제기해 낙찰받을 수 있었을 텐데, 경매가 끝나고 나서 법원에서 추후 이 사실이 밝혀져 불허가 결정이 난 사건이었다. 이 물건은 나중에 재매각에 들어가 공유자 김씨가 단독 응찰해 공유자 자격이 아닌 응찰자 자격으로 해당 지분을 낙찰받아갔다.

2015 타경 190×× 충청남도 금산군 추부면 신평리 84×-×

2015 타경 190█ (임의)		매각기일 : 2016-10-17 10:00~ (월)		경매5계 042-470-1805	
소재지	(32710) 충청남도 금산군 추부면 신평리 84█-█ 외1필지 [도로명] 충청남도 금산군 서대산로 493█(추부면)				
용도	공장	채권자	대산투자대부	감정가	178,496,190원
지분토지	732.57㎡ (221.6평)	채무자	김█	최저가	(49%) 87,463,000원
지분건물	123.39㎡ (37.33평)	소유자	김█ 外	보증금	(10%) 8,747,000원
제시외		매각대상	토지/건물지분매각	청구금액	116,159,178원
입찰방법	기일입찰	배당종기일	2015-11-30	개시결정	2015-09-09

기일현황 〔간략보기〕

회차	매각기일	최저매각금액	결과
신건	2016-03-07	178,496,190원	유찰
2차	2016-04-11	124,947,000원	유찰
3차	2016-05-16	87,463,000원	매각
김█/입찰3명/낙찰126,250,000원(71%) 2등 입찰가 : 120,000,000원			
	2016-05-23	매각결정기일	불허가
3차		87,463,000원	매각
김█/입찰1명/낙찰108,500,000원(61%)			
	2016-10-24	매각결정기일	허가
	2016-11-22	대금지급기한 납부 (2016.11.21)	납부
	2016-12-22	배당기일	완료
배당종결된 사건입니다.			

정정공고 정정일자 : 2016-04-08

정정내용	특별매각조건있음(공유자우선매수권행사 1회로 제한)

⑦ 건물현황	⑦ 토지현황	⑨ 임차인/대항력여부	⑨ 등기사항/소멸여부
[(지분)건물목록] 서대산로 493-■ [공장] 일반철골구조 단층 41.2㎡ (12.46평) 단가㎡ : 265,000원 금액 : 10,918,000원 144.2면적중 김■ 휘지분 41.2전부 서대산로 493-■ [식당,숙소] 일반철골구조 1층 22.99㎡ (6.95평) 단가㎡ : 428,000원 금액 : 9,839,720원 80.48면적중 김■ 휘지분 22.99전부 서대산로 493-■ [사무실] 일반철골구조 2층 19.2㎡ (5.81평) 단가㎡ : 428,000원 금액 : 8,217,600원 67.2면적중 김■ 휘지분 19.2전부 서대산로 493-■ [창고] 일반철골구조 1층 32㎡ (9.68평) 단가㎡ : 240,000원 금액 : 7,680,000원 112면적중 김■ 휘지분 32전부 서대산로 493-■ [분뇨말쓰레기처리시설(작업장)] 일반철골구조 단층 8㎡ (2.42평) 단가㎡ : 240,000원 금액 : 1,920,000원 28면적중 김■ 휘지분 8전부	**[(지분)토지목록]** 신평리 842-■ [공장용지] 농림지역 계획관리지역 : 664.57㎡²(201.03평) 표준지가 : 135,000원 단가㎡ : 191,000원 금액 : 126,932,870원 신평리 843 [공장용지] 계획관리지역 : 68㎡(20.57평) 표준지가 : 135,000원 단가㎡ : 191,000원 금액 : 12,988,000원 🔍 토지이용계획/공시지가 🔍 부동산정보 통합열람 **[토지기타현황]** - "신평교차로" 서측 인근에 소재 - 주위는 중.소규모공장, 농경지, 임야 등이 소재 - 본건까지 차량출입이 가능, 대중교통 수단인 시내버스 정류장이 소재, 제반 대중교통 사정은 보통 - 북동측으로 도로폭 약6m 정도의 포장 도로와 접함 - 배수구역, 기호1)접도구역 **[비고]** ※ 감정평가서상 제시외건물가격이 명시되어있지않음, 입찰시 확인요함. 🔍 감정평가서 **[감정평가]** 🏢 감정평가현황 (주) 감정 가격시점 2015-10-01	배당종기일: 2015-11-30 **이■재** 사업 : 2014-01-16 확정 : 없음 배당 : 없음 점유 : 현황조사 권리내역 **김■수** 사업 : 2014-10-31 확정 : 없음 배당 : 없음 보증 : 200,000,000원 점유 : 현황조사 권리내역 🔍 매각물건명세서 🔍 예상배당표 - 이■재 : 현황조사서상 대항력있는 임차인일 가능성있음.(권리신고 및 배당 요구는 없음) - 가. 위 사항은 임차인 통지를 하기 위해 작성된 것임 나. 폐문부재로 임차인을 직접 조사하지 못하였으므로, 점유관계 등은 별도 확인 요망	**소유권** 2010-07-29 건물 김■묵 보존 **소유권(지분)** 2011-03-24 건물 김■경외 1명 상속 **소유권(지분)** 2011-03-24 토지 김■경외 2명 상속 **(근)저당(지분)** 2014-09-24 건물/토지 대산투자대부 150,000,000원 김■ 휘지분 **압류(지분)** 2015-06-11 토지 국민건강보험공단 김■ 휘지분 **임의경매(지분)** 2015-09-09 건물/토지 대산투자대부 청구 : 116,159,178원 2015타경19■(배당종결) 김■ 휘지분 **소유권(지분)** 2015-11-09 건물 김■ 상속 ▷ 채권총액 : 150,000,000원 🔍 등기사항증명서 건물열람 : 2016-02-22

[건물] 충청남도 금산군 추부면 신평리 84■■외 1필지   고유번호 1642-2010-001416

순위번호	등 기 목 적	접 수	등 기 원 인	권 리 자 및 기 타 사 항
4	3번가압류등기말소	2012년12월31일 제19465호	2012년12월26일 해제	
5	가압류	2013년4월9일 제4026호	2013년4월8일 전주지방법원의 가압류 결정(2013카단1099)	청구금액 금20,000,000 원 채권자 김■ 210314-******* 전주시 완산구 중노송동 592-■
6	5번가압류등기말소	2014년1월17일 제684호	2013년12월20일 가압류이의결정	
7	2번김■휘지분강제경매개시결정	2015년6월28일 제7860호	2015년6월28일 대전지방법원의 강제경매개시결정(2015 타경113■)	채권자 김■수 010995-******* 대전광역시 동구 새들모봉이길■(신흥동)
8	7번강제경매개시결정등기말소	2015년9월2일 제14166호	2015년8월31일 취하	
9	2번김■휘지분임의경매개시결정	2015년9월9일 제14623호	2015년9월9일 대전지방법원의 임의경매개시결정(2016 타경190■)	채권자 주식회사대산투자대부 160111-0149090 대전광역시 서구 둔산로137번길 44, 102호(둔산동, 서림빌딩)
10	2번김■휘지분전부이전	2016년11월9일 제18608호	2016년4월19일 상속	공유자 지분 7분의 2 김■ 481224-******* 대전광역시 중구 목동로 37, 109동 19■호(목동, 목양마음아파트) 대위신청인(수익자) 주식회사대산투자대부

Q 주요 등기사항 요약(참고용)

주요 등기사항 요약 (참고용)

[주 의 사 항]

본 주요 등기사항 요약은 증명서상에 말소되지 않은 사항을 간략히 요약한 것으로 증명서로서의 기능을 제공하지 않습니다.
실제 권리사항 파악을 위해서는 발급된 증명서를 필히 확인하시기 바랍니다.

[토지] 충청남도 금산군 추부면 신평리 84- 공장용지 2326㎡　　　　　　　　　　　　　고유번호 1642-2009-000773

1. 소유지분현황 (갑구)

등기명의인	(주민)등록번호	최종지분	주　　　소	순위번호
김 경 (공유자)	740727-*******	7분의 2	대전광역시 중구 목동 24 목양마을아파트 109-19	3
김 휘 (공유자)	751016-*******	7분의 2	대전광역시 중구 목동 24 목양마을아파트 109-19	3
김 (공유자)	481224-*******	7분의 3	대전광역시 중구 목동 24 목양마을아파트 109-19	3

2. 소유지분을 제외한 소유권에 관한 사항 (갑구)

순위번호	등기목적	접수정보	주요등기사항	대상소유자
7	압류	2016년6월11일 제8868호	권리자 국민건강보험공단	김 휘
9	임의경매개시결정	2015년9월9일 제14623호	채권자 주식회사대산투자대부	김 휘

3. (근)저당권 및 전세권 등 (을구)

순위번호	등기목적	접수정보	주요등기사항	대상소유자
1	근저당권설정	2014년9월24일 제13942호	채권최고액 금160,000,000원 근저당권자 주식회사대산투자대부	김 휘

[참 고 사 항]
가. 등기기록에서 유효한 지분을 가진 소유자 혹은 공유자 현황을 가나다 순으로 표시합니다.
나. 최종지분은 등기명의인이 가진 최종지분이며, 2개 이상의 순위번호에 지분을 가진 경우 그 지분을 합산하였습니다.
다. 지분이 통분되어 공시된 경우는 전체의 지분을 통분하여 공시한 것입니다.

Q 주요 등기사항 요약(참고용)

주요 등기사항 요약 (참고용)

[주 의 사 항]

본 주요 등기사항 요약은 증명서상에 말소되지 않은 사항을 간략히 요약한 것으로 증명서로서의 기능을 제공하지 않습니다.
실제 권리사항 파악을 위해서는 발급된 증명서를 필히 확인하시기 바랍니다.

[건물] 충청남도 금산군 추부면 신평리 84- 외 1필지　　　　　　　　　　　　　고유번호 1642-2010-001416

1. 소유지분현황 (갑구)

등기명의인	(주민)등록번호	최종지분	주　　　소	순위번호
김 경 (공유자)	740727-*******	7분의 2	대전광역시 중구 목동 24 목양마을아파트 109-19	2
김 (공유자)	481224-*******	7분의 3	대전광역시 중구 목동 24 목양마을아파트 109-19	2
김 (공유자)	481224-*******	7분의 2	대전광역시 중구 목동로 37, 109동 19 호(목동, 목양마을아파트)	10

2. 소유지분을 제외한 소유권에 관한 사항 (갑구)

순위번호	등기목적	접수정보	주요등기사항	대상소유자
9	임의경매개시결정	2015년9월9일 제14623호	채권자 주식회사대산투자대부	김

3. (근)저당권 및 전세권 등 (을구)

순위번호	등기목적	접수정보	주요등기사항	대상소유자
1	근저당권설정	2014년9월24일 제13942호	채권최고액 금160,000,000원 근저당권자 주식회사대산투자대부	김

[참 고 사 항]
가. 등기기록에서 유효한 지분을 가진 소유자 혹은 공유자 현황을 가나다 순으로 표시합니다.
나. 최종지분은 등기명의인이 가진 최종지분이며, 2개 이상의 순위번호에 지분을 가진 경우 그 지분을 합산하였습니다.
다. 지분이 통분되어 공시된 경우는 전체의 지분을 통분하여 공시한 것입니다.

07 | 여러 필지 매각 때 모든 필지에 지분 있어야 공유자 자격 발생

경북 경주에 있는 세 필지의 대지가 각각의 지분으로 경매에 나왔다. 이 물건은 3차 매각 때 낙찰되었으나, 추후 불허가 결정이 난 사건이다. 불허가 사유는 우선매수와 관련이 없는 것으로 매각물건명세서에 농지취득자격증명(농취증)을 잘못 요구해 재경매에 들어갔다. 불허가가 나서 재매각에 들어가자 김○○이라는 공유자가 서류를 통해 공유자 우선매수 신청을 한 것이다. 그러나 문제는 공유자 김씨의 경우 우선매수 신청 자격이 없다는 것이다. 김씨는 세 필지 가운데 두 필지는 지분을 공유하고 있으나, 나머지 한 필지는 공유 지분을 갖고 있지 않기 때문이다. 여러 필지의 지분이 경매로 나올 경우 공유자는 모든 필지에 지분을 갖고 있어야 우선매수 신청 자격이 주어진다.

2016 타경 106×× 경상북도 경주시 동방동 14×-×

2016 타경 106■■■(강제)		매각기일 : 2017-07-24 10:00~ (월)		경매3계 054-770-4367	
소재지	(38174) 경상북도 경주시 동방동 14■■ 외2필지				
용도	대지	채권자	예금보험공사	감정가	262,479,000원
토지면적	646.5㎡ (195.57평)	채무자	이■호외8명	최저가	(49%) 128,615,000원
건물면적		소유자	이■호 外	보증금	(10%)12,862,000원
제시외	제외 : 264.2㎡ (79.92평)	매각대상	토지일부지분매각	청구금액	74,999,997원
입찰방법	기일입찰	배당종기일	2016-07-21	개시결정	2016-05-02

기일현황

회차	매각기일	최저매각금액	결과
신건	2017-03-27	262,479,000원	유찰
2차	2017-04-24	183,735,000원	유찰
3차	2017-05-29	128,615,000원	매각
주	■화/입찰5명/낙찰188,800,000원(72%)		
	2017-06-05	매각결정기일	불허가

① 건물현황

[건물목록]

[건물기타현황]
-

[제시외건물]
동방동 143-■ 외 2필지 [변소]
블록조스레트
단층 3.3㎡(1)평
단가㎡ : 30,000원
금액 : 99,000원
매각제외

동방동 143-■ 외 2필지 [가추]
목조합판
단층 2.7㎡(0.82)평
단가㎡ : 6,000원
금액 : 16,200원
매각제외

동방동 143-■ 외 2필지 [주택]
목조칼라쉬트
단층 52㎡(15.73)평
단가㎡ : 40,000원
금액 : 2,080,000원
매각제외

동방동 143-■ 외 2필지 [창고]
블럭조스레트
단층 19㎡(5.75)평
단가㎡ : 15,000원
금액 : 285,000원
매각제외

② 토지현황

[토지목록]

동방동 143-■ [대지]
자연녹지지역 : 132㎡(39.93평)
표준지가 : 148,500원
단가㎡ : 406,000원
금액 : 53,592,000원

동방동 143-■ [대지]
자연녹지지역 : 302.5㎡(91.51평)
표준지가 : 148,500원
단가㎡ : 406,000원
금액 : 122,815,000원

동방동 144-■ [대지]
자연녹지지역 : 212㎡(64.13평)
표준지가 : 148,500원
단가㎡ : 406,000원
금액 : 86,072,000원

🔲 토지이용계획/공시지가
🔲 부동산정보 통합열람
🔲 토지/임야대장

[토지기타현황]

- 동방초교 동측 인근에 위치
- 부근은 국도변 주유소 및 근린생활시설, 학교, 단독주택 등이 혼재
- 본건까지 차량접근 가능하며, 남서측으로 국도가 소재하는바 제반교통사정 보통시됨
- 3필 일단의 부정형 토지로 자체 등고 평탄한 건부지
- 남서측으로 7번 국도 개설됨

③ 임차인/대항력여부

배당종기일: 2016-07-21

김■우
전입 : 1995-05-31
확정 : 1995-05-31
배당 : 2016-07-12
보증 : 7,000,000원
점유 : 방2칸 전부

임■호
전입 : 1995-05-31
확정 : 1995-06-01
배당 : 2016-06-08
보증 : 15,000,000원
점유 : 와가한옥 1동 79.3㎡

서■석
전입 : 2012-10-18
확정 : 없음
배당 : 없음
차임 : 10,000원
점유 : 1,2,3번 전부
현황조사 권리내역

🔲 매각물건명세서
🔲 예상배당표

- 임■호 : 1995.3.1. 전입 후 1997.3.31.무단전출 직권말소, 1997.11.17. 재등록

④ 등기사항/소멸여부

소유권
1956-09-27 토지
이■회
매매

가압류
1995-04-04 토지
김■곤

가압류
1995-05-10 토지
김■윤

가압류
1995-09-13 토지
도■훈

가압류
2002-06-04 토지
한아름제이차유동화
379,973,698원

소유권(지분)
2016-01-28 토지
도■형외 8명
상속

강제경매
2016-05-02 토지
파산솔로몬저축은행의파산관재인예금보험공사
청구 : 74,999,997원
2016타경106■■■
예금보험공사
▷ 채권총액 :
379,973,698원

🔲 등기사항증명서

소멸되지 않는 등기부권리	해당사항 없음
설정된 것으로 보는 지상권	해당사항 없음
주의사항 / 법원문건접수 요약	일괄매각, 제시외 건물 있음(매각에서 제외) 매각제외 제시외 건물을 위하여 법정지상권 성립여지 있음. 목록 1) 토지대장상 지목 "답" 132㎡임. 목록 1) 농지취득자격증명필요요(불법 형질변경된 부분은 매수인이 원상회복의무를 부담할 수 있음), 목록 1,2,3) 현황일단의 "대"로 이용. (각 감정서 참조) 2016-06-02 공유자 김■열 공유자우선매수신고서 제출 ※본 사건의 등기부현황(건물/토지)은 대표번지에 대한 등기부현황으로 입찰에 참여하실 경우 나머지 필지에 대한 등기부등본을 발급하셔서 소멸기준 권리를 확인하시기 바랍니다.

14X-X의 토지 중 우선매수 신청자 김광열은 없음

주요 등기사항 요약 (참고용)

[주 의 사 항]

본 주요 등기사항 요약은 증명서상에 말소되지 않은 사항을 간략히 요약한 것으로 증명서로서의 기능을 제공하지 않습니다.
실제 권리사항 파악을 위해서는 발급된 증명서를 필히 확인하시기 바랍니다.

[토지] 경상북도 경주시 동방동 14-■ 대 39평

고유번호 1712-1996-093064

1. 소유지분현황 (갑구)

등기명의인	(주민)등록번호	최종지분	주 소	순위번호
도■형 (공유자)	860110-*******	9분의 1	경기도 성남시 분당구 양현로 637, 316동 10■호(야탑동,매화마을)	6
도■형 (공유자)	900714-*******	9분의 1	경상북도 예천군 예천읍 효자로 ■, 2층	6
도■형 (공유자)	820913-*******	9분의 1	대구광역시 달서구 한실로 136, 116동 17■호(도원동,가람마을)	6
윤■더 (공유자)	790106-*******	9분의 1	경상북도 경주시 황성로16번길 39, 114동 1■호(황성동,황성주공아파트)	6
윤■욱 (공유자)	760406-*******	9분의 1	경상북도 경주시 황성로16번길 39, 114동 1■호(황성동,황성주공아파트)	6
이■호 (공유자)	790313-*******	9분의 1	울산광역시 울주군 상북면 신기길 26, 13■호(진우빌리아)	6
이■호 (공유자)	761219-*******	9분의 1	울산광역시 울주군 상북면 신기길 26, 13■호(진우빌리아)	6
이■호 (공유자)	830606-*******	9분의 1	서울특별시 송파구 백제고분로11길 27-1, 3■호(잠실동,유정빌라)	6
이■연 (공유자)	850313-*******	9분의 1	서울특별시 송파구 백제고분로11길 27-1, 3■호(잠실동,유정빌라)	6

2. 소유지분을 제외한 소유권에 관한 사항 (갑구)

순위번호	등기목적	접수정보	주요등기사항	대상소유자
2 (전 2)	가압류	1996년4월4일 제18628호	채권자 김■곤	이■호 등

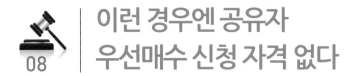

이런 경우엔 공유자 우선매수 신청 자격 없다

우선매수와 관련해 필자가 자주 받는 질문이 있다. 공유물 분할을 위한 경매 때 해당 부동산의 공유자한테 우선매수 신청 권한이 있는지 여부에 대한 질문이다. 답은 노(No)다. 우선매수 권한이 있을 것 같은데 그렇지 않은 경우를 정리해보았다.

공유물 분할을 위한 경매

공유물 분할을 위한 형식적 경매는 공유자간의 분쟁으로 인해 해당 부동산을 매각해 그 대금을 지분대로 분배하는 게 목적이고, 또한 해당 부동산 전체가 경매 대상이므로 공유자 우선매수권이 주어지지 않는다. 매수를 원할 경우 일반 입찰자와 동일한 자격과 조건으로 입찰에 참가해야 한다.

공유물 전부에 대한 경매

공유물 전부에 대한 경매가 실시될 경우 목적물을 지분으로 소유하고 있는 공유자에게 우선매수 권한은 적용되지 않는다.

경매 신청을 받은 당해 공유자

근저당이나 가압류 등으로 경매 신청의 원인을 제공한 지분의 공유자, 즉 채무자 신분의 공유자에게는 공유자 우선매수 자격이 없다.

매각 목적물의 일부만 갖고 있는 공유자

토지와 건물 지분이 일괄로 매각될 경우 토지 또는 건물만의 지분권자는 우선매수 권한이 없다. 예를 들어, 토지 4분의 1, 건물 4분의 1의 지분이 일괄 매각으로 나왔을 때 토지에 대한 지분은 없고, 건물 지분만 4분의 1을 가진 공유자는 우선매수 자격이 주어지지 않는다. 또한 여러 필지의 토지 지분이 일괄로 매각될 때 일부 필지의 지분만 갖고 있는 공유자도 우선매수 자격이 주어지지 않는다.

구분 소유적 공유관계의 공유자

특정 부동산의 일정 부분을 배타적으로 구분 소유하고 사용 수익하는 권리 관계에 있는 공유관계를 구분 소유적 공유관계라고 한다. 다른 공유자의 지분이 경매로 나왔을 때 이런 공유자에게는 우선매수 신청 권한이 없다.

행정소송의
시작

"
행정관청의 부당한 결정이나
처분에 맞서는 방법이 행정소송이다.
"

행정소송이란?

행정소송법

제1조 목적
이 법은 행정소송절차를 통하여 행정청의 위법한 처분 그 밖에 공권력의 행사·불행사 등으로 인한 국민의 권리 또는 이익의 침해를 구제하고, 공법상의 권리관계 또는 법적용에 관한 다툼을 적정하게 해결함을 목적으로 한다.

제3조 행정소송의 종류
행정소송은 다음의 네 가지로 구분한다. 〈개정 1988.8.5.〉
1. 항고소송 : 행정청의 처분등이나 부작위에 대해 제기하는 소송
2. 당사자소송 : 행정청의 처분등을 원인으로 하는 법률관계에 관한 소송
3. 민중소송
4. 기관소송

제4조 항고소송
항고소송은 다음과 같이 구분한다.
1. 취소소송 : 행정청의 위법한 처분등을 취소 또는 변경하는 소송
2. 무효등 확인소송 : 행정청의 처분등의 효력 유무 또는 존재여부를 확인 하는 소송
3. 부작위위법확인소송 : 행정청의 부작위가 위법하다는 것을 확인하는 소송

제18조 행정심판과의 관계
① 취소소송은 법령의 규정에 의하여 당해 처분에 대한 행정심판을 제기할 수 있는 경우에도 이를 거치지 아니하고 제기할 수 있다.

제20조 제소기간
① 취소소송은 처분등이 있음을 안 날부터 90일 이내에 제기해야 한다.

필자는 '특수 경매'에 대한 오랜 경험과 노하우를 살려 시리즈 형식으로 경매 책을 발간해오고 있다. 1편으로 《이것이 금맥 캐는 농지 경매다》를 발간했고, 2편으로 《이것이 진짜 도로 경매다》를 발간했다.

앞서 두 권의 책이 발간되자 경매에 관심이 많은 수많은 독자들이 평소 궁금해하던 사항들을 전화와 이메일을 통해 문의해왔다. 그중에서도 농지취득자격증명의 발급과 건축법상 도로에 관한 문의가 많았다. 예를 들면, 당연히 농취증을 발급해줘야 하는 사안인데 발급이 거절되었다거나, 건축법상 도로에 해당하는데도 관청이 건축허가를 내주지 않는다면서 이럴 경우 어떻게 대처해야 하느냐는 것이다. 행정관청이 이처럼 부당한 행정 결정이나 처분을 내렸다고 판단할 경우 우리가 맞설 수 있는 방법이 바로 행정소송이나 행정심판이다. 필자가 제기한 행정소송이나 행정심판이 무수히 많지만, 그 중에 독자 여러분들이 궁금해 할만한 세 가지 사례를 골라 소개하고자 한다.

첫 번째는 농취증 발급에 관한 것이다. 고등법원의 판례를 보면 경매로 진행되는 농지의 경우 해당 농지에 불법 건축물이 세워져 있으면 사후 복구계획서를 제출하면 농취증을 발급해줘야 한다고 판시하고 있다. 채권자가 채무자의 농지를 경매로 처분하려고 할 때 채무자가 불법 건축물을 설치해버리면 채권 회수의 방법이 없다는 점을 판결 사유로 들었다(판결전문 수록). 이를 근거로 농취증 발급을 거절한 세종시 연서면의 행정 처분에 맞서 행정소송을 제기했다. 지금도 소송이 진행 중이어서 이 건은 책이 발간될 때까지는 결론이 나오지 않을 것 같다.

두 번째 사례도 농취증 거절과 관련한 소송이다. 첫 번째 사건과 마찬가지로 농취증 발급을 거부한 충남 예산군을 상대로 행정소송을 냈다. 예산군에서는 행정소송을 취하해주면 입찰보증금을 돌려주고, 재경매 때 사후 복구서를 제출하면 농취증을 발급해주겠다고 해서 소송을 취하했다.

세 번째 사례는 농지전용부담금과 관련한 소송이다. 지목이 농지(전)인 토지에 1979년에 건물이 지어진 물건이 경매로 나왔다. 이 물건을 낙찰받은 뒤 지목을 대지로 바꿔달라는 신청을 내자 관청에서 농지전용부담금을 내야 한다고 해서 행정소송을 제기했다.

이 건은 농지에 세워진 건축물이 합법적이어서 지목이 농지라 하더라도 사실상 대지로 간주해 농취증 제출 없이 경매가 진행되었다. 게다가 농지전용부담금 제도는 1981년 '농지의 보전과 이용에 관한 법률'의 제정 이후 시행되었기 때문에 부담금 부과는 당연히 부당한 것이어서 소를 제기했다. 그런데 이 소송은 엉뚱하게도 행정소송의 절차가 잘못되었다는 이유로 기각되었다.

행정소송은 너무나 당연한 사안에도 이처럼 엉뚱한 결과가 나오기도 한다. 필자가 남들보다 행정소송을 유달리 많이 제기하는 이유는 경매와 관련한 행정관청의 처분과 결정이 여전히 부당할 때가 많다고 느끼기 때문이다. 법원의 판결이나 결정 또한 엉뚱하거나 미흡할 때가 있다. 가벼운 사안일지라도 행정소송과 심판을 제기해야 법원과 행정관청의 결정과 판단을 더 많이 바로잡을 수 있고, 그럴수록 경매 환경이 더 쉬워지고 공평해질 수 있을 것이다.

농취증 미발급에 대한 판결문 사례

부 산 고 등 법 원

제 1 특 별 부

판 결

사 건   2006누17 농지취득자격증명신청서반려처분취소

원고(선정당사자), 피항소인

피고, 항소인   대저1동장

제1심 판결   부산지방법원 2006. 3. 30. 선고 2005구합34 판결
변 론 종 결   2006. 12. 8.
판 결 선 고   2006. 12. 22.

주 문

1. 피고의 항소를 기각한다.

2. 항소비용은 피고가 부담한다.

청구취지 및 항소취지

1. 청구취지

피고가 2005. 11. 8. 원고(선정당사자, 이하 '원고'라고만 한다), 선정자 ███, ███에 대하여 한 농지취득자격증명신청 반려처분을 취소한다.

2. 항소취지

제1심 판결을 취소한다. 원고의 청구를 기각한다.

이 유

1. 처분의 경위

다음 사실은 당사자들 사이에 다툼이 없다.

가. 원고 및 선정자들(이하 '원고들'이라 한다)은, 부산 강서구 ███ 답 5,064㎡(이하 '위 전체토지'라 한다) 중 ███ 소유의 18분의 4 지분(이하 '위 토지'라 한다)에 관하여 진행된 부산지방법원 ██████ 부동산임의경매 사건의 입찰에 참여해 최고가 매수신고인이 된 다음, 2005. 11. 7. 피고에게 그 낙찰에 필요한 농지취득자격증명의 발급을 신청(이하 '위 신청'이라 한다)하였다.

나. 피고는 2005. 11. 8. 원고들에게, 위 토지는 농지로서 보존되어 있지 아니하므로 불법으로 형질변경한 부분에 대한 복구가 필요하여 농지법(이하 '법'은 이를 가리킨다) 제8조 및 법 시행령 제10조 제2항에 저촉된다는 이유로 위 신청을 반려한다고 통지(이하 '이 사건 처분'이라 한다)하였다.

2. 처분의 적법 여부

가. 당사자의 주장

(1) 원고의 주장

(가) 위 전체토지의 지목은 '답'으로 법상 농지에 해당하므로, 일시적인 현상변경이 있다 하여도, 장차 농업경영계획대로 영농이행이 가능한 원고들에게 농지취득자격증명을 발급해야 한다.

(나) 원고들은 위 토지에 관하여 아직 소유권을 취득하지 않아 아무런 권원이 없으므로, 불법적으로 형질변경된 부분에 대하여 원상복구가 필요하다며 원고들의 신청을 반려하는 것은 법률상 불가능한 것을 요구하는 것이다.

(2) 피고의 주장

(가) 위 토지는 그 지목이 답으로 되어 있기는 하나, 그 현황상 불법건축물이 설치되어 있고, 각종 건설자재, 재활용품 등이 적치되어 있는 등 불법적인 형질변경이 되어 있기 때문에 사실상 농지로서의 복구가 불가능하여 농지로 볼 수 없으므로, 위 토지에 관하여 농지취득자격증명을 발급할 수 없다.

(나) 원고들이 농지취득자격증명을 발급받기 위해서는 취득대상 농지에 대한 영농가능성이 구체적으로 현실화되어 있어야 하나, 원고들은 위 토지에 관해 구체적이고 현실성 있는 농지사용계획을 제출하지 못하였으므로 법이 정한 자격요건을 충족하지 못하였다.

나. 관계 법령

별지(2) 기재와 같다.

다. 인정사실

다음 사실은 갑 제1호증, 갑 제2호증의 1, 2, 3, 4, 을 제3호증의 1 내지 6, 을 제4호증, 을 제7호증의 1 내지 7의 각 기재 및 영상에 변론 전체의 취지를 종합하여 이를 인정할 수 있다.

(1) 현재 위 전체토지 위에는 파이프조 차양막 지붕 단층 건물 840㎡의 작업장, 파이프조 차양막 지붕 단층건물 119㎡의 창고, 목조 차양막 지붕 단층건물 51.3㎡가 들어서 있고 나머지 부분에도 고철, 재활용품 등이 적치되어 있는 반면, 농작물이 재배되고 있지는 않으며, 한편 위 전체토지에 이르는 수로는 끊어져 있는 상태이다.

(2) 원고들은 위 신청을 하면서 위 토지의 취득목적은 농경경영이고 위 전체 토지 중 1,688㎡(위 토지의 지분면적은 약 1,125㎡이므로 계산착오에 따른 적시이다)에 벼를 재배할 예정이며 영농경력은 없으나 노동력을 '일부고용'의 방법으로 확보하여 2006. 6.부터 영농을 착수할 계획이라는 내용의 농업경영계획서를 작성, 제출하였다.

(3) 피고가 원고들에게 한 이 사건 처분 통지서에는, 그 반려사유란에 '위 전체토지는 취득시 농지취득자격증명을 발급받아야 하는 농지이나, 농지로서 보존되어 있지 아니하므로 법 제8조, 법 시행령 제10조 제2항에 저촉된다'고 기재되어 있고, 그 아래의 대안란에 '위 전체토지에 불법으로 형질변경된 부분을 농작물 및 다년생 식물의 재배가 가능한 토지로 원상복구한 후 발급이 가능하다'는 문구가 기재되어 있다.

라. 판단

(1) 법 제8조 제1항은, 농지를 취득하고자 하는 자는 농지의 소재지를 관할하는 시장 등으로부터 농지취득자격증명을 발급받도록 규정하고, 제2항은 농지취득자격증명 발급신청시 취득대상농지의 면적, 농업경영에 적합한 노동력 등이 포함된 농업경영계획서를 작성하도록 규정하고 있다. 또한, 법 시행령 제10조 제2항 제3호는 농지취득자격요건 중 하나로 '농업경영계획서의 내용이 신청인의 농업경영능력 등을 참작할 때 실현가능하다고 인정될 것'을 들면서, 그 제3항 및 법 시행규칙 제7조 제6항에서 위 자격요건을 충족하는지를 확인함에 있어 취득대상 농지의 면적(1호), 취득대상 농지를

농업경영에 이용하기 위한 노동력 및 농업기계·장비 등의 확보 여부 또는 확보방안(2호), 소유농지의 이용실태(3호), 경작 또는 재배하고자 하는 농작물 또는 다연성식물의 종류(4호), 농작물의 경작 또는 다연성식물의 재배지 등으로 이용되고 있지 아니하는 농지의 경우에는 농지의 복구가능성 등 취득대상 토지의 상태(5호), 신청자의 연령·신체적인 조건·직업 또는 거주지 등 영농여건(6호), 신청자의 영농의지(7호) 등을 종합적으로 고려하도록 규정하고 있다.

(2) 먼저, 위 토지가 농지에 해당하는지에 관하여 살피건대, 어떠한 토지가 법에서 말하는 농지인지의 여부는 공부상의 지목 여하에 불구하고 당해 토지의 사실상의 현상에 따라 가려져야 할 것이고, 공부상 지목이 답인 토지의 경우 그 농지로서의 현상이 변경되었다고 하더라도 그 변경 상태가 일시적인 것에 불과하고 농지로서의 원상회복이 용이하게 이루어질 수 있다면 그 토지는 여전히 법에서 말하는 농지에 해당하므로, 그 취득에는 소재지 관서의 농지취득자격증명이 필요하다고 할 것인바(대법원 1999. 2. 23. 자 98마26▨ 결정 등 참조), 위 인정사실에 의하면, 이 사건 전체토지는 현재 농작물의 경작 등에 이용되지 않은 채 그 위에 작업장, 창고, 사무실 등의 차양막 지붕 단층 건물들이 들어서 있거나 고물, 재활용품 등이 적치되어 있긴 하지만, 그 위에 견고한 구조물 등이 축조되어 있지 않은데다가 크게 현상변경이 이루어진 것은 아닌 점 등에 비추어 위 토지의 변경 상태는 일시적인 것으로서 그 원상회복이 비교적 용이하게 이루어질 수 있다고 봄이 상당하여 위 전체토지는 법에서 말하는 농지에 해당한다.

(3) 다음으로 피고가 위 토지의 불법형질변경을 이유로 농지취득자격증명의 발급을 거부할 수 있는지에 관하여 보건대, 경매절차를 통하여 위 토지를 낙찰받기 위하여 농지취득자격증명을 발급받으려는 자는 위 토지를 낙찰받아 소유권을 취득하기 전에는

원상회복 등의 조치를 할 아무런 권원이 없으므로 그에게 형질변경된 부분의 복구를 요구한다는 것은 법률상 불가능한 것을 요구하는 것인 점, 불법적으로 형질변경된 농지에 대하여 농지취득자격증명의 발급을 거부한다면, 농지의 소유자가 농지를 금융기관에 담보로 제공한 후 농지를 불법으로 형질변경하거나 지상에 무허가건물을 짓는 경우에는 스스로 원상복구하지 않는 한 제3자가 이를 경락받지 못하므로 담보물권자는 농지를 환가할 수 없게 되는 점 등을 참작하면, 불법으로 형질변경된 위 토지에 대하여는 농작물의 재배가 가능한 토지로 원상복구된 후에 농지취득자격증명의 발급이 가능하다는 피고의 처분사유는 적법한 것이라고 할 수 없다(원고들이 위 토지를 취득한 다음 관할 관청에서 그 원상회복을 위한 행정조치를 취하는 것은 별개의 문제이다).

  (4) 마지막으로, 원고들이 제출한 영농계획이 현실성이 있는지에 관하여 살피건대, 앞서 본 바와 같이 위 전체토지의 변경 상태는 일시적인 것으로서 그 원상회복이 비교적 용이하게 이루어질 수 있는 점, 위 전체토지의 공유자인 원고들로서는 공유물에 대한 보존행위로서 불법건축물의 철거 등을 구할 수 있는 점, 현재 위 토지에 이르는 수로가 끊어져 있는 상태이기는 하나, 관할 관청 등을 통하여 수로가 연결된다면 벼를 재배하는 것이 가능하고, 또 원고들은 벼농사가 어려우면 밭으로 경작하여 채소 등을 재배하겠다는 의사를 표시하고 있으므로 원고들에게 영농의지가 있는 것으로 보이는 점, 그리고 원고들의 나이, 거주지 등의 영농여건 등을 종합적으로 고려하면 원고들이 제출한 영농계획은 실현가능하다고 할 것이다.

  (5) 따라서 이 사건 처분은 위법하므로 취소되어야 한다.

3. 결론

  그렇다면, 원고의 청구는 이유 있어 이를 인용할 것인바, 제1심 판결은 이와 결론을 같이 하여 정당하고, 피고의 항소는 이유 없으므로, 주문과 같이 판결한다.

재판장   판사   박 대 _____

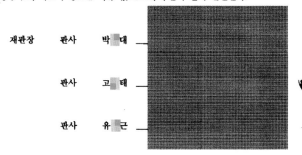

판사   고 태 _____

판사   유 근 _____

합법 건물인 공장이 세워진 농지의 경매

"농취증 발급 거절은 부당"

토지 경매를 하다 보면 불법 건축물이 세워진 농지를 자주 접하게 된다. 이런 경우 법원은 대부분 해당 토지가 농지(전, 답, 과수원)라는 이유로 특별매각조건에 농지취득자격증명원의 제출을 요구한다. 문제는 1차적으로 농취증 발급 여부를 결정하는 행정관청의 유권적 판단이 엇갈릴 때가 많다는 것이다. 어떤 관청은 원상복구를 전제로 농취증을 발급해주기도 하고, 어떤 관청은 농지로의 원상 회복이 불가능하다고 판단해 발급을 거절하기도 한다.

필자는 이러한 경우 원상복구를 조건으로 농취증을 발급해줘야 한다고 생각하는 쪽이다. 만약 행정관청으로부터 농취증 발급이 거절되어 경매를 진행할 수 없다면 농지를 소유한 채무자가 이를 악용할 경우 문제가 될 수 있기 때문이다. 채무자가 채무 변제를 피하기 위해 농지에 고의로 불법 건축물을 건축해버리면 채권자로선 채권을 회수할 방법이 없어진다. 부산고등법원에서도 이 점을 들어 농취증을 발급하라고 판시했다.

세종시 연서면에 경매로 나온 토지가 바로 이런 경우다. 네 필지의 토지 위에 건축물 관리대장에 등재되어 있는 합법적 건축물인 공장 3개 동이 건설되어 있으나, 경매로 나온 필지만 지목이 농지(답)로 되어 있어 농취증 제출을 요구하고 있다. 두 차례 유찰된 뒤 필자의 수강생이 해당 물건을 낙찰받았으나, 행정관청에서 농지가 불법으로 형질변경되어 농업실현이 불가능하다는 이유로 농취증 발급을 거절했다. 필자는 이 처분에 맞서 행정심판을 청구해 현재까지 결과를 기다리고 있는 사례다.

2014 타경 210×× 세종특별자치시 연서면 국촌리 5×

2014 타경 210██ (임의)		매각기일 : 2017-06-07 10:00~ (수)		경매3계 042-470-1803	
소재지	(30047) 세종특별자치시 연서면 국촌리 5██				
용도	답	채권자	중소기업은행의 양수인 외환아이제일차유동화전문 유한회사	감정가	22,116,000원
토지면적	97㎡ (29.34평)	채무자	██산업	최저가	(49%) 10,837,000원
건물면적		소유자	██산업 外	보증금	(10%)1,084,000원
제시외		매각대상	토지만매각	청구금액	900,000,000원
입찰방법	기일입찰	배당종기일	2017-01-09	개시결정	2014-09-12

기일현황						
회차	매각기일	최저매각금액	결과			
신건	2017-03-27	22,116,000원	유찰			
2차	2017-05-01	15,481,000원	유찰			
3차	2017-06-07	10,837,000원	매각			
김██영/입찰1명/낙찰15,100,000원(68%)						
	2017-06-14	매각결정기일	불허가			

? 건물현황	? 토지현황	? 임차인/대항력여부	? 등기사항/소멸여부
[건물목록]	**[토지목록]**	배당종기일 : 2017-01-09	**소유권**
	국촌리 ■■ [답]	- 채무자(소유자)점유	1998-11-19 토지
[건물기타현황]	계획관리지역 : 97㎡(29.34평)		최■삼
-	표준지가 : 170,000원	🔲 **매각물건명세서**	매매
	단가㎡ : 228,000원	🔲 **예상배당표**	
[제시외건물]	금액 : 22,116,000원		**(근)저당**
국촌리 ■■ [건물]	🔲 **토지이용계획/공시지가**		1998-12-15 토지
(ㄱ)	🔲 **부동산정보 통합열람**		중소기업은행
금액 : 원	**[토지기타현황]**		60,000,000원
매각제외			
	- 세종장례식장 서측 인근에 위치		**(근)저당**
	- 주위는 농경지 및 공장 등으로 이루어		1998-12-15 토지
	진 중소규모 공장지대		중소기업은행
	- 본건까지 차량 출입 용이함 인근 간선		120,000,000원
	도로변에 버스승강장이 소재하는 등		
	제반교통여건은 무난함		**(근)저당(일부)**
	- 부정형의 토지로 평지이고 인접토지 2		2014-09-05 토지
	필지와 일단지로 이용중이며 공업용		신용보증기금
	건물부지로 이용중임		72,500,000원
	- 본건 단일필지로는 맹지이나, 일단지		
	로는 북측으로 간선도로와 접함		**소유권(지분)**
	- 성장관리지역		2002-04-01 토지
	[비고]		여■희외 1명
	※ 감정평가서상 제시외건물가격이 명시		협의분할에 의한 상속
	되어있지않음, 입찰시 확인요함,		**가압류(지분)**
	🔲 **감정평가서**		2014-07-17 토지
	[감정평가]		신용보증기금
	? 감정평가현황 ■■감정		160,000,000원
			여■희지분
	가격시점 2016-11-05		
	감정가 22,116,000원		**가압류(지분)**
	토지 (100%) 22,116,000원		2014-07-31 토지
			한국무역보험공사
			300,000,000원
			여■희지분
			임의경매
			2014-09-12 토지
			중소기업은행
			청구 : 900,000,000원
			2014타경210■■
			중소기업은행의 양수인 외환아
			이제일차유동화전문 유한회사
			(02-3708-2147)
			가압류
			2015-07-03 토지
			충남신용보증재단
			153,000,000원
			▷ 채권총액 :
			865,500,000원

명세서 요약사항 ▸ 최선순위 설정일자 1998.12.15, 근저당권	
소멸되지 않는 등기부권리	해당사항 없음
설정된 것으로 보는 지상권	해당사항 없음
주의사항 / 법원문건접수 요약	농지취득자격증명 필요(매각허가결정시까지 미제출시 매수보증금 몰수), 공부상 지목은 "답"이나, 현황 인접토지와 일단지로 건물의 대지로 이용 중이고 전용허가를 받지 않은 토지여서 추후 원상회복의 무를 질 수 있음. 2014-09-17 채무자겸소유자 주식회사 재■산업 부동산임의경매 중지신청서 제출

소재지	세종특별자치시 세종시 연서면 국촌리 일반 ▓▓▓		
지목	답 ❓	면적	97 m²
개별공시지가 (m²당)	110,800원 (2017/01)		
지역지구등 지정여부	「국토의 계획 및 이용에 관한 법률」에 따른 지역·지구등	계획관리지역 , 자연취락지구 , 기타용도지역지구기타(성장관리지역)	
	다른 법령 등에 따른 지역·지구등	가축사육제한구역(전부제한구역)<가축분뇨의 관리 및 이용에 관한 법률> , 비행 안전구역<군용항공기지법>	
「토지이용규제 기본법 시행령」 제9조제4항 각 호에 해당되는 사항			

확인도면

일반건축물대장(갑)

고유번호	3611036030-1~03220▓			명칭		1동	호수/가구수/세대수	0호/0가구/0세대
대지위치	세종특별자치시 연서면 국촌리	지번	322-▓	도로명주소	세종특별자치시 연서면 국촌1길 ▓			
대지면적	m²	연면적	239.5m²	지역		지구		구역
건축면적	239.5m²	용적률 산정용 면적	239.5m²	주구조	철골조	주용도	공장	층수 지하 층/지상 1층
건폐율 %		용적률 %		높이 7m		지붕		부속건축물
조경면적 m²		공개 공지·공간 면적 m²		건축선 후퇴면적 m²		건축선 후퇴거리		m

		건축물 현황			소유자 현황			
구분	층별	구조	용도	면적(m²)	성명(명칭) 주민(법인)등록번호 (부동산등기용등록번호)	주소	소유권 지분	변동일 변동원인
주1	1층	철골조	공장	190	주식회사자창산업	세종특별자치시 연서면 국촌리 322-▓	1/1	2014.09.02 소유권이전
주1	1층	철골조	공장	49.5	164711-0******			
		- 이하여백 -			- 이하여백 -			

※ 이 건축물대장은 현소유자만 표시한 것입니다.

이 등(초)본은 건축물대장의 원본내용과 틀림없음을 증명합니다.

발급일: 2017년 07월 16일
담당자 :
전 화 :

세종특별자치시장

세종특별자치시장인

※ 표시 항목은 총괄표제부가 있는 경우에는 기재하지 않을 수 있습니다.

🔍 매각물건 주변 항공사진

연서면의 농취증 미발급

세종특별자치시연서면

세종특별자치시

수신 김██영 귀하 (우55057 전라북도 전주시 완산구 세내로 239, 105동 7██호
자동2가,포스코더샵아파트))

(경유)

제목 농지취득자격증명발급 (민원접수번호:201756900720002116,대표자명:김██연

1. 귀댁의 평안을 진심으로 기원합니다.
2. 귀하께서 신청하신 연서면 국촌리 5██번지(답,97㎡)의 농지취득자격증명서
발급 신청건은 아래와 같은 사유로 반려 하오니 양지하여 주시기 바랍니다.

    가. 근거 : 농지취득자격증명심사요령 제9조 ③항4호
      - 신청대상 농지는 불법으로 형질변경되어 복구가 필요하며 현 상태에
        농지취득자격증명을 발급할 수 없음
    나. 신청인 : 김██영
    다. 처리결과 : 반려
    라. 반려사유
      - 해당 농지는 불법으로 형질변경 되어 있어 농업실현이 불가능 함

3. 또한 본 거부처분에 대하여 이의가 있을시 「민원사무처리에 관한 법률」
18조 1항의 규정에 따라 거부처분을 받은 날로부터 90일 이내에 문서로 이의신청
수 있음을 알려 드립니다.

세종특별자치시연서██정청시연

세종특별
자치시연
서면장인

산업담당 이██실   연서면 부면 전결 2017. 6. 13.
             장   정██운
협조자

시행 연서면-9609   (2017. 6. 13.)   접수

우 30043   세종특별자치시 연서면 대첩로 238, (세종특별자치시) / http://www.sejong.go.kr

전화번호 044-301-5741   팩스번호 044-301-5729 / 2756sy@korea.kr   / 비공개(6)

청 구 취 지

1. 피청구인의 청구인에 대한, 2017. 6. 13.자 세종특별자치시 연서
면 국촌리 5× 답 97㎡에 관한 농지취득자격증명 발급신청의 반
려처분 중 반려사유 "해당농지는 불법으로 형질변경 되어 있어
농업실현이 불가능함"을 "해당 토지는 농지법상 농지에 해당하
지 아니함"으로 변경하라.

라는 심판을 구합니다.

청 구 원 인

1. 이 사건 토지의 소유관계

세종특별자치시 연서면 국촌리 5× 답 97㎡(이하 "이 사건 토지"라
함)는 신청 외 여○희, 최○서가 각 2분의 1 지분으로 공유하고
있는 바, 이사건 토지 전부에 대하여 채권자 중소기업은행의 대
전지방법원 2014 타경 210×× 부동산임의경매가 2014. 9. 12. 개
시되어 현재 진행 중에 있습니다(증제1호증 부동산등기사항증명서,
증제2호증 토지대장 참조)

2. 최고가 매수신고 및 농취신청반려, 매각불허가

이 사건 토지에 대한 대전지방법원 2014 타경 210×× 부동산임
의경매 사건의 매각기 일인 2017. 6. 7. 청구인은 최고가 매수신고
인의 지위를 득하고(증제4호증 매각불허가결정 참조), 매각허가결정
기일인 2017. 6. 14. 이전에 농지취득자격증명을 법원에 제출하기
위하여 피청구인 연서면에 농지취득자격증명을 신청하였습니다.
청구인의 위 신청에 대해 피청구인은 2017. 6. 13. 청구인에게 농
지취득자격증명 신청 반려처분을 하면서 그 반려사유를 "해당 농
지는 불법으로 형질변경 되어 있어 농업실현이 불가능함"이라고

기재하였습니다(증제3호증 농지취득자격증명 반려통지서 참조).
청구인은 위 반려통지서를 법원에 제출하였고 결국 법원에서는
2017. 6. 14. 농지취득자격증명 미제출을 이유로, 농지법 제8조,
민사집행법 제121조 제2호, 제123조 제2항에 의거하여 매각을
불허가 하는 결정을 하였습니다(증제4호증 매각불허가결정 참조).

3. 피청구인의 반려사유 기재의 부당성

피청구인의 반려사유인 "해당농지는 불법으로 형질변경 되어 있
어 농업실현이 불가능함"은 "해당 토지는 농지법상 농지에 해당
하지 아니함"이라고 기재했어야 하므로 부당한 처분에 해당합
니다. 피청구인의 반려사유가 부당한 이유는 다음과 같습니다.

가. 농지법의 규정

농지법 제2조에서는 다음과 같이 "농지"를 정의하고 있습니다.
제2조(정의)
1. "농지"란 다음 각 목의 어느 하나에 해당하는 토지를 말
한다.
가. 전·답, 과수원, 그 밖에 법적 지목(지목)을 불문하고 실
제로 농작물 경작지 또는 다년생식물 재배지로 이용되
는 토지. 다만, 「초지법」에 따라 조성된 초지 등 대통령
령으로 정하는 토지는 제외한다.
나. 가목의 토지의 개량시설과 가목의 토지에 설치하는 농
축산물 생산시설로서 대통령령으로 정하는 시설의 부지

위 규정에 의하면 공부상의 지목과 상관없이 실제로 농작물을 경
작하는 경우를 농지법상 농지로 규정하고 있습니다.

나. 농지법상 농지에 관한 판례의 입장

"농지법 제2조 제1호 소정의 농지인지 여부는 공부상 지목

여하에 불구하고 당해 토지의 사실상의 현상에 따라 가려져야 할 것이고, 공부상 지목이 답인 토지의 경우 그 농지로서의 현상이 변경되었다고 하더라도 그 변경 상태가 일시적인 것에 불과하고 농지로서의 원상회복이 용이하게 이루어질 수 있다면 그 토지는 여전히 농지법상 농지에 해당한다"(대법원 1998. 4. 10. 선고 97누256 외 다수).

결국 판례의 입장은 사실상의 현상에 따라 농지여부를 판단하되, 그 변경상태가 일시적이어서 원상회복이 용이한지, 아니면 농지로의 원상회복이 어려운지 추가로 판단하여야 한다는 것입니다.

다. 이 사건 토지가 농지법상의 "농지"에 해당하는지 여부
위 농지법 제2조의 규정과 판례의 정의를 종합하여 이 사건 토지를 살피건데, 이 사건 토지의 지상에는 이미 1998. 10. 16. 사용승인을 득한 제1동, 1991년 10. 9. 사용 승인을 득한 제2동, 1987년 사용승인을 득한 제3동, 1987년에 사용승인을 득한 제4동 건물이 존재합니다(증제5호증 항공사진, 증제6호증 지적도등본, 증제7호증 토지이용계획확인서, 증제8호증의 1내지4 각 건축물대장, 증제9호증의 1내지4 각 부동산등기사항증명서, 증제10호증 감정평가서 참조).
이 사건 토지의 공부상 지목은 "답"으로 되어 있으나 위 4개 동의 건물이 적법하게 신축되었고, 공부상 지목과 상관없이 수십 년간 공장부지로 사용되고 있고, 그 변경상태가 다시 농지로 원상회복하기에 용이할 정도로 일시적인 현상 변경이라 보기 어렵습니다. 항공사진 및 주변 환경을 살펴보면 농지로 원상회복하여 경작할 가능성이 전혀 없으므로 농지법의 농지에 대한 정의와 판례의 입장을 고려할 때, 이 사건 토지는 농지법상 농지에 해당되지 않음이 명백합니다. 다만, 불법으로 형질을 변경하였는지에 대하여는 그 근거가 없으므로(4개동

의 공장건물이 적법하게 사용승인을 득하였으므로) 차후 전용부담금 및 가산금 등의 부과처분은 별개의 문제일 것입니다.

라. 부동산등기의 실무사례

부동산등기의 실무에서는 농지취득자격증명에 갈음하여 그 반려통지서로 농지에 대한 소유권이전등기가 가능한 바, 예외를 인정하는 반려사유로 "신청대상 토지가 농지법에 의한 농지에 해당되지 아니함"이라 기재될 것을 요구하고 있습니다(2009. 8. 24. 농림축산식품부 예규 제23호, 증제11호증 2007. 5. 30. 등기선례 제8-357호 참조).

경매실무에 있어서도 위와 같은 반려문구가 기재된 농지취득자격증명 반려통지서가 제출된 경우 매각을 허가하고 있습니다.

마. 소결

피청구인은 청구인의 농지취득자격증명발급신청에 대하여 반려처분을 하더라도 그 반려사유가 위와 같이 농지로서의 원상회복이 불가능하므로 "농지법상 농지에 해당되지 않음"을 구체적으로 적시해 주었어야 마땅하나 사실상 그와 동일한 의미에 해당하는 "해당 농지는 불법으로 형질 변경 되어 있어 농업실현이 불가능함"이라고 적시하여 법원에서 매각을 불허하는 결정을 하게 된 것입니다.

4. 결론

'농지법상 농지에 해당하지 아니함'이라는 문구와 '불법으로 형질이 변경되어 있어 농업실현이 불가능함'이라는 문구는 결국 농지법 규정과 판례의 입장인 "그 변경 상태가 일시적인 것에 불과한 것이 아니라 농지로서의 원상회복이 용이하게 이루어질 수 없는 상태에 있으므로 농지법상 농지에 해당하지 않는다"는 결론에 있어 동일한 의미라 할 것입니다.

그래서 청구인은 결국 동일한 의미이므로 "해당 토지는 농지법상 농지에 해당하지 아니함"이라는 문구로 반려사유를 정정해 달라고 요청하였으나 받아들여지지 않았습니다. 청구인이 원하는 반려사유와 피청구인이 적시한 반려사유는 모두 해당 토지가 농지로의 원상회복이 불가능하여 판례가 적시하는 농지법상 농지에 해당하지 않게 되었다는 의미로 귀결됨이 명백하므로 청구인의 청구취지대로 심판하여 주시기 바랍니다.

입 증 방 법

1. 증제1호증   부동산등기사항증명서
1. 증제2호증   토지대장
1. 증제3호증   농지취득자격증명 반려통지서
1. 증제4호증   매각불허가결정
1. 증제5호증   항공사진
1. 증제6호증   지적도등본
1. 증제7호증   토지이용계획확인서
1. 증제8호증의 1내지4   건축물대장 각1통
1. 증제9호증의 1내지4   부동산등기사항증명서 각1통
1. 증제10호증   감정평가서
1. 증제11호증   대법원예규

첨 부 서 류

1. 행정심판청구서 부본   1통
1. 위 입증방법   각2통

2017. 6. .

청구인 김○영

세종특별자치시 행정심판위원회 귀중

행정심판에서 청구취지를 변경해야 된다는 연락을 받고 변경했음.

행정심판은 행정처에서 한 행위를 취소하라는 취지만 받아들인다는 것이 행정심판의 핵심

변경후 청구취지

1. 피청구인의 청구인에 대한, 2017. 6. 13. 자 세종특별자치시 연서면 국촌리 5
   답 97㎡에 관한 농지취득자격증명 발급신청의 반려처분을 취소한다.
   라는 심판을 구합니다.

청구원인

기존에 제출한 심판청구서 청구원인을 그대로 원용합니다.

첨부서류

1. 청구취지변경신청서 부본   1통

2017. 7.   .

위 청구인 김 영

세종특별자치시 행정심판위원회 귀중

연서면 1차 답변

세종특별자치시

수신 김■영

(경유)

제목 행정심판(2017-01) 답변서 부본 송부

1. 귀하의 가정에 건강과 행운이 함께 하시기를 기원드립니다.

2. 「2017-01 농지취득자격증명 발급신청 반려처분 취소청구」 사건과 관련하여, 피청구인(연서면장)으로부터 답변서가 제출되어 부본을 송부하오니,

3. 반론 및 보충답변이 있을 경우에는 **본 부본 수령일로부터 10일이내에** 보충서면 2부를 제출하여 주시기 바랍니다.

붙 임 : 답변서 부본 1부. 끝.

세종특별자치시 행정심판위원회 위원장

주무관   박■   법무행정담당   황■순   규제개혁법무 전결 2017. 7. 19.
담당관   문■혜

협조자

시행 규제개혁법무담당관-7568   접수

우 30151   세종특별자치시 한누리대로 2130 (보람동)   / http://www.sejong.go.kr

전화번호 044-300-28■   팩스번호 044-300-28■   / born@korea.kr   / 비공개(6)

함께해요 화재예방, 행복해요 대한민국

문서관리카드 규제개혁법무담당관-7568   1/1

답 변 서

접수번호   2017-01 농지취득자격증명신청 반려처분 취소청구
청 구 인   김███영
피청구인   세종특별자치시 연서면장
심판청구일 2017. 7. 4.

위 사건에 관하여 피청구인은 다음과 같이 답변합니다.

청구취지에 대한 답변

"청구인의 청구를 기각 한다" 라는 재결을 구합니다.

청구원인에 대한 답변

1. 청구인 주장 요지

○ 농지법 제2조 (농지의 정의) : 지목에 불구하고 농작물 경작의 경우
  농지법상 농지임.

○ 농지의 정의에 대한 판례의 입장(대법원 1998.4.10. 선고97누25██ 외 다수) : 농지의
  현상이 일시적으로 불법 전용되어 있고 원상회복이 용이하게 이루어질 수
  있다면 그 토지는 여전히 농지법상 농지임.

○ 대전지방법원 2014타경 210██호 경매물건번호 1번 사건농지(세종특별자치시 연서면
  국촌리 50번지 답 97㎡)는 수십 년간 공장용지로 불법전용 되어 사용 중이고
  원상회복이 용이하지 않으므로 농지에 대한 정의와 판례의 입장을 고려할 때
  이사건 토지는 농지법상 농지에 해당하지 않음이 명백하다고 주장함.

○ 『해당 농지는 불법으로 형질변경 되어 있어 농업 실현이 불가능함』을 『해당 토지는 농지법상 농지에 해당 하지 아니함으로』 반려사유 기재 반려처분 해야 했음을 주장 반려처분 취소를 청구 함

2. 사건 처분 경위

<이 사건 토지 항공사진 및 현장사진>

○ 청구인의 농지취득자격증명 신청 건에 대하여 접수 전부터 불법 전용되어 원상복구가 어려운 토지로 반려대상임을 청구인이 확인 하였으며, 피청구인은 2017. 6. 13. 농지법 제8조의 「농지취득자격증명발급심사요령」 제9조제3항 제4호에 따라 '신청대상 농지는 취득 시 농지취득자격증명을 발급받아야 하는 농지이나 불법으로 형질변경(공장용지)한 부분에 대한 복구가 필요하며 현 상태에서는 농업실현이 불가능 함' 이라는 사유로 이 사건 처분을 하였음.

3. 근거 법령 (별첨 참조)

○ 이 사건 처분 근거 법령은 별첨과 같음.

4. 농지취득자격증명발급 반려사유 기재의 부당성 주장에 대하여

○ 농지법 제2조 제1항 및 제6조·제8조 및 같은법 시행령 제7조에 따라 청구인의 토지를 농지로 정의하였고, 이에 검토결과, **농지취득자격증명 발급요건의 불충족으로 반려하였기 이 사건의 처분은 적법·타당한 처분임.**

① (종합 의견) 이 사건의 토지(2017. 6. 7. 경매로 낙찰 받고자하는 농지 – 언서면 국촌리 5█, 답 97㎡) 가 농지법의 규정, 법상의 농지에 해당하는지 여부 및 판례의 입장 등에 관해

· 농지법 제2조제1항에 의하면 전·답, 과수원, 그 밖에 법적 지목(地目)을 불문하고 실제로 농작물 경작지 또는 다년생식물 재배지로 이용되는 토지를 말함. 다만, 법원의 판례를 다수 인용하면 '지목이 전답인 토지의 경우 그농지로서의 현상이 변경되었다고 하더라도 그 변경 상태가 일시적인 것에 불과하고 농지로서의 원상회복이 용이하게 이루어질수 있다면 그토지는 여전히 농지법상 농지에 해당한다' 고 판시하였고, 이에

· 청구인이 대법원 판례 등을 인용 수십 년간 공장용지로 불법 전용되어 사용하고 있고 원상회복이 어렵기에 이를 농지에 해당하지 않다고 주장을 하고 있으나,

· 상기 토지는 지진 등 지형적변화 및 다수가 사용하는 도로, 하천 등 수로에 기능으로 원상회복이 불가능하도록 변경된 상태가 아니며, 견고한 구조물이 아닌 작업장 창고와 바닥콘크리트 등 단층으로 구성되 있기에 ('사진' 참조) 원상회복이 용이한 상태로 판단되어 농지법상의 농지로 해석되며, 또한, 판례 ('아래1' 참조) 에도 일시적인 토지의 변경상태의 판단을 같은 본사건의 예와 같다 할수있음.

· 본 사건의 토지를 포함한 인근 토지의 지상에 건축물의 사용승인년도가 최초 1987년도 임에 따른 수년간의 공장부지로써 사용되어 일시적인 현상변경이 아니며 원상회복이 불가능하다 하였으나, 최초 농지법이 제정된([당초법률명] '농지의 보전 및 이용에 관한법률' , 1973년 제정)시점('아래2' 참조) 이후에 본사건의 토지 인근(322-5█, 장)에 건물이 생겼고, 그 후 2007년에 현소유자 명의로 농지원부가 발급되었으며, 이후 불특정 시점에 본사건의 토지에 공장용도로 타용도 불법전용이 행해 졌으므로 본 토지는 농지로 봐야할 것임.

┌─ **(아래1) 참고 자료** ─

○ **(판례 : '일부발췌' 부산고법 2006누1791)** 먼저, 위 토지가 농지에 해당하는지에 관하여 살펴건대, 어떠한 토지가 법에서 말하는 농지인지의 여부는 공부상의 지목 여하에 불구하고 당해 토지의 사실상의 현상에 따라 가려져야할 것이고, 공부상 지목이 답인 토지의 경우 그 농지로서의 현상이 변경되었다고 하더라도 그 변경 상태가 일시적인 것에 불과하고 농지로서의 원상회복이 용이하게 이루어질 수 있다면 그 토지는 여전히 법에서 말하는 **농지에 해당**하므로, 그 취득에는 소재지 관서의 농지취득자격증명이 필요하다고 할 것인바(대법원 1999. 2.23. 자 98마26██ 결정 등 참조), 위 인정사실에 의하면, 이 사건 **전체토지**는 현재 농작물의 경작 등에 이용되지 않은채 그 위에 작업장, 창고, 사무실 등의 차양막 지붕 단층 건물들이 들어서 있거나 고물, 재활용품 등이 적치되어 있긴 하지만, 그 위에 견고한 구조물 등이 축조되어 있지 않은데다가 크게 현상변경이 이루어진 것은 아닌 점 등에 비추어 위 토지의 변경 상태는 일시적인 것으로서 그 원상회복이 비교적 용이하게 이루어질 수 있다고 봄이 상당하여 위 전체토지는 법에서 말하는 농지에 해당한다.

┌─ **(아래2) 참고 자료** ─

○ **(1973년 『농지의 보전 및 이용에 관한 법률』제정)** 지목이 "답"으로 되어 있는 토지를 1973.1.1.이후(법제정 시점) 농지전용허가를 받지 아니하고 타용도로 사용(불법전용) 농업경영이 어려운 상태라도 『농지법』에 따른 농지(불법농지)로 해석함. → 이후 농지법으로 변경제정

② 해당 토지가 농지법상 농지임에 따른 향후 행정절차인 청구인의 농지취득자격증명 취득요건에 적합한지 여부에 관한 처분을 실시함.

· 농지법 제8조의 농지취득자격증명발급요령(농림축산식품부 예규 제39호, 16.12.19) 제9조제3항제4호에 따라 '농지법을 위반하여 불법으로 형질이 변경되었거나 불법건축물이 있는 농지의 경우 : 신청대상 농지는 취득 시 농지취득자격증명을 발급받아야 하는 농지나 불법으로 형질이 변경되었거나 불법건축물이 있는 부분에 대한 복구가 필요하며, 현 상태에서는 **농지취득자격증명을 발급 할 수 없다**' 고 명시되어 있음에 따라 최종 반려처분이 행해진것임.

○ 그 결과, 청구인이 신청한 농지취득자격증명신청서상의 본사건에 토지가 농지법상의 농지임에 따라 법률의 절차에 따른 검토결과, 농지취득자격증명 발급 요건을 갖추지 못하여 농지법 제8조의 『농림축산식품부예규 '농지취득자격증명발급심사요령' 제9조제3항제1호』에 따라 반려 처분을 하게 된 것인바, 이 사건 처분은 적법·타당한 처분으로 청구인의 청구를 기각하여 주시기 바랍니다.

※ 입 증 자 료

을제1호 증   농지취득자격증명신청서

을제2호 증   대전지방법원 사실조회서 및 사실조회 회신

을제3호 증   근거법령

을제4호 증   농지민원사례집

을제5호 증   판례 : 부산고법 2006누1791

2017. 7. 17.

피청구인   세종특별자치시 연서면장
심판수행자 행정6급 정ㅇ운
심판수행자 행정6급 이ㅇ실

세종특별자치시 행정심판위원회 귀중

연서면 1차 답변에 대한 답변

준 비 서 면

사　　건　　2017 - 01　농지취득자격증명신청 반려처분 취소

청 구 인　　김▪영

피청구인　　세종특별자치시 연서면장

위 사건과 관련하여 청구인은 피청구인의 2017. 7. 17. 자 답변서에 대하여 다음과 같이 변론을 준비합니다.

- 다　　　　음 -

1. 피청구인 주장의 요지

피청구인은 답변서 제2항 사건처분경위 부분에서, 농지법 제2조 제1항 및 제6조, 제8조 및 같은법 시행령 제7조에 따라 이사건 토지를 "농지"로 정의 하였고, 이사건 토지는 **불법 전용되어 원상복구가 어려운 토지**이므로 반려처분을 한 것이라 합니다.

또, 답변서 제4항 농지취득자격증명발급 반려사유 기재의 부당성 주장에 대하여 부분에서는, 판례의 입장을 적용해 보더라도 **이사건 토지는 농지로의 원상회복이 불가능한 변경상태가 아니며, 견고한 구조물이 아닌 작업장 창고와 바닥콘크리트 등으로 구성되어 있어 원상회복이 가능한 "농지"**에 해당한다고 합니다.

결국, 이사건 토지는 농지법상 농지에 해당하는데, 불법으로 전용되었으므로 자격증명발급 요건을 갖추지 못하여 농지법 제8조의 농림축산식품부예규 '농지취득자격증명발급심사요력' 제9조 제3항 제4호에 따라 반려처분을 한 것이므로 적법, 타당한 처분이라고 주장합니다.

2. 피청구인 주장의 모순점

피청구인은 위와 같이 ① 불법 전용되어 원상복구가 어려운 토지, ② 변경상태가 일시적이어서 원상복구가 가능하므로 농지에 해당한다는, 상반 모순된 주장을 하고 있습니다.

① 원상복구가 어려운 토지라면 농지법상 농지에 해당되지 않는다는 사유로 반려처분을 해야 하는 것이고, ② 원상복구가 가능한 농지라면 원상복구를 조건으로 농지취득자격증명을 발급해야 하는 것입니다.

피청구인은 이사건 토지가 농지라는 것인지, 농지가 아니라는 것인지 명확히 하여야 할 것이나, 피청구인 주장의 전체적인 내용을 종합해 볼 때, 이사건 토지는 농지법상 농지에 해당하는 것으로 판단하고 있다고 사료됩니다.

3. 이사건 토지의 불법 전용 여부에 관하여

이사건 토지와 연접한 연서면 국촌리 32-▨ 번지 지상에는 1987년 사용승인을 득한 제3동 공장 107.1㎡, 1987년 사용승인을 득한 제4동 점포 33.78㎡, 1991년 사용승인을 득한 제2동 부속창고 142.37㎡, 1998년 사용승인을 득한 제1동 공장 190㎡, 공장 49.5㎡가 "적법하게" 존재합니다.

최초로 1987년 건물이 들어선 이후 1991년과 1998년 신축 및 사용승인을 득 하였는 바, 이는 불법건축물이 아닌 합법적 건축물임을 알 수 있습니다.

한편, 위 건물 총 5개 동은 국촌리 32-▨ 번지 외에도 이사건토지 연서면 국촌리 5▨ 번지 답, 국촌리 5▨ 번지 답, 국촌리 32-▨ 천, 국촌리 322-90 천 등 연접한 공장부지가 아닌 4필지의 토지 지상에 걸쳐 있습니다(증제12호 도면 참조).

증제12호 도면과 같이 이사건 토지 지상에는 2개동의 건물이 존재하는 바, 피청구인의 주장대로 불법전용에 해당된다면 1987년, 1991년, 1998년 순차로 건물신축 시 사용승인을 받지 못하였을 것입니다.

4. 입증의 촉구

피청구인은 **첫째, 1987년, 1991년, 1998년에 각 건축허가 및 사용승인에 관련된 자료**들을 제시하여 이사건토지 부분에 있는 건축물이 불법전용에 해당된다는 점을 입증해야 할 것이며, 피청구인 주장에 의하면 이사건 토지가 불법 전용되었다고 하나, 위와 같이 이사건 토지의 지상에는 합법적인 건축물이 존재하는 것으로 추정되므로 **둘째, 32-▦번지의 건축허가 시 이사건 토지는 건물부속 토지에 포함되지 아니하였는데 공장을 불법으로 설치하였다는 것인지?**
아니면 **셋째, 32-▦번지의 건축허가 시 건물부속토지로 이사건 토지가 포함되었으나 차후 지목변경을 하지 않아 농지에 해당**한다는 것인지 밝혀야 할 것입니다.

5. 이사건 토지가 농지에 해당되지 않을 경우

위 건축물들이 적법한 이상, 이사건 토지는 농지법 규정 및 판례의 정의를 따를 때, **농지법상 농지에 해당하지 않는다**고 사료됩니다.
이 경우, 피청구인은 청구인의 농지취득자격증명 발급신청에 대하여 **반려처분을 하되 반려사유로 "해당 토지는 농지법상 농지에 해당하지 아니함"** 이라고 기재하여야 마땅합니다.

6. 이사건 토지가 농지법상 농지에 해당할 경우

피청구인의 주장에 의하면 이사건 토지는 "원상회복이 용이하여 여전히 농지법상 농지에 해당하므로 **원상복구가 이루어지기 전에는 농지취득자격증명을 발급할 수 없다**" 는 것인데, 이는 **사실관계와 법리를 오해한 피청구인의 잘못된 판단**이라 여겨집니다.

왜냐하면, 피청구인이 인용한 을제5호증 **부산고등법원 2006. 12. 22. 선고 2006
누 17██ 판결의 [판단] 제(3)항**에서 적시하듯이 위와 같은 사유로 농지취득자격증
명신청을 반려하는 것은 위법하다 할 것이기 때문입니다.

> "다음으로 피고가 위 토지의 불법형질변경을 이유로 농지취득자격증명의 발
> 급을 거부할 수 있는지에 관하여 보건대, 경매절차를 통하여 농지를 낙찰받기
> 위하여 농지취득자격증명을 발급받으려는 자는 해당 농지를 낙찰받아 소유권
> 을 취득하기 전에는 원상회복 등의 조치를 할 아무런 권원이 없으므로 그에
> 게 형질 변경된 부분의 복구를 요구한다는 것은 법률상 불가능한 것을 요구
> 하는 것인 점, 불법적으로 형질 변경된 농지에 대하여 농지취득자격증명의 발
> 급을 거부한다면, 농지의 소유자가 농지를 금융기관에 담보로 제공한 후 농지
> 를 불법으로 형질변경하거나 지상에 무허가건물을 짓는 경우에는 스스로 원
> 상복구하지 않는 한 제3자가 이를 경락받지 못하므로 담보물권자는 농지를
> 환가할 수 없게 되는 점 등을 참작한다면, 불법으로 형질 변경된 토지에 대하
> 여는 농작물의 재배가 가능한 토지로 원상 복구된 후에 농지취득자격증명의
> 발급이 가능하다는 처분사유는 적법한 것이라고 할 수 없다(원고들이 위 토
> 지를 취득한 다음 관할 관청에서 그 원상회복을 위한 행정조치를 취하는 것
> 은 별개의 문제이다)".

이 경우에는 우선 농지취득자격증명을 발급하여 농지를 취득할 수 있게 처리하고
추후 소유권을 취득한 자가 농지로의 원상회복을 하면 될 것이고 그것이 이행되지
않을 경우, 그에 따른 행정초지를 취하면 되는 것입니다.

7. 결어

위와 같이 이사건 토지가 농지법상 농지에 해당되는지 아닌지에 따라 결론이 달라

질 것이나, ① 농지법상 농지에 해당되지 않는다면 반려처분 사유로 "해당토지는 농지법상 농지에 해당하지 아니함"이라 기재하여야 하고, ② 농지법상 농지에 해당한다면 경매로 소유권을 취득하고자 하는 자에게 조건부로 농지취득 자격증명을 발급하고, 차후에 원상복구가 이루어지지 않을 경우 행정처분을 하면 되는 것이므로 어느모로 보나 피청구인의 청구인에 대한 농지취득자격증명 반려처분 및 그 반려사유 문구 기재는 위법하므로 취소되어야 마땅합니다.

입 증 방 법

1. 증제12호증   도면

2017. 7.   .

위 청구인 김▒영

세종특별자치시 행정심판위원회   귀중

연서면 1차 답변에 대한 2차 답변

인쇄 : 박███ / 규제개혁법무담당관 (2017-08-09 16:44:15)

국민의 나라 정의로운 대한민국

세종특별자치시

수신 김█영

(경유)

제목 행정심판(2017-01) 보충서면에 대한 답변서 부본 송부

　　1. 귀하의 가정에 건강과 행운이 함께 하시기를 기원드립니다.

　　2. 「2017-01 농지취득자격증명 발급신청 반려처분 취소청구」 사건과 관련하여, 피청구인(연서면장)으로부터 보충서면에 대한 답변서가 제출되어 부본을 송부하오니,

　　3. 반론 및 보충답변이 있을 경우에는 **본 부본 수령일로부터 7일이내에 보충서면 2부**를 제출하여 주시기 바랍니다.

붙　임 : 답변서 부본 1부. 끝.

세종특별자치시 행정심판위원회 위원장

주무관　　박███　　　　법무행정담당　황█순　　　　규제개혁법무 전결 2017. 8. 9.
　　　　　　　　　　　　　　　　　　　　　　　　　담당관　　문█혜

협조자

시행　규제개혁법무담당관-84██　　　　　　　접수

우 30151　　세종특별자치시 한누리대로 2130 (보람동)　　　 / http://www.sejong.go.kr

전화번호 044-300-28██　팩스번호 044-300-28██　 / born@korea.kr　　　 / 비공개(6)

누구나 살고 싶은 행복도시 세종

문서관리카드 규제개혁법무담당관-8407　1/1

준비서면에 대한 답변서

사건번호 2017-01

사 건 명 농지취득자격증명 발급신청의 반려처분 취소 청구

청 구 인 김██영

피청구인 세종특별자치시 연서면장

　　위 사건과 관련하여 청구인의 7.31일자 준비서면에 대하여 피청구인은 다음과 같이 보충 답변합니다.

1. 피청구인 주장의 모순점에 대한답변

　"피청구인은 위와 같이 ① 불법 전용되어 원상복구가 어려운 토지, ② 변경상태가 일시적이어서 원상복구가 가능함으로 농지에 해당한다는, 상반모순된 주장을 하고 있습니다." 에 대하여,

　농지법상 "농지"란 전·답, 과수원, 그 밖에 지목을 불문하고 실제로 농작물 경작지 또는 다년생 식물 재배지로 이용되는 토지를 뜻하는 바,

즉, "농지"란 다음의 어느 하나에 해당하는 토지를 말합니다.(「농지법」 제2조제1호, 「농지법 시행령」 제2조, 「농지법 시행규칙」 제2조 및 제3조)

- 「공간정보의 구축 및 관리 등에 관한법률」 제67조에 따른 지목이 전·답, 과수원인 토지와

- 그 밖에 법적 지목(地目)을 불문하고 실제로 농작물 경작지 또는 다음의 어느 하나에 해당하는 다년생 식물재배지로 이용되는 토지를 뜻하는 바, 지목이 전·답, 과수원인 경우에는 전용허가를 받아 그 목적사업이 완료되어 「공간정보의 구축 및 관리 등에 관한법률」 제81조에 따라 지목변경을 완료하지 아니한 이상 농지에 해당한다 할 것입니다.

2. 이 사건 토지의 불법 전용 여부에 관한 답변

청구인은 이 사건 토지와 연접한 연서면 국촌리 32▨-▨번지 지상에 건물이 적법하게 존재한다고 주장하고 있으나, 청구인이 제출한 건축물대장(증제8호증의 1호 내지 4호)상의 대지위치는 국촌리 32▨-▨번지만 기록되었을 뿐 이 사건 토지인 국촌리 5▨번지 토지는 기록되어 있지 않습니다. 추가적으로 현재 건축물이 존재한다고 하여 그의 불법, 적법여부를 다투는 것은 별론(別論)으로 하여야하고, 이 사건 농지취득자격증명 발급신청 반려처분의 다툼은 오직 근거법령에 따라 판단되어야 할 것으로 사료됩니다.

3. 입증의 촉구에 대한 답변

앞 1, 2에서 답변한바와 같이 이 사건 토지의 지목이 "답"으로 남아 있는 이상 농지에 해당하며, 관련 지번 상에 합법적인 건축물이 존재하는 것으로 추정된다고 하여 이를 달리 볼 것은 아니라 판단됩니다.

4. 농지취득자격증명신청 반려 처분의 정당성

농지취득자격증명발급심사요령 제8조 제1항제5호제마목에서는 "농작물의 경작 또는 다년생식물의 재배지 등으로 이용되고 있지 아니하는 농지의 경우에는 농지의 복구가능성 등 취득대상 토지의 상태" 등을 종합적으로 고려하고, 이러한 요건에 해당하는지를 확인·심사한 후 적합하다고 인정할 때에만 자격증명을 발급할 수 있으며, 제8호에서는 "농업경영계획서에 농지로의 복구계획을 포함하여 작성한 경우 그 계획이 실현가능할 것"을 규정하고 있다. 따라서 피청구인이 이 사건 토지에 대한 농지취득자격증명 신청서를 발급하기 위해서는 이 사건 토지를 취득하려는 자가 구체적인 복구계획을 제출하여 그 실현가능성 여부를 판단하여야 할 것인데 청구인은 이를 이행하지 않았음으로(을 제1호증 참조) 피청구인이 청구인의 신청지를 확인하고 "신청대상 농지는 불법으로 형질변경되어 복구가 필요하며 현 상태에서는 농지취득자격증명을 발급할 수 없음"을 이유로 농림축산식품부예규

제39호 농지취득자격증명발급심사요령 제9조제3항제4호에 따라 행한 이 사건 농지취득자격증명 반려처분은 위법·부당하지 아니하다할 것입니다.

5. 이 사건 처분이 위법·부당한지 여부

이 건 처분은 지목이 사실상 '공장용지' 이면서 지목이 '답' 인 신청지가 농지법상 영농목적으로 취득할 수 있는 농지에 해당되지 아니함을 사유로 반려한 것으로, 청구인은 농지취득자격증명 반려처분 및 그 반려사유 문구 기재가 위법하다고 주장하고 있으므로 이에 대하여 살펴보면 「농지법」 제6조 제1항에서 "농지는 자기의 농업경영에 이용하거나 이용할 자가 아니면 소유하지 못한다" 고 규정하면서도 그 예외규정으로 동법 제6조제2항제3호에서 농업경영에 이용하지 아니하더라도 주말·체험영농을 하고자 농지를 소유하는 경우에는 농지를 소유할 수 있도록 정하고 있으나, 이 건 토지가 사실상 '공장용지' 임을 감안할 때 주말·체험영농을 목적으로 한 청구인의 이 건 토지의 취득목적의 실현가능성은 없다고 할 것이고, 동법 제6조제4항에서는 "이 법에서 허용된 경우 외에는 농지 소유에 관한 특례를 정할 수 없다." 고 규정하고 있는 점 등을 종합하여 살펴 볼 때, 피청구인의 이 건 처분이 위법·부당한 것이라 할 수 없다고 판단됩니다.

특히, 대전지방법원 사실조회 시 회신한 피청구인의 사실조회회신(을 제2호증)에서 "현 상태에서는 농지취득자격증명을 발급할 수 없음--> 등기 불가" 라 통보했음에도 청구인이 선량한 관리자의 주의 의무를 기울였어야 함에도 이를 간과한 점은 청구인에 귀책사유가 있다 할 것입니다.

6. 결론

농지취득자격을 확인함에 있어서 농작물의 경작 등으로 이용되고 있지 아니하는 농지의 경우에는 농지로의 복구가능성 등 토지상태를 종합적으로 검토, 고려하도록 규정되어 있는 데, 청구인은 구체적인 원상복구계획도 제출하지 않아 피청구인이 검토,고려할 수 있는 사안이 없었고, 농지취득자격증명 관련 농림부질의회신(1998.5.6.농지51307-573)에서도 "그 복구계획이

- 3 -

구체적이고 실현가능하다고 인정되어야만 농지취득자격증명을 발급할 수 있다"고 하였는바, 이러한 제반사항을 종합해보면 피청구인이 청구인에 대하여 한 이 사건 반려처분은 적법한 절차 및 기준을 준수하여 처분하였으므로 청구인의 청구를 기각하여 주시기 바랍니다.

첨 부 서 류

1. 근거법령 발췌조문 1부.

2017. 8. 9.

피청구인 : 세종특별자치시 연서면장
심판수행자 : 행정6급 정 ■ 운
　　　　　　 세무6급 임 ■ 수

연 락 처 : 044-301-57■

세종특별자치시행정심판위원회 귀중

연서면 2차 답변에 대한 재답변

준 비 서 면

사　　건　2017 - 01 농지취득자격증명신청 반려처분 취소
청 구 인　김■영
피청구인　세종특별자치시 연서면장

위 사건과 관련하여 청구인은 피청구인의 2017. 8. 9. 자 답변서에 대하여 다음과
같이 반론합니다.

- 다　　음 -

1. 불법전용 여부에 관한 답변과 관련하여

피청구인은 이사건 공장건물에 관하여 그 불법, 적법 여부는 별론으로 하고 이사건
농지취득자격증명 발급신청 반려처분의 다툼은 <u>오직 근거법령에 따라 판단되어</u>
한다고 주장하나 이는 피청구인이 사실관계를 왜곡하고 이사건 건물들이 불법
축되었다는 주장을 계속하기 위하여 구차한 변명을 하고 있는 것에 불과합니다.
증제12호증 도면 및 증제8호증의 1내지4 각 건축물대장을 살펴보면 총 5개동 건
의 위치, 구조 및 면적 등과 32-■번지 토지위치를 감안했을 때, <u>32-■번지 한</u>
<u>지에 이사건 건물 5개동이 들어갈 수는 없으며, 최초 사용승인 후 불법으로 증축</u>
<u>하였다고 볼 아무런 증거도 없습니다.</u>
결국, 이사건 5개동의 건축물은 적법한 사용승인을 득한 건물로 보아야 합니다.
준공심사 시 인접한 농지위에 신축 또는 증축되었다면 사용승인을 해주지 않았
것으로 보이고, 이사건 토지를 포함한 일단의 토지가 공장부지임을 인정하였으므
사용승인을 득하였다고 보아야 하며, 다만 이사건 토지를 포함한 부속토지들에 :

하여 차후에 공장용지로 지목변경을 하지 않았을 가능성이 큽니다.

그래서 청구인은 지난번 준비서면에서 피청구인에게, 이 사건 건물들의 건축허가 청서류 및 사용승인절차에서 현출된 서류들을 피청구인이 가지고 있으므로 이를 제시하여 불법 증축 여부에 대하여 입증을 촉구하였으나 이에 대한 아무런 증거자료도 제시하지 못하면서 "오직 근거법령에 따라 판단되어야 한다"는 억지 주장을 하고 있습니다.

2. 피청구인의 반려처분이 정당하다는 주장과 관련하여

피청구인은 농지취득자격증명발급심사요령 제8조 제1항 제8호에서 "농업경영계획서에 농지로의 복구계획을 포함하여 작성한 경우 그 계획이 실현가능할 것"을 정하고 있는데, 청구인이 구체적으로 복구계획을 제시하지 아니하여 "신청대상지는 불법으로 형질변경되어 복구가 필요하며 현 상태에서는 농지취득자격증명 발급할 수 없음"을 이유로 농림축산식품부예규 제39호 농지취득자격증명발급심사요령 제9조 제3항 제4호에 따라 반려처분을 하였으므로 정당하다고 합니다.

"오직 근거법령에 따라 판단되어야 한다"고 피청구인이 주장하고 있으나 위 규정은 내부적 업무처리를 위한 예규에 불과할 뿐 법령이 아님이 명백합니다.

그리고, 신청서에 복구계획 등이 적시되어야 할 상황이었다면 피청구인은 당연히 민원인인 청구인에게 이에 대하여 자세한 설명을 하여야 하고, 그에 따라 복구계획을 작성하도록 권고했어야 함에도 불구하고 그러한 조치를 전혀 하지 않았습니다.

최고가매수신고인의 지위를 득하고 불과 1주일도 되지 않는 짧은 시간에 농지취득자격증명을 발급받아야 하는 처지에 있던 청구인에게 피청구인은 더욱더 그러한 설명의무를 충실히 이행하였어야 합니다.

피청구인의 그러한 설명과 권고가 있었다면 청구인은 당연히 실현가능한 복구계획을 적시하였을 것입니다.

또, 위와 같은 예규의 적용은 일반적인 농지의 매매에 있어서 적용되어야 할 사이고, 경매사건에 그대로 적용할 수는 없습니다.

3. 경매에 있어서의 적용례

경매에 있어서는 이미 지난번 준비서면에서 인용한 **부산고등법원 2006. 12. 22. 선고 2006 누 1791 판결** 이유 설시와 같이 우선 농취자격증명을 발급하여 소유권을 취득하게 하되, 차후 원상복구명령 및 행정조치 등의 절차가 필요할 뿐입니다. 대전지방법원의 경매사건 사실조회에 대하여 피청구인이 회신한 내용을 살펴보면, **현황은 농지가 아님을 알 수 있고, 향후 원상복구명령이 발하여질 가능성이 있으며, 특히 현 상태에서는 농지취득자격증명을 발급할 수 없으므로 등기가 불가하다** 는 내용입니다.

그러나, **등기가 불가하다는** 피청구인의 판단은 자의적인 판단에 불과하며, 판례설시와 같이 경매로 소유권을 취득한 후 원상복구와 관련된 문제는 경매진행과 경락에 의한 소유권 취득과는 별개의 문제이므로 대전지방법원에서는 경매절차를 계속 진행한 것입니다.

피청구인의 자의적 판단인 "등기불가"가 법적으로 옳다면 법원에서 경매절차를 정지 또는 취소했을 것이며, 그렇다면 부산고등법원의 판례설시와 같이 **농지의 소유자가 농지를 금융기관에 담보로 제공한 후 농지를 불법으로 형질변경하거나 지상에 무허가건물을 짓는 경우에는 스스로 원상복구하지 않는 한 제3자가 이를 경락받지 못하므로 담보물권자는 농지를 환가할 수 없게 되고,** 이는 강제경매에 있어서도 마찬가지로 채권자는 채무자의 재산을 파악하고도 아무런 집행을 할 수 없는 부당한 결과가 되므로 결국 피청구인의 "등기불가" 판정은 자의적 해석에 불과하다 할 것입니다.

그리고 "최고가매수신고인증명서" 별지의 **"농지취득자격증명 필요. 공부상 지목은 답이나 현황은 인접토지와 일단지로 건물의 대지로 이용 중이고 전용허가를 받지 않은 토지여서 추후 원상회복의무를 질 수 있음"** 이라는 기재 문구를 보더라도 농지의 경매에 있어 적용되어야 할 기준에 대한 청구인의 위 주장이 타당하다는 것을 알 수 있습니다.

4. 결어

첫째, 청구인이 판단하건대 이사건 건물들은 적법한 사용승인을 득하였고, 불법 증축되었다고 볼 아무런 근거가 없으므로 **이사건 토지는 "농지법상 농지에 해당하지 않음" 이 명백**하므로 피청구인의 이사건 반려사유에 오류가 있으므로 피청구인의 반려처분은 취소되어야 합니다.

둘째, 피청구인의 주장과 같이 만약, 이사건 토지가 원상복구가 필요한 농지에 해당된다면 판례의 입장과 같이 **원상복구를 조건으로 농지취득자격증명을 발급**하였어야 마땅하므로, 어느모로 보나 피청구인의 청구인에 대한 **이사건 농지취득자격증명 반려처분은 취소되어야** 합니다.

입 증 방 법

이사건처분과 유사한 사안의 타 지자체의 처분을 참고로 제출합니다.

1. 증제13호증＊ 이천시 부발읍의 농취반려처분
1. 증제14호증   용인시 포곡읍의 원상복구 명령

2017. 8.   .

위 청구인 김▓영

세종특별자치시 행정심판위원회   귀중

부 발 읍

수신 이근호 귀하 (우137-948 서울특별시 서초구 신반포로33길 15, 102동 16██호 (잠원동, 동아아파트))

(경유)

제목 농지취득자격증명발급 신청 반려 통보

　　1. 귀하께서 농업경영목적으로 제출하신 부발읍 고백리 3-██번지 (지목:전) 1,162.3㎡에 대한 농지취득자격증명신청서를 농지법 제8조 및 동법시행령·시행규칙 제7조에 의거 제반요건을 확인 심사한 결과

　　2. 신청지는 사실상 대지로 되어있어 「농지법 제2조 제1호 규정에 의한 농지에 해당하지 아니함」으로 농지취득자격증명서를 반려합니다.

【농지법 제2조 제1호】

"농지"라 함은 전,답 또는 과수원 기타 그 법적 지목여하에 불구하고 실제의 토지현상 이 농작물의 경작 또는 다년생식물재배지로 이용되는 토지임. 끝.

부 발 읍

주무관　김성환　　산업계장　이병호　　부읍장　　　성홍식　　부발읍장　　2014. 10. 17 통판료

협조자

시행 부발읍-1795 　　 (2014. 10. 17.)　　 접수

우 467-863 경기도 이천시 부발읍 무촌로 121 부발읍사무소　　/ http://www.icheon.go.kr

전화번호 031-644-8458　　팩스번호 031-644-8599　　/ sm645kl@kg21.net　　/ 비공개(6)

人 ㅅ용인   포 곡 읍   청정용인

수신 가모은 수녀 (우 138-769 서울특별시 송파구 동대로 24,3▒동 ▒▒호 (문정동,
올림픽패밀리타운))

(경유)

제목 농지이용 복구계획서 속출에 대한 안내(가모은)

1. 귀하의 가정에 건강과 행복이 가득하시길 기원합니다.

2. 귀하 소유 우리읍 영어리 353-9(전/1,659㎡)번지외 농지취득자격증명 발급과
관련하여 제출하신 농지의 복구계획서에 대하여 2015년 6월 30일까지 이행기간을
부여하오니 기일 내에 원하 이행하시기 바랍니다.

3. 만일 위 기간내에 원상복구를 완료하지 않을 경우 농지법 제10조 제1항에
의한 농지처분 및 농지법 제59조 규정에 의한 고발 등 불이익이 발생될 수 있으니
이점 유념하시어 원상복구를 완료하시기 바랍니다.

4. 기타 궁금하신 사항은 포곡읍 산업팀(전화:031-324-5570)으로 전화주시면
상세히 답변하여드리겠습니다.

붙임 위치도 및 현장사진 1부.   끝.

포 곡 읍

산업팀장 지의성   포곡읍장 2015. 5. 27. 문재일
협조자

시행 포곡읍-10032   (2015. 5. 27.)   접수

우 442-851 경기도 용인시 처인구 포곡읍 포곡로 258   / www.yongin.go.kr

전화번호 (031)324-5570   팩스번호 (031)324-8538   / noha3902@korea.kr   / 부분공개

— 100만 대도시 용인을 향한 행정 동행발판 —

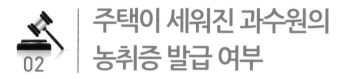

주택이 세워진 과수원의 농취증 발급 여부

02

입찰보증금 돌려받다

충남 예산에 불법 주택이 세워진 농지(과수원)가 지분 경매로 나왔다. 해당 농지엔 미등기 주택이 세워져 사실상 대지나 다름없는 토지였다. 법원은 해당 물건의 지목이 과수원이라는 이유로 농취증 제출을 요구하고 있었다.

필자의 수강생이 해당 물건을 낙찰받은 뒤 바로 예산읍사무소에 농취증 발급을 신청했는데 농취증 발급을 거절당해 불허가가 났다. 이럴 경우 법원에 제출한 입찰보증금은 몰수당한다. 그래서 예산읍사무소의 행정 처분에 맞서 소송을 제기했다. 소송을 제기하자 법원에서 입찰보증금을 내어줄 테니 소송을 취하해달라고 해서 입찰 보증금을 돌려받은 뒤 행정심판을 취하한 사례다.

2016 타경 44×× 충청남도 예산군 예산읍 대회리 17×-×

2016 타경 44▨▨ (강제)	물번1 [불허] ∨	매각기일 : 2017-06-13 10:00~ (화)		경매4계 041-640-3237
소재지	(32439) 충청남도 예산군 예산읍 대회리 17-▨ 외필지			
용도	과수원	채권자	서울보증보험	감정가	68,877,570원
지분토지	721.1㎡ (218.13평)	채무자	윤▨구	최저가	(49%) 33,750,000원
건물면적		소유자	윤▨숙 外	보증금	(10%)3,375,000원
제시외	제외 35.24㎡ (10.66평)	매각대상	토지지분매각	청구금액	21,981,901원
입찰방법	기일입찰	배당종기일	2016-09-19	개시결정	2016-06-29

기일현황

회차	매각기일	최저매각금액	결과
신건	2017-03-28	68,877,570원	유찰
2차	2017-05-02	48,214,000원	유찰
3차	2017-06-13	33,750,000원	매각
	주/입찰1명/낙찰48,650,000원(71%)		
	2017-06-20	매각결정기일	불허가

소멸되지 않는 등기부권리	해당사항 없음
설정된 것으로 보는 지상권	3번목록 지상 매각에서 제외되는 건물을 위한 법정지상권 성립여부 불분명.
주의사항 / 법원문건접수 요약	일괄매각, 농지취득자격증명서 필요(미제출시 보증금 몰수), 지분매각, 공유자 우선매수청구권 1회로 제한, 3번목록 1985.1.29.자 접수 제1387과 1989.1.30.자 접수 제1383호 예산단위농업협동조합 명의의 각 근저당권은 소멸됨. 1번 목록 지상 비닐하우스 2동 및 3번 목록 지상 제시외 건물 매각에서 제외, 1, 3번 목록 지상 제시외 수목 매각포함, 3번목록 공부상 "과수원"이나 현황 "대"임. 3번목록 지상 매각에서 제외되는 건물을 위한 법정지상권 성립여부 불분명. 예산읍장의 사실조회회신에 의하면 3번목록 부동산에 대하여 원상회복명령이 발하여질 가능성 있음.

건물현황

[건물목록]

[건물기타현황]
-

[제시외건물]
대회리 123-▨ 외 1필지 [수목]
사과나무,배나무,은행나무등
(ㄱ)
금액 : 2,866,670원
매각포함
1식중 윤▨구지분 0.18식전부

대회리 123-▨ [주택]
조적조슬래브위강관
(ㄴ) 14.25㎡(4.31)평
단가㎡ : 300,000원
금액 : 4,275,000원
매각제외
78.4면적중 윤▨구지분 14.25전부

대회리 123-▨ [창고]
목조강판
(ㄷ) 2.69㎡(0.81)평
금액 : 130,000원
매각제외
14.8면적중 윤▨구지분 2.69전부

대회리 123-▨ [차양]
파이프조강판
(ㄹ) 5.78㎡(1.75)평
금액 : 150,000원
매각제외
31.8면적중 윤▨구지분 5.78전부

토지현황

[(지분)토지목록]
대회리 177-▨ [과수원]
자연녹지지역 : 660.55㎡(199.82평)
표준지가 : 49,000원
단가㎡ : 86,000원
금액 : 56,807,300원

대회리 123-▨ [과수원]
자연녹지지역 : 60.55㎡(18.32평)
표준지가 : 70,000원
단가㎡ : 152,000원
금액 : 9,203,600원

🔲 토지이용계획/공시지가
🔲 부동산정보 통합열람

[토지기타현황]
- 공주대학교 예산캠퍼스 북서측 인근에 위치
- 부근은 전, 답, 과수원, 농가주택 등으로 형성된 마을주변 농경지대
- 본건 인근 및 본건까지 차량진입 가능 제반 편의시설 및 노선버스 정류장 등으로의 접근성으로 보아 대중교통사정은 보통
- 부정형의 완경사 토지이며 기호3)주거용 건부지로 이용중임
- 기호1)북측으로 32번국도에 접합 직접 출입은 불가함
- 기호3)북측으로 32번국도에 접합, 직접 출입은 불가하며, 주 출입은 서측으로 통과하는 3m 정도의 비포장 관습도로를 이용함

[비고]

임차인/대항력여부

배당종기일 : 2016-09-19
- 매각물건명세서상 조사된 임차내역이 없습니다.

🔲 매각물건명세서
🔲 예상배당표

등기사항/소멸여부

(근)저당
2013-01-09   토지
한국농어촌공사
445,950,000원

소유권(지분)
2014-10-14   토지
윤▨숙 외 3명
상속

가압류(지분)
2015-08-06   토지
서울보증보험
21,607,470원
윤▨구지분

소유권(지분)
2016-04-11   토지
윤▨하
(거래가) 56,000,000원
매매

강제경매(지분)
2016-06-29   토지
서울보증보험
청구 : 21,981,901원
2016더경44▨▨
윤▨구지분

▷ 채권총액 :
467,557,470원

🔲 등기사항증명서
토지열람 : 2016-07-08

대회리 123-■ [보일러실]
경량철골조판넬
(ㅁ) 0.35㎡(0.11)평
금액 : 50,000원
매각제외
1.9면적중 윤■구지분 0.35전부

대회리 177-■ [창고]
파이프조비닐하우스
(ㅂ) 6.82㎡(2.06)평
금액 : 68,000원
매각제외
37.5면적중 윤■구지분 6.82전부

대회리 177-■ [창고]
파이프조비닐하우스
(ㅅ) 5.35㎡(1.62)평
금액 : 53,000원
매각제외
29.4면적중 윤■구지분 5.35전부

[비고]

💾 감정평가서
【감정평가】
📄 감정평가현황 (주)■■■감정

가격시점	2016-07-11
감정가	68,877,570원
토지	(95.84%) 66,010,900원
제시외포함	(4.16%) 2,866,670원
제시외제외	(6.86%) 4,726,000원

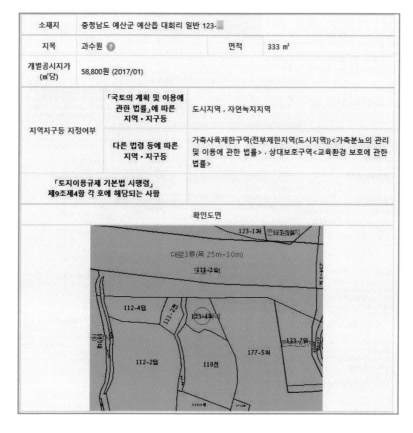

소재지	충청남도 예산군 예산읍 대회리 일반 123-■		
지목	과수원 🔵	면적	333 ㎡
개별공시지가 (㎡당)	58,800원 (2017/01)		
지역지구등 지정여부	「국토의 계획 및 이용에 관한 법률」에 따른 지역·지구등	도시지역 , 자연녹지지역	
	다른 법령 등에 따른 지역·지구등	가축사육제한구역(전부제한지역(도시지역))<가축분뇨의 관리 및 이용에 관한 법률> , 상대보호구역<교육환경 보호에 관한 법률>	
「토지이용규제 기본법 시행령」 제9조제4항 각 호에 해당되는 사항			
확인도면			

🔍 매각물건 주변 항공사진

🔍 매각물건 건물사진

1. 피청구인의 청구인에 대한, 2017. 6. 13. 자 충남 예산군 예산읍 대회리 12×-× 과수원 333㎡에 관한 농지취득자격증명 발급신청의 반려처분을 취소한다.
2. 피청구인은 청구인에게 위 농지에 대한 농지취득자격증명을 발급하라.

라는 심판을 구합니다.

청 구 원 인

1. 이사건 토지의 소유관계

충남 예산군 예산읍 대회리 17×-× 과수원 3633㎡와 충남 예산군 대회리 12×-× 과수원 333㎡(이하 "이 사건 토지"라 함)는 신청외 윤○구 외 4인의 공유인 바, 신청외 윤○구 지분에 관하여 채권자 서울보증보험주식회사의 대전지방법원 홍성지원 2016 타경 4429 부동산강제경매가 2016. 6. 29. 개시되어 현재 매각절차 진행 중에 있습니다(증제1호증 1, 2 각 부동산등기사항증명서 및 증제2호증의 1, 2 각 토지대장 참조).

2. 최고가 매수신고 및 농취신청반려, 매각불허가

이 사건 토지에 대한 대전지방법원 홍성지원 2016 타경 4429 부동산강제경매 사건의 매각기일인 2017. 6. 13. 청구인은 최고가 매수신고인의 지위를 득하고(증제5호증 매각불허가결정 참조), 매각허가결정기일인 2017. 6. 20. 이전에 농지취득자격증명을 법원에 제출하기 위하여 피청구인 예산읍장에게 농지취득자격증명을 신청하였습니다.

청구인의 위 신청에 대해 피청구인은 2017. 6. 13. 두 필지 중 충남 예산군 예산읍 대회리 17×-× 토지에 대하여는 농지취득자격증명을 발급하고, 이 사건 토지인 대회리 12×-×번지에 대하여는 "불법으로 형질변경 또는 불법건축물이 있어 농업경영 등에 이용하기 어려운 상태로 복구가 필요하며 현 상태에서는 농지취득 자격증명을 발급할 수 없다"는 사유로 신청을 반려하였습니다 (증제4호증 농지취득자격증명 반려통지서 참조). 청구인은 위 반려통지서를 법원에 제출하였고 결국 법원에서는 2017. 6. 20. 농지취득자격증명 미제출을 이유로, 민사집행법 제121조 제2호, 제123조 제2항에 의거하여 매각을 불허가 하는 결정을 하였습니다(증제5호증 매각불허가결정 참조).

3. 피청구인의 반려처분의 부당성

피청구인의 청구인에 대한 농지취득자격증명 반려처분은 다음과 같은 사유로 부당 하오니 그 처분을 취소하고 자격증명을 발급하여야 마땅합니다.

가. 농지법의 규정 농지법 제2조에서는 다음과 같이 "농지"를 정의하고 있습니다.

제2조(정의)

1. "농지"란 다음 각 목의 어느 하나에 해당하는 토지를 말한다.

　　가. 전·답, 과수원, 그 밖에 법적 지목(지목)을 불문하고 실제로 농작물경작지 또는 다년생식물 재배지로 이용되는 토지. 다만, 「초지법」에 따라 조성된 초지 등 대통령령으로 정하는 토지는 제외 한다.

　　나. 가목의 토지의 개량시설과 가목의 토지에 설치하는 농축산물 생산시설로서 대통령령으로 정하는 시설의 부지

위 규정에 의하면 공부상의 지목과 상관없이 실제로 농작물을 경작하는 경우를 농지법상 농지로 규정하고 있습니다.

나. 농지법상 농지에 관한 판례의 입장 "농지법 제2조 제1호 소정의 농지인지 여부는 공부상 지목 여하에 불구하고 당해 토

지의 사실상의 현상에 따라 가려져야 할 것이고, 공부상 지목이 답인 토지의 경우 그 농지로서의 현상이 변경되었다고 하더라도 그 변경 상태가 일시적인 것에 불과하고 농지로서의 원상회복이 용이하게 이루어질 수 있다면 그 토지는 여전히 농지법상 농지에 해당한다"(대법원 1998. 4. 10. 선고 97누256 외 다수). 결국 판례의 입장은 사실상의 현상에 따라 농지여부를 판단하되, 그 변경상태가 일시적이어서 원상회복이 용이한지, 아니면 농지로의 원상회복이 어려운지 추가로 판단하여야 한다는 것입니다.

다. 이 사건 토지가 농지법상의 "농지"에 해당하는지 여부 위 농지법 제2조의 규정과 판례의 정의를 종합하여 이사건 토지를 살피건데, 이 사건 토지의 지상에는 낡고 허름한 미등기 무허가 건물이 존재합니다(증제6호 중 감정평가서 참조). 그리고 피청구인이 농지취득자격증명을 발급해 준 연접한 대회리 17×-×번지 토지는 지목 및 현황 모두 과수원으로 이용되고 있습니다. 이사건 토지의 공부상 지목은 "과수원"이고 미등기 무허가 건물이 존재하나 이는 판례가 적시하고 있는 바와 같이 "그 변경 상태가 일시적인 것에 불과하고 농지로서의 원상회복이 용이하게 이루어질 수 있다"라고 판단하기에 충분합니다.

결국 이사건 토지는 여전히 농지법상의 농지에 해당한다고 할 것입니다.

라. 조건부 자격증명의 발급 하급심 판례는 "경매절차를 통하여 농지를 낙찰받기 위하여 농지취득자격증명을 발급받으려는 자는 해당 농지를 낙찰받아 소유권을 취득하기 전에는 원상회복 등의 조치를 할 아무런 권원이 없으므로 그에게 형질 변경된 부분의 복구를 요구한다는 것은 법률상 불가능한 것을 요구하는 것인 점, 불법적으로 형질 변경된 농지에 대하여 농지취득자격증명의 발급을 거부한다면, 농지의 소유자가 농지

를 금융기관에 담보로 제공한 후 농지를 불법으로 형질변경
하거나 지상에 무허가건물을 짓는 경우에는 스스로 원상복구
하지 않는 한 제3자가 이를 경락받지 못하므로 담보물권자는
농지를 환가할 수 없게 되는 점 등을 참작한다면, 불법으로 형
질 변경된 토지에 대하여는 농작물의 재배가 가능한 토지로
원상 복구된 후에 농지취득자격증명의 발급이 가능하다는 처
분사유는 적법한 것이라고 할 수 없다"라고 판시하고 있습니
다(부산고등법원 2006. 12. 22. 선고 2006 누 1791, 증제7호증 판결문
참조). 이 경우에는 우선 농지취득자격증명을 발급하여 농지
를 취득할 수 있게 처리하고 추후 소유권을 취득한 자가 농지
로의 원상회복을 하면 될 것이고 그것이 이행되지 않을 경우,
그에 따른 행정초지를 취하면 되는 것입니다.

마. 소결

위 판시사항과 같이 피청구인은 청구인에게, 농지의 소유권
취득 후 일정기간 안에 농지로 원상회복을 하여야 한다는 점
과 그것이 이행되지 않으면 행정처분을 받게 된다는 점을 조
건으로 하여 농지취득자격증명을 발급했어야 하는 것입니다.

4. 결론

이사건 토지는 불법건축물이 존재하나 그 철거 및 농지로의 원
상회복이 용이하여 농지법상 농지에 해당함이 확실하고, 불법형
질변경을 이유로 농지취득자격증명의 발급을 거부한다면, ① 이
는 원상회복의 의무가 없는 자에게 먼저 그 의무이행을 요구하
는 것이어서 부당하고, ② 결과적으로 채권자의 채권회수의 길
을 막는 것이 되어 부당하므로 피청구인은 청구인에게 조건부(차
후 원상회복의 조건에 관하여는 농지취득자격증명서에 명시할 것이 아니
라 별도의 서면 등으로 하여야 할 것임)로 농지취득자격증명을 발급
하여야 합니다. 따라서 청구인의 이 사건 청구 취지대로 심판하
여 주시기 바랍니다.

입 증 방 법

1. 증제1호증의 1, 2   부동산등기사항증명서 각1통
1. 증제2호증의 1, 2   토지대장 각1통
1. 증제3호증   지적도등본
1. 증제4호증   농지취득자격증명 반려처분통지서
1. 증제5호증   매각불허가결정
1. 증제6호증   감정평가서
1. 증제7호증   판결문

첨 부 서 류

1. 행정심판청구서 부본   1통
1. 위 입증방법   각2통

2017. 7. .

위 청구인 김○식

충청남도 행정심판위원회 귀중

03 | 잘못된 농지전용부담금 부과에 맞선 행정심판

행정절차를 트집잡아 기각

건축물이 건축된 후 지목 변경을 하지 않아 지목이 전으로 되어 있어 지목 변경을 신청하자 농지전용부담금을 내라며 거부한 사건에 대한 행정심판 사례다. 건축물은 1979년도에 건축되었으며 최초의 대체농지조성비는 1981년도에 만들어졌다.

심판 결론은 원고의 주장이 타당하나 청구 취지가 잘못되었다며 (서류로 신청하고 서류로 답변을 받은 것을 내용으로 행정심판을 제기해야 하지만 구두로 질의한 사항을 가지고 행정심판을 제기했다는 이유로) 기각했다.

내용을 구체적으로 살펴보면 해당 토지 위의 건축물은 1979년에 세워졌고, 농지전용부담금 제도는 1981년부터 시행되어 부담금 부과는 잘못된 처분이다. 게다가 농지에 세워진 건축물은 건축물 관리대장을 갖추고 있는 합법 건물이어서 농취증 제출 없이 경매가 진행되었다. 이는 법원과 행정관청이 이미 해당 토지는 농지가 아니라 사실상 대지라는 점을 인정한 것이나 다름없다. 그럼에도 법원은 절차를 트집잡아 행정소송을 기각했다. 마땅히 항소를 해야 하는 사안임에도 해당 토지와 건물이 팔리는 바람에 소(訴)를 멈춘 사례다.

2015 타경 50×× 충청남도 천안시 동남구 수신면 해정리 39×-×

2015 타경 50 ■■ (강제)	물번5 [배당종결] ☑	매각기일 : 2015-12-01 10:00~ (화)		경매1계 041-620-3071
소재지	(31250) 충청남도 천안시 동남구 수신면 해정리 39■■			
	[도로명] 충청남도 천안시 동남구 해정1길 5■ (수신면)			
용도	전	채권자	유앤제오차유동화	감정가	24,206,000원
토지면적	266㎡ (80.46평)	채무자	성 수	최저가	(70%) 16,944,000원
건물면적		소유자	성 수	보증금	(10%) 1,695,000원
제시외	제외 : 97.3㎡ (29.43평)	매각대상	토지만매각	청구금액	433,305,567원
입찰방법	기일입찰	배당종기일	2015-06-10	개시결정	2015-03-30

기일현황

회차	매각기일	최저매각금액	결과
신건	2015-10-27	24,206,000원	유찰
2차	2015-12-01	16,944,000원	매각
(주)■■파트너스/입찰1명/낙찰17,966,000원 (74%)			
	2015-12-08	매각결정기일	허가
	2016-01-14	대금지급기한 납부 (2015.12.28)	납부
배당종결된 사건입니다.			

🅰 건물현황	🅱 토지현황	🆎 임차인/대항력여부	🅳 등기사항/소멸여부
[건물목록]	**[토지목록]**	배당종기일: 2015-06-10	**소유권**
		- 매각물건명세서상 조사된 임차내역이 없습니다	1964-12-26 토지
[건물기타현황]	해정리 392-■ [전]		홍■표
-	계획관리지역 : 266㎡(80.46평)		보존
	표준지가 : 69,000원	🔲 매각물건명세서	**소유권**
[제시외건물]	단가㎡ : 91,000원	🔲 예상배당표	2007-06-19 토지
해정리 392-■ [주택]	금액 : 24,206,000원		성■수
시멘벽돌조	**[토지기타현황]**		매매
2층 97.3㎡(29.43)평	🔲 토지이용계획/공시지가		**가압류**
금액 : 원	🔲 부동산정보 통합열람		2012-02-09 토지
매각제외	- '대해마을' 내에 위치		농협은행
	- 주위는 전,답 등의 농경지, 임야, 농촌 마을 등으로 형성되어 있으며, 접근성, 입지여건 등으로 보아 제반 여건은 보통		731,069,379원
			압류
			2014-07-17 토지
			국 - 천안세무서

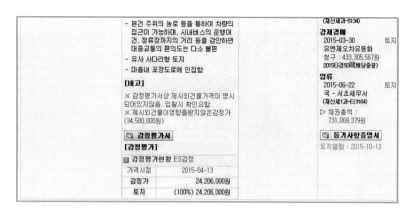

- 본건 주위의 농로 등을 통하여 차량의 접근이 가능하며, 시내버스의 운행여건, 정류장까지의 거리 등을 감안하면 대중교통의 편의도는 다소 불편
- 유사 사다리형 토지
- 마을내 포장도로에 인접함

[비고]

※ 감정평가서상 제시외건물가격이 명시되어있지않음. 입찰시 확인요함.
※ 제시외건물이영향을받지않은감정가 (34,580,000원)

🖺 **감정평가서**

[감정평가]

📄 감정평가현황 ES감정

가격시점	2015-04-13
감정가	24,206,000원
토지	(100%) 24,206,000원

(재산세과-5134)

강제경매
2015-03-30 토지
유앤제오차유동화
청구 : 433,305,567원
2015타경50▓(배당종결)

압류
2015-06-22 토지
국 - 서초세무서
(재산세1과-티3164)

▷ 채권총액 :
731,069,379원

🖺 **등기사항증명서**
토지열람 : 2015-10-13

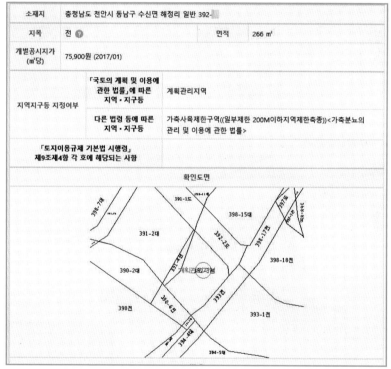

소재지	충청남도 천안시 동남구 수신면 해정리 일반 392-▨		
지목	전 🔞	면적	266 m²
개별공시지가 (m²당)	75,900원 (2017/01)		
지역지구등 지정여부	「국토의 계획 및 이용에 관한 법률」에 따른 지역 · 지구등	계획관리지역	
	다른 법령 등에 따른 지역 · 지구등	가축사육제한구역((일부제한 200M이하지역제한축종))<가축분뇨의 관리 및 이용에 관한 법률>	
「토지이용규제 기본법 시행령」 제9조제4항 각 호에 해당되는 사항			

확인도면

⊕ 매각물건 주변 항공사진

⊕ 매각물건 건물사진

■ 건축물대장의 기재 및 관리 등에 관한 규칙 [별지 제1호서식] <개정 2017. 1. 20.> [시행일:2017.1.20.] 내진능력란에 관한 개정규정

일반건축물대장(갑)

고유번호	4413135023-1-03920003		명칭			호수/가구수/세대수	0호/1가구/0세대
대지위치	충청남도 천안시 동남구 수신면 해정리	지번		392-3	도로명주소	충청남도 천안시 동남구 수신면 해정1길 51~■	
※대지면적	m²	연면적	83.82m²	※지역	외	※지구	※구역
건축면적	83.82m²	용적률 산정용 면적	83.82m²	주구조	벽돌	주용도 주택	층수 지하 층/지상 1층
※건폐율	%	※용적률	%	높이	m	지붕 스라브	부속건축물
※조경면적	m²	※공개 공지·공간 면적	m²	※건축선 후퇴면적	m²	※건축선 후퇴거리	m

건축물 현황					소유자 현황		
구분	층별	구조	용도	면적(m²)	성명(명칭) 주민(법인)등록번호 (부동산등기용등록번호)	주소	소유권 지분 / 변동일 / 변동원인
주1	1층	벽돌	주택	83.82	주식회사홍익파트너스 284111-0******	경기도 남양주시 별내면 청학로68번 길 23, 303동 7■호	1/1 / 2017.02.20 / 소유권이전
	- 이하여백 -					- 이하여백 -	

※ 이 건축물대장은 현소유자만 표시한 것입니다.

이 등(초)본은 건축물대장의 원본내용과 틀림없음을 증명합니다.

발급일: 2017년 07월 16일

담당자 :

전 화 :

천안시 동남구청장

주택용 소방시설 설치, 이제는 선택이 아닌 의무입니다.

 충청남도행정심판위원회 정부3.0

충청남도

수신자 신▓문 귀하
(경유)
제목 행정심판 피청구인 보충답변서 부본 보냄(2016-458)

　　　1. 귀하의 「2016-458, 지목변경신청 이행청구 등」 사건의 피청구인
(천안시 동남구청장)으로부터 보충답변서가 제출되었기에 그 부본을 보내드리니,

　　　2. 반론 및 보충답변이 있을 경우에는 부본 수령일로부터 10일 이내에
보충답변서 2부를 제출(e-mail: areumhann@korea.kr로도 전송)하여 주시기 바랍니다.

붙임 보충답변서 부본(별송) 1부. 끝.

충청남도행정심판위원회

전결 2017. 1.
2.

주무관　　　　　한▓름　　간사　　강▓북　　간사장　　안▓선

협조자

시행 교육법무담당관-45　(2017. 1. 2.)　　접수
우 32255　　충청남도 홍성군 홍북면 충남대로 21 충남도청 본관6층 / http://www.chungnam.go.kr
　　　　　　(603호) 교육법무담당관
전화 041-635-3233　　전송 041-635-3038　 / areumhann@korea.kr　　/ 부분공개(6)
행복한 변화 새로운 충남

보충서면(피청구인)

사 건 번 호   2016-4█

사 건 명   지목변경신청 이행청구 등

청 구 인 성   명 (주)-█파트너스(사내이사 신등문)

주   소 12081 경기도 남양주시 청학로68번길 23 303동 7█호(청학주공아파트)

피 청 구 인   천안시동남구청장
  (처분청)

심 판 청 구 일   2016-11-29

2016.12.21.일자 청구인의 보충답변서에 대하여 다음과 같이 반론합니다.

사건 토지(수신면 해정리 39█번지)는 농지법상 농지에 해당되지 않고, 건축물 사용승인이 적법하게 이루어 졌기에 농지전용 허가 절차를 기 이행했다는 주장에 대하여

사건 토지 지목변경은 공간정보의 구축 및 관리 등에 관한 법률 시행규칙 제84조 제2항의 규정에 의거 농지법상 저축되는 사항이 없어야 한다고 규정되어 있는바,

농지법상 저축여부에 대하여는 농지법 담당 부서(천안시 허가 민원과)의 의견을 입증자료로 제출합니다.(을 제10~13호증 참조)

그리고 사건 토지의 건축물대장에 허가일자, 착공일자가 기재되어 있지 아니하고 단지 사용승인 년도만 기재된 것으로 보아 재산세 부과를 위한 과세 대장에 의거 건축물 대장을 작성한 것으로 판단됩니다.(을 제14~15호증 참조)

천안시 동남구

수신 천안시장(허가민원과장)

(경유)

제목 행정심판 청구에 대한 소관 업무관련 답변서 협조 요청

　　1. 행정심판 청구(2016-458, 지목변경 신청 수리 이행청구 등)와 관련입니다.

　　2. 위 호와 관련하여 청구인이 보충서면을 접수하였기에 귀 과 소관 사항에 대하여 반론 및 보충답변이 있을시 12월27일(화)까지 회신하여 주시기 바랍니다.

소 관 부 서	청구인 주장	반론 및 보충답변	비 고
허가민원과	사건 토지는 농지전용부담금 부과대상인 농지법상 농지에 해당하지 않는다.		
동남구 도시건축과	농지전용허가를 득하지 아니하고 사건 토지의 건축물에 대하여 사용승인 처리된 근거		

※ 사건 토지 : 천안시 동남구 수신면 해정리 392-▉번지(266㎡, 전)

붙　　임 : 보충서면 사본 1부. 끝.

- 지목변경 반려에 따른 농지분야 -
행정심판 보충답변자료

○ 청구인은 이 사건 토지가 수십년 간 이미 농지가 아닌 대지로 사용
  되고 있어 농지로 원상회복이 불가능한 토지이므로 농지전용부담금
  부과대상인 농지법상의 농지에 해당하지 않는다고 주장하고 있으나,

○ 이는 이미 불법행위를 하고 시간이 경과하면 현재의 형상 그대로
  보아야 한다는 주장으로 농지법 제34조의 규정에 의하여 적법절차를
  거쳐 인·허가를 받아 사용하고 있는 선량한 일반국민과의 형평성에
  어긋나고 이와 유사한 사례가 빈번하게 발생 할 경우 법적 안정성이
  크게 훼손될 수 있음

○ 이 사건 토지는 농지법상 불법농지로, 「농지불법전용억제 및 처리대책」
  에 따른 농지전용 추인대상에 해당하기에 이 사건 지목변경에 따른
  농지분야 의견은 적법하고 정당한 조치임

○ 따라서 그 행정적 절차가 결여된 것이기에 지금이라도 지목변경을
  하려면 별도의 농지전용허가라는 행정적 절차를 이행하여야 하는
  것이 적법함

○ 농지취득자격증명의 발급은 농지 소재지를 관할하는 읍·면·동장에게서
  발급받아야 하며 청구인이 주장한 농지취득자격증명 반려통지서에
  관하여 이 사건 농지 소재지 관할 수신면장에게 농지취득자격증명
  발급 및 반려내역을 확인 요청한 결과, 해당 필지 발급 및 반려내역이

없음을 확인하였음 (붙임 자료)

O 청구인은 농지전용허가를 받았다는 자료를 피청구인이 입증하여야
한다고 주장하고 있지만, 농지전용허가·신고(협의) 서류는 기록물에
대한 보존기간이 30년이며 지목변경 신청은 사업목적완료(준공) 후
60일 이내에 사업시행자가 지목변경을 하여야 함
또한, 피청구인은 1974년부터 농지전용허가대장을 보관하고 있으며
그 자료에 이 사건 농지는 존재하지 아니함

O 청구인은 부동산 매매업, 임대업을 하는 법인으로 건축물이 있는
지목이 전인 토지를 취득하는 경우, 취득하기 전에 지목변경 가능여부
및 다른 불법사실이 있는지 확인하고 법원 경매에 참여하여야 하나
건축물이 있는 상태에서 부동산 강제경매로 인한 매각으로 취득하게
된 것임

O 또한, 청구인은 농지보전부담금 부과에 초점을 맞춰 주장하고 있지만,
그 이전에 농지전용허가·신고(협의)절차가 결하였기에 지목변경을
하려면 신청 절차를 이행하여야 하는 부분으로

O 농지보전부담금은 농지를 전용하려는 자가 당연히 부담하여야하는
비용이며, 이 비용이 이 사건으로 달성하고자 하는 공익보다는 중대
하다고 할 수 없음

FIFA U-20 월드컵 코리아 2017(2017. 5. 20 ~ 6. 11 / 천안종합문화동장)

 천 안 시

수신 수신면장

(경유)

제목 행정심판 청구에 따른 농지취득자격증명 발급 및 반려내역 확인 요청

1. 관련 : 행정심판 청구(2016-458, 지목변경 신청 수리 이행청구 등),
등남구 민원지적과-23497(2016.12.22.)호

2. 위 호외 관련하여, 행정심판 청구인으로부터 제출받은 보충서면 내용 검토
중 아래 토지에 대한 농지취득자격증명 발급 및 반려내역이 필요하여 확인을 요청하오니
2016.12.26.(월)까지 회신하여 주시기 바랍니다.

※ 해당 토지 : 천안시 동남구 수신면 해정리 392-■번지 (전, 266㎡)

신청인	선청일자	발급일자	취득목적	반려사유

붙임 : 청구인의 보충답변서 1부. 끝.

천 안 시

주무관   이■란   천용허가밈장 이■희   허가민원과장 이■욱   전결 2016. 12. 23.

협조자

시행 허가민원과-47455   (2016. 12. 23.)   접수

우 31162   충청남도 천안시 서북구 번영로 156, (불당동, 천안시청) / www.cheonan.go.kr

전화번호 041-521-5866   팩스번호 041-521-2169   / hrba!guni@korea.kr   / 비공개(6)

천안시 동남구

수신 도시건축과장
(경유)
제목 행정심판 청구에 대한 소관 업무관련 답변서 협조 요청

　　1. 행정심판 청구(2016-458, 지목변경 신청 수리 이행청구 등)와 관련입니다.
　　2. 위 호와 관련하여 청구인이 보충서면을 접수하였기에 귀 과 소관 사항에 대하여 반론 및 보충답변이 있을시 <u>12월29일(목)</u>까지 회신하여 주시기 바랍니다.

소 관 부 서	청구인 주장	반론 및 보충답변	비 고
허가민원과	사건 토지는 농지전용부담금 부과대상인 농지범상 농지에 해당하지 않는다.		
동남구 도시건축과	농지전용허가를 득하지 아니하고 사건 토지의 건축물에 대하여 사용승인 처리된 근거		

※ 사건 토지 : 천안시 동남구 수신면 해정리 392-■번지(266㎡, 전)

붙 임 : 보충서면 사본 1부. 끝.

FIFA U-20 월드컵 코리아 2017(2017. 5. 20 ~ 6. 11 / 천안종합운동장)

천안시 동남구

수신 민원지적과장

(경유)

제목 행정심판 청구에 대한 소관 업무관련 답변서 협조 요청 회신

    1. 민원지적과-23786(206.12.27.)호와 관련입니다.

    2. 천안시 동남구 수신면 해정리 392-▪번지 상의 행정심판 청구에 관하여 농지 전용허가를 득하지 아니하고 해당 토지의 건축물에 대하여 사용승인 처리된 근거에 관하여 아래와 같이 회신합니다.

    ○ 당해 건축물대장에는 허가일자, 착공일자가 기재되어 있지 아니하고 단지 사용 승인 년도만 기재된 것으로 보아 재산세 부과를 위한 과세 대장에 의거하여 건축물 대장을 기재된 판단됩니다. 끝.

도 시 건 축

주무관 최▪호　　건축허가팀장 조▪수　　도시건축과장 전결 2016. 12. 28. 이▪영

협조자

시행 도시건축과-54212　　(2016. 12. 28.)　　접수 민원지적과-23882　　(2016. 12. 28.)

우 31072　　충청남도 천안시 동남구 천안대로 400, 동남구청 (삼룡동) / www.cheonan.go.kr

전화번호 041-521-4453　　팩스번호 041-521-4489　　/ choiyeonho2@korea.kr　　/ 비공개(4)

문서관리카드 민원지적과-23882 1/1

답 변 서

사　　건 : 2016-458 지목변경신청 이행청구 등
청 구 인 : 주식회사 ○○파트너스
피청구인 : 천안시 동남구청장

위 사건과 관련하여 피청구인의 보충서면에 대하여 청구인은 다음과 같이 반론합니다.

- 다 음 -

1. 지난번 답변서의 주장 중 일부 정정

청구인이 지난번에 제출한 답변서 주장 중,

"청구인은 법인인 바, 일반적으로 법인은 농지를 취득할 수 없고, 피청구인이 발행 한 "이 사건 토지는 농지법상의 농지에 해당되지 않는다"는 취지의 농지취득자격증명 반려통지서를 경매법원에 제출하고 청구인이 낙찰받아 소유권을 취득하였는 데, 피청구인은 이제와서 말을 바꾸어 이 사건 토지가 농지법상 농지라고 모순된 주 장을 하고 있습니다." 부분을 다음과 같이 정정합니다. "청구인은 법인인 바, 일반적으로 법인은 농지를 취득할 수 없고, 대전지방법원 천안지원 2015 타경 5018 부동산강제경매 사건의 진행시 동 법원에서 해당관청에 문의한 바, 이 사건 토지는 농지법상 농지에 해당되지 않으므로 농지취득자격증명이 불필 요하다는 답변에 의거하여 매각물건 명세서에 현황이 대지라는 기재 외에 농지취득자격증명이 필요하다는 문구 없이 경매가 진행되어 법인인 청구인이 매각으로 취득하게 되었는데, 이제와서 농지법상 농지에 해당한다고 모순된 주장을 하고 있습니다."

2. 불법 건축물인데 재산세 과세를 위하여 대장을 만들었다는 주장에 관하여

피청구인의 주장처럼 불법 건축물에 해당한다면, 대장을 만들어 줄 것이 아니라 자진 철거를 통보하고 자진철거하지 않을 경우 과태료 부과 및 강제철거 집행에 들어 갔어야 합니다. 건축물관리대장이 만들어진 이상 피청구인이 적법한 건물로 인정하였다고 볼 수 있고, 건축법에 의한 합법적인 건물이 되었다 할 것입니다.

3. 전용부담금을 납부해야 한다는 주장에 관하여

이 사건 건물에 대하여 사용승인을 득하고 건축물대장이 만들어진 시기는 1979년임이 명백합니다. 1979년도에는 현재의 농지법이 아닌 구 농지의 보전과 이용에 관한 법률이 적용되었던 시기입니다. 농지의 보전 및 이용에 관한 법률은 1973년부터 시행되었고, 이때는 농지전용부담금 제도가 시행되지 않았습니다. 그후 1981년에 처음 농지조성금이라는 제도가 시행되었고, 이때부터 농지를 전용하는 사람에게 농지조성금을 부과한 것입니다.

4. 농림축산식품부의 유권해석

청구인은 위 문제와 관련하여 농림축산식품부에 문의한 바 있고, 다음과 같은 유권해석을 전해 들었습니다. 농지의보전과이용에관한법률은 1973년에 시행되었으며 이때부터 농지를 전용할 때는 농지전용허가를 받아야하는 것으로 규정되었는 바, 1973년 이전에 농지에 불법으로 건축하였어도 농지법상 농지가 아니기에 농지취득 자격증명 없이 농지의 거래가 가능하다고 하였습니다. 따라서 1979년부터 건축물 관리대장이 만들어진 토지의 지목변경을 지금 신청한다고 하여 농지법을 적용하여 농지전용부담금을 부과하려는 피청구인의 주장은 억지 주장입니다.

5. 지목변경은 사유발생일로부터 60일 내에 신청해야 한다는 주장에 관하여

지적법상 지목변경은 사유발생일로부터 60일 이내에 하여야 한다고 주장하나 그러면 60일이 지난 후에 하면 받아주지 않는다는 것인지 의문입니다. 60일을 초과하여 신청한 경우 어떠한 조건하에 수리가 되는지, 과태료가 부과되는지 등에 관하여 피청구인은 설명을 하여야 할 것입니다.

5. 결어

이사건 토지가 사실상 1973년부터 대지임은 누구라도 인정해야 하는 엄연한 사실입니다.

① 판례의 일관된 정의와 같이 이 사건 토지는 전용부담금 부과대상인 농지법상의 농지에 해당하지 아니함이 명백하고, ② 또, 1979년 이 사건 건물의 사용승인을 받은 바, 그 당시 이미 전용허가를 득하였다고 추정하기에 충분하므로 이 사건 청구인의 청구취지대로 심판하여 주시기를 청합니다.

입증방법

1. 증제6호증 경매 매각물건명세서
1. 증제7호증 토지감정평가요항표
1. 증제8호증   사진

2017. 1.   .

위 청구인 주식회사 ○○파트너스
대표이사 신○문

충청남도 행정심판위원회 귀중

결정

주택용 소방시설 설치, 이제는 선택이 아닌 의무입니다.

충청남도

충 청 남 도 행 정 심 판 위 원 회 정부3.0

수신자　(주) 홍익파트너스 신▉빈 이사 귀하
(경유)
제목　　2017년 제1회 행정심판위원회 재결서 통지

　　　　1. 2017. 1. 19. 개최한 2017년도 제1회 충청남도행정심판위원회 재결서를
「행정심판법」제48조에 따라 붙임과 같이 통지합니다.

　　　　2. 피청구인은 「행정심판법」제49조(재결의 기속력 등)에 따라 **충청남도**
행정심판위원회의 재결 결과에 반드시 따라야 하고, **청구인**은 재결 결과에 이의가
있을 경우 「행정소송법」제20조(제소기간)에 따라 재결서 정본을 송달받은 날부터
90일 이내에 피청구인을 상대로 법원에 행정소송을 제기할 수 있음을 알려드립니다.

붙임　제1회 행정심판위원회 재결서 1부.　끝.

충청남도행정심판위원회

전결 2017.
1. 31.
★주무관　　　　　간사　　　　　간사장　　　　　부위원장　　　　　위원장
　　성▉미　　강▉복　　안▉선　　김▉찬　　남▉영
협조자 주무관　　　이▉숙　　주무관　　이▉빈　　주무관　　인▉주
시행 교육법무담당관-1427　(2017. 1. 31.)　　접수
우 32255　　　충청남도 홍성군 홍북면 충남대로 21, 충남도청 본관6층　／ http://www.chungnam.go.kr
　　　　　　(603호) 교육법무담당관
전화 041-635-3230　　　전송 041-635-3038　　／ wild1001@korea.kr　　　／ 비공개(5)
행복한 변화 새로운 충남

충청남도행정심판위원회
재　　결

사　　건　　2016 - 458, 지목변경신청 수리 이행청구 등

청구인　　(주)　　파트너스(284111-0138　　　)

　　　　　　　경기 남양주시 별내면 청학로68번길 23, 303동 7　　호(청학주공아파트)

대 리 인　　신　　빈(사내이사)

　　　　　　　경기 남양주시 별내면 청학로68번길 23, 303동 7　　호(청학주공아파트)

피청구인　　천안시 동남구청장

주　　문　　청구인의 청구를 모두 각하한다.

청구취지　　1. 피청구인은 청구인의 천안시 동남구 수신면 해정리 392-　　
　　　　　　　전 266㎡에 관한 대지로의 지목변경 신청을 수리하라.

　　　　　　　2. 위 지목변경에 따른 농지전용부담금은 부과하지 아니한다.

이　　유　　별지 기재와 같다.

위 사건에 대하여 주문과 같이 재결합니다.

2017. 1. 19.

충청남도행정심판위원회

이　　　유

1. 사건개요

　피청구인은 2016. 4.경 청구인으로부터 천안시 동남구 수신면 해정리 392-3 번지의 지목변경(전→대지)에 대한 구두 문의를 받고, 2016. 4. 6. 관련부서 및 천안시장에게 위 지번의 지목변경 업무협의를 하였고, 2016. 4. 8. 천안시장으로부터 '별도의 농지전용허가를 받아야 지목변경이 가능'하다는 내용의 업무회신을 받았다.

　이후, 청구인은 2016. 10. 6. 천안시장에게 위 지번의 지목변경과 관련한 민원을 제기하였고, 천안시장은 2016. 10. 12. 피청구인으로부터 위 지번의 지목변경 업무회신을 받은 뒤, 2016. 10. 13. 청구인에게 민원제기에 따른 회신을 하였다.

　※ 내용 : 민원요지 1에 대한 답변-공간정보의 구축 및 관리 등에 관한 법률 제81조 및 시행규칙 제84조제2항의 규정에 의거 해당필지의 지목변경에 대한 관계법령 저촉여부를 확인하여야 함. 민원요지 2에 대한 답변-상기 토지상 건축물은 농지전용절차를 이행하지 않고 건축한 후 건축물대장에 등재된 건축물로써 농지법상 원상복구하거나 농지전용 추인을 받아야 함. 농지전용부담금은 취·등록세의 세금과는 별개로 농지전용허가를 받은 자가 농지법 제38조에 따라 납부하여야 하는 부담금임.

2. 청구인의 주장

　가. 충청남도 천안시 동남구 수신면 해정리 392-█ 전 266㎡ (이하 "이사건토지"라 함)는 청구인이 2015. 12. 28. 강제경매로 인한 매각을 원인으로 취득하였다. 이 사건 토지의 지상에는 성█수 소유의 시멘벽돌조 스라브즈 평가건 주택 건평 25평 4홉이 존재한다. 이사건 건물은 1979년 이█자가 최초로 사용승인을 득하고, 소유권보존등기를 마쳤으며, 성█수가 1980. 5. 15. 매매를 원인으로 취득하였다. 이 사건 토지는 공부상 지목이 전으로 되어 있으나 현실 지목은 대지에 해당하고, 그 지상에 는 이미 수십 년 전에 사용승인을 득한 건

물이 존재하므로 공부상 지목을 현실적인 지목인 대지로 변경하고자 청구인은 피청구인에게 지목변경신청을 하였다.

나. 피청구인은 이사건 건물은 농지전용허가를 득하지 아니하고 건축된 건물이므로 농지전용부담금을 납부하여야 지목변경이 가능하다고 하면서 청구인의 지목변경신청을 반려하였다. 피청구인이 주장하는 바에 의하면 1973년에 최초 시행된 농지의 보전 및 이용에 관한 법률(폐기 후 현 "농지법")에 의거하여 법 시행 이후 모든 농지는 농지전용허가를 받아야만 건축허가가 가능하다는 것이고 이사건 건물은 1979년에 지어진 것이므로 농지전용허가 및 전용부담금을 납부하여야 하는데, 허가 및 부담금을 납부하지 아니하고 건축되었다고 주장한다. 그러나, 피청구인의 주장은 모순 된 부분이 있는 바, 이 사건 건물은 1979년에 사용승인을 득 하고 보존등기까지 경료된 것으로 보아 1973년 농지의 보전 및 이용에 관한 법률 시행 이후이므로 당연히 농지전용허가를 마치고 신축되었다 할 것이고 적법한 절차를 모두 거쳤으므로 사용승인을 득하였다고 볼 수 있다. 그리고 전용부담금의 부과에 관한 규정은 1981년에서야 시행되었으므로 이 사건 건물은 전용부담금 부과 대상에 해당되지 않는다.

다. 농지는 국민의 식량을 생산 보급하고, 국토환경을 보전하며 농업경제에 영향을 미치는 귀중한 국가재산이므로 식량생산을 위한 농지를 타 용도로 사용하고자 하는 경우에 정책상 부담금을 부과하는 것으로 알고 있다. 실제 식량생산에 이용되고 있는 농지는 위와 같이 국가의 중요한 자원이므로 이를 타 용도에 사용하고자 할 경우에 부담금을 부과하는 것이고 이와 같은 부담금 부과에 관한 법률규정은 1981년 일부 개정된 구 농지의 보전 및 이용에 관한 법률에서 등장한다. 1981년 이전에는 전용부담금제도 자체가 없었고, 전용허가만 가능했던 것이다. 따라서 그 당시 법제도 하에서 농지전용허가를 득하였으므로 건축허가 및 사용승인 이루어진 것이다. 다만 그 당시 지목변경을 하지 않았을 뿐이다.

라. 농지법 제2조에 따르면 위 규정에 의하면 공부상의 지목과 상관없이 실제로 농작물을 경작하는 경우에 농지법상 농지로 규정하고 있다. 대법원 판례의 입

장은 사실상의 현상에 따라 농지여부를 판단하되, 그 변경상태가 일시적이어서 원상회복이 용이한지, 아니면 농지로의 원상회복이 어려운지 추가로 판단하여야 한다는 것이다. 위 농지법 제 2조의 규정과 판례의 정의를 종합하여 이사건 토지를 살펴건대, 이 사건 토지는 이미 1979년 건물이 신축되었고, 공부상 지목이 전으로 되어있으나, 현실은 대지로 사용되고 있고 그 변경상태를 보더라도 이미 수 십 년간 대지로 이용되고 있음이 명백하여 다시 농지로 원상회복하기에 용이할 정도로 일시적인 현상변경이라 보기 어렵다. 항공사진 및 주변환경을 살펴보면 농지로 원상회복하여 경작할 가능성이 거의 없으며 공시지가도 농지로 평가한 가액이 아니라 주변의 대지와 통일한 가액으로 평가, 고시되어 있는 점 등을 종합하면 이사건 토지는 농지법상 농지에 해당되지 않음이 명백하다.

마. 그리고 공부 및 현실상 농지에 해당한다면 청구인은 법인이기 때문에 애초에 이 사건 토지를 취득할 수도 없었을 것이나 공부와 상관없이 현실상 농지법상의 농지에 해당되지 않으므로 경매 사건을 통하여 매수할 수 있었던 것이므로 이러한 사실도 이사건 토지가 농지전용부담금 부과의 대상이 되는 농지법상 농지에 해당되지 않는 사실을 반판결하고 있다. 농지전용부담금을 부과하기 위해서는 농지법상 농지에 해당하는 토지를 타 용도로 사용하기 위하여 허가를 받을 경우이어야 하는데, 위와 같이 이사건 토지는 농지법상 농지에 해당하지 아니하여 농지전용부담금 부과 대상이라 할 수 없으므로 피청구인은 청구인의 지목변경신청을 수리해야 할 것이고, 전용부담금을 부과해서는 아니된다 할 것이다.

바. [보충답변] 피청구인의 주장에 의하면 1979년에 이사건 건물에 관하여 사용승인을 받을 당시 농지전용허가를 받았다는 증거가 존재하지 않는다고 주장하나 그러한 자료들은 전적으로 피청구인이 보관하고 있어야 할 서류이므로 청구인으로서는 입증할 방법이 없다. 농지전용허가 신청서 등의 보존연한이 어떻게 되는지, 혹시 보존연한이 도과되어 피청구인이 이를 파기한 것은 아닌지 피청구인이 확실한 근거를 제시해 야 할 것이다. 1979년 당시 농 지 전용허

가를 득하지 아니하였다면 어떻게 이 사건 건물에 대한 사용승인을 해준 것인지 피청구인은 그 근거를 밝혀야 한다.

사. ①판례의 일관된 정의와 같이 이 사건 토지는 전용부담금 부과대상인 농지법상의 농지에 해당하지 아니 함이 명백하고 ② 또 1979년 이사건 건물의 사용승인을 받은 바 그 당시 이미 전용허가를 득하였다고 추정하기에 충분하다. 피청구인은 판례의 "농지에 대한 정의"를 정확히 다시 알아보아야 할 것이고 1979년에 전용허가를 득하였는지 철저히 자료를 다시 찾아보아야 할 것이다. 사실관계가 위와 같으므로 이사건 청구인의 청구취지대로 심판하여 주시기를 청한다.

3. 관련 법령

○ 「행정심판법」 제2조제2호, 제5조제3항, 제13조제3항

4. 인정사실

당사자 사이에 다툼 없는 사실, 청구인과 피청구인이 제출한 행정심판청구서, 답변서, 갑 제1~12호증, 을 제1~4호증 및 직권자료의 기재내용 및 변론 전체의 취지를 종합하여 보면, 다음과 같은 사실을 인정할 수 있다.

가. 청구인은 2015. 12. 28. 천안시 동남구 수신면 해정리 392-█번지에 대하여 강제경매를 원인으로 소유권이전등기를 경료하였다.

나. 피청구인은 2016. 4.경 청구인으로부터 천안시 동남구 수신면 해정리 392-█번지의 지목변경(전→대지)에 대한 구두 문의를 받고, 2016. 4. 6. 관련부서 및 천안시장에게 위 지번의 지목변경 업무협의를 요청하였다.

※ 협의사항

부서별	협의사항	토지이동종목
동남구 도시건축과	「건축법」 「건축물대장의 기재 및 관리 등에 관한 규칙」 관련 법령 저촉여부	지목변경
허가민원과	「농지법」 제41조 저촉여부 (농지의 지목변경 제한)	

다. 피청구인은 2016. 4. 8. 천안시장으로부터 '상기 토지는 건축물 사용승인 일이 1979년으로 농지전용 추인(양성화)대상으로 별도의 농지전용허가를 받아야 지목변경이 가능하다'는 내용의 지목변경 업무협의 회신을 받았다.

라. 피청구인은 2016. 4. 12. 관련부서(도시건축과)로부터 '별도의견 없다'는 내용의 지목변경 업무협의 회신을 받았다.

마. 청구인은 2016. 10. 6. 천안시장에게 지목변경 관련 민원제기를 하였고, 그 주요 내용은 아래와 같다.

  ※ 내용 : 건축물대장이 있는 합법적인 건물인데 왜 지목변경이 불가하며, 세무서에서는 농지로 보지 않고 대지로 보고 취득세를 납부하라고 했는데 왜 농지전용부담금을 납부하라고 하는지

바. 천안시장은 2016. 10. 6. 피청구인에게 지목변경 불가이유에 대한 업무협의 요청을 하였고, 피청구인은 2016. 10. 12. 천안시장에게 '공간정보의 구축 및 관리등에 관한 법률 제81조 및 시행규칙 제84조제2항의 규정에 의거 해당필지의 지목변경에 대한 관계법령 저촉여부를 확인해야 하며, 기 협의된 사항이다'는 내용의 업무협의 회신을 받았다.

사. 천안시장은 2016. 10. 13. 청구인에게 민원제기에 대한 회신을 하였다.

  ※ 내용 : 내용 : 민원요지 1에 대한 답변−공간정보의 구축 및 관리 등에 관한 법률·제81조 및 시행규칙 제84조제2항의 규정에 의거 해당필지의 지목변경에 대한 관계법령 저촉여부를 확인하여야 함. 민원요지 2에 대한 답변−상기 토지상 건축물은 농지전용절차를 이행하지 않고 건축한 후 건축물대장에 등재된 건축물로써 농지법상 원상복구하거나 농지전용 추인을 받아야 함. 농지전용부담금은 취·등록세의 세금과는 별개로 농지전용허가를 받은 자가 농지법 제38조에 따라 납부하여야 하는 부담금임.

5. 이 사건 행정심판 적격 여부

  청구인이 우리 위원회에 제기한 이 사건 심판청구는 행정심판의 종류 중 의무이행심판이라 할 것인데, 의무이행심판을 청구하기 위해서는 그 전제로서 의무이행심판의 대상이 되는 부작위나 거부처분이 존재하여야 할 것이고, 여기에서

부작위 또는 거부처분이라 함은 행정청에 일정한 처분을 요구할 수 있는 법규상·조리 상 신청권이 있는 자의 신청이 있고, 그 신청에 대하여 행정청이 상당한 기간 내에 일정한 처분을 하여야 할 법률상 의무가 있음에도 불구하고 이를 하지 아니하거나 신청을 거부하는 행위라 할 것이다.

살피건대, 청구인은 피청구인에게 「공간정보의 구축 및 관리등에 관한 법률」 제81조 및 같은법 시행규칙 제80조에 따른 지목변경신청을 한 것이 아니라, 지목변경이 가능한지 여부에 대한 민원을 제기하였고, 이에 피청구인은 지목변경 반려처분을 한 것이 아니라, 지목변경 가능여부에 대한 민원 회신을 한 것으로 보인다.

사정이 위와 같다면, 의무이행심판의 대상이 되는 부작위나 거부처분이 존재하지 아니하는 것으로 보이는바, 청구인의 이 사건 심판청구는 의무이행심판의 대상이 아닌 사항을 대상으로 제기된 부적법한 청구이다.

6. 결 론

그렇다면, 청구인의 청구는 행정심판 제기요건을 결한 부적법한 청구이므로 주문과 같이 재결한다.

[관련 법령]

○ 행정심판법

제2조(정의) 이 법에서 사용하는 용어의 뜻은 다음과 같다.

  2. "부작위"란 행정청이 당사자의 신청에 대하여 상당한 기간 내에 일정한 처분을 하여야 할 법률상 의무가 있는데도 처분을 하지 아니하는 것을 말한다.

제5조(행정심판의 종류) 행정심판의 종류는 다음 각 호와 같다.

  3. 의무이행심판: 당사자의 신청에 대한 행정청의 위법 또는 부당한 거부처분이나 부작위에 대하여 일정한 처분을 하도록 하는 행정심판

제13조(청구인 적격) ③ 의무이행심판은 처분을 신청한 자로서 행정청의 거부처분 또는 부작위에 대하여 일정한 처분을 구할 법률상 이익이 있는 자가 청구할 수 있다.

토지 특수 경매 입문

"
매각 가격이 떨어지는 데는
이유가 있다.
좋은 물건보다
돈이 되는 물건을 골라라.
"

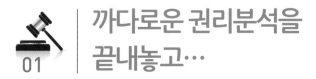

01 | 까다로운 권리분석을 끝내놓고…

2012 타경 37×× 강릉시 남항진동 ××(토지만 매각)

2012 타경 37██ (임의)		물번2 [배당종결] ▼		매각기일 : 2012-12-03 10:00~ (월)		경매4계 033-640-1134	
소재지	(25617) 강원도 강릉시 남항진동 ██						
물건종별	대지	채권자	██저축은행	감정가		125,064,000원	
토지면적	648㎡ (196.02평)	채무자	황██온	최저가		(70%) 87,545,000원	
건물면적		소유자	황██온	보증금		(10%)8,755,000원	
제시외면적		매각대상	토지만매각	청구금액		102,281,273원	
입찰방법	기일입찰	배당종기일	2012-09-03	개시결정		2012-06-01	

감정 가격도 항상 체크하자

이 책에서 처음 소개하는 실전 경매 사례는 사실 낙찰받지 못한 물건이다. 소위 말하는 '패찰(敗札)' 물건이다. 굳이 실패 사례를 소개하는 이유는 여러분들이 경매 물건을 고를 때 어떤 점에 유의해서 살펴봐야 하는지를 보여주고자 함이다. 응찰을 하기 전에 우리는 나름의 기준을 정해놓고 권리분석을 하게 된다. 경매는 자금계획에서부터 권리분석, 명도 이행, 수익 환수에 이르기까지 그 하나 하나가 중요하지 않은 과정이 없지만, 그중에서도 필자는 권리분석이 가장 중요하다고 생각한다. 누군가는 권리분석을 놓고 경매의 꽃이라고 치켜세우기도 하고, 경매는 권리분석에서 시작해 권리분석으로 끝난다는 경매 격언도 나돌고 있다. 그 만큼 권리분석이 중요하다는 뜻이다.

그렇다고 이 책에서 임차인의 대항력이나 말소기준권리와 같은 기본적인 권리분석을 강의하려고 하는 건 아니다. 책 제목에서 짐작했겠지만 '소송 경매'라는, 벌써부터 머리가 지끈해오는 복잡한 여정을 앞두고, 까다롭지만 기본적인 권리 관계와 먼저 익숙해지자는 취지다. 이러한 권리 관계나 조건, 그리고 어려운 경매 용어와 얼른 친숙해져야 남들보다 한발짝 더 나아갈 수 있다.

이번 물건은 2012년 가을에 강원도 강릉시 남항진동 해변가에 임의경매로 나온 648m^2(196평)짜리 대지다. 강릉은 필자의 고향이어서 남들보다 그쪽 사정을 조금 더 아는 편이다. 사실 본인이 익숙한 지역을 경매 후보지로 삼는 건 현명한 전략이다. 해당 물건이 자리한 곳은 남항진동 해수욕장 부근으로, 외지 사람들은 잘 모르는 작은 바닷가 마을이다. 이 해변은 남쪽으로 군부대에 막혀 있지만, 북쪽으로 도보전용 교량이 놓여져 있어 강릉의 명물 '커피의 거리'와 연결되어 있다.

이 일대 토지 시세는 해변가에 바로 붙은 땅의 경우 3.3m^2당(평당) 300~400만 원 사이에 형성되어 있고, 한 블록 안쪽으로 들어오면 3.3m^2당(평당) 100~150만 원 정도에 거래되고 있다. 바닷가를 끼고 횟집은 물론, 카페나 펜션도 조금씩 들어서고 있는 중이다.

먼저 해당 물건의 감정가를 보면 1억 2,500만 원으로 평가되어 시세보다 훨씬 낮게 책정되었음을 알 수 있다. 대지 648m^2이면 거의 200평으로 3.3m^2당 100만 원씩만 잡아도 시세가 2억 원에 육박하는 땅이다. 감정가는 감정 시기나 감정 기관에 따라 시세보다 높거나 낮게 평가될 수 있기 때문에 응찰 전에 유심히 체크해야 할 부분 중 하나다. 감정가만 놓고 보면 이런 물건은 신건에 응찰해도 충분히 수익 실현이 가능한 물건인 셈이다.

하지만 이 물건은 신건에 응찰자가 없어 매각 가격이 8,700만 원으로 떨어졌다. 경매 물건이 유찰되어 가격이 떨어지는 데는 반드시 그 이유가 있다. 이 물건을 유심히 살펴보면 크게 세 가지의 문제가 있음을 알 수 있다. 첫째는 해당 토지를 가로지르는 가운데 땅을 마을 사람들이 현황도로(140p. 항공사진 참조)로 사용하고 있다는 것이고, 둘째는 지목이 대지인데도 지적도상 도로(140p. 지적도로 참조)가 없는 맹지라는 점이고, 마지막은 매각에서 제외되어 있는 무허가 주택(142p. 사진 참조)이 해당 토지 안에 지어져 있다는 것이다.

매각 가격이 시세보다 절반 이하로 떨어졌다 하더라도 권리분석상 이러한 문제점을 발견하고도 여러분은 이 물건에 응찰할 수 있겠는가? 문제점들을 하나씩 들여다보기로 하자.

먼저 조사를 위해 현장으로 찾아갔다. 해당 토지를 이리저리 둘러보고 있는데 어떤 아주머니가 애를 업고 지나가면서 물었다.

"혹시 어떻게 오셨어요?"

그렇잖아도 누군가를 붙잡고 물어볼 참인데 잘 됐다 싶어 해당 토지를 가리키며 얼른 대꾸했다.

"아, 네. 여기 이 땅이 경매로 나와서 한번 보러 왔습니다."

그랬더니 아주머니가 기다렸다는 듯이 바닷가에서 해당 토지로 이어지는 현황도로를 가리키며 말했다.

"그러신 것 같아서 제가 말씀드리는 거예요. 여기 이 도로가 제 땅입니다. 낙찰받으시더라도 이건 알고 낙찰받으셔야 할 겁니다."

"아, 네. 그렇습니까?"

필자는 매우 중요한 정보를 얻은 것처럼 그렇게 맞장구를 쳐주고선 속으로 피식 웃고 말았다. 여기서 여러분들이 알고 지나가야 하는 부분이 바로 현황도로를 이용한 건축허가 여부다(*필자는 도로와 건축 문제를 자세하게 다룬 《이것이 진짜 도로 경매다》라는 책을 발간했다). 필자가 현장에서 보니 그 아주머니가 소유하고 있다는 현황도로는 이미 포장이 되어 있었다. 현황도로를 판단할 때 포장 여부도 상당히 중요한 사항이다. 포장이 되어 있을 땐 건축법상 현황도로로 인정받기가 훨씬 용이다. 더 중요한 점은 강릉시 건축조례다. 조례에 의하면, 도로를 이용해 건축허가가 난 사실이 있는 경우 토지(현황도로) 소유주로부터 사용 승낙을 받지 않고도 건축을 할 수 있다는 것이다. 항공사진을 보면 이미 이 도로를 이용해 안쪽으로 여러 채의 주택이 지어져 있는 것을 확인할 수 있다. 다시 말하면 해당 토지에 새 집을 지을 때 도로 소유주를 무시해도 상관없다는 뜻이다.

그럼에도 그 아주머니에게 맞장구를 쳐준 건 또 다른 정보를 알아내기 위해서였다. 아주머니가 아니었으면 중요한 정보를 놓칠 뻔했다는 인사치레를 하고 나서 물어보았다.

"저 땅 위에 집이 하나 있는데, 혹시 저 집에 누가 살고 있습니까?"

해당 토지에 지어진 주택은 건축물 관리대장에도 등재되어 있지 않고, 등기부등본도 없는 무허가 건축물이라는 사실은 이미 알고 있었다. 이 대목에서 핵심적인 체크 사항은 건물의 법정지상권 성립 여부를 판단하는 일일 것이다. 하지만 아주머니를 상대로 법정지상권이 성립하는지를 물어볼 수는 없는 노릇이다. 그 주택에 사람이 거주하고 있는지 여부는 동네 주민들로부터 쉽게 확인할 수 있는 정보여서 물어본 것이다.

지적도상 맹지라도 건축이 가능하다

그렇다면 거주자 유무가 법정지상권만큼이나 중요한 이유가 뭘까? 무허가 주택이어서 건물은 이번 매각에서 제외되어 있다. 우리가 건물을 낙찰받는다면 건물소유주가 됐건 임차인이 됐건 인도명령이나 명도소송을 통해 강제로 거주자를 내보낼 수 있는 권리가 생긴다. 하지만 토지만 낙찰받기 때문에 주택에 거주하는 사람을 마음대로 내보낼 수 있는 법적 근거가 없다. 그렇기 때문에 이런 유형의 물건이 경매로 나왔을 때 거주자가 있는지의 여부를 미리 알아보는 게 중요하다.

인사치레에 신이 났는지 아주머니의 대답이 걸작이다.

"거기요? 옛날에 어떤 무당이 불상 같은 거 하나 갖고 살았는데, 그 무당은 이사 가고 없고, 아마 같이 살던 귀신은 아직도 그 집에 살고 있을 거예요."

'사람이 살고 있지 않다는 걸 이렇게 섬뜩하게 표현할 수도 있구나.' 속으로 그렇게 생각하며 아주머니와 인사를 나누었다.

"아, 그렇습니까? 네, 감사합니다."

지금까지의 현장 조사를 통해 우리는 몇 가지 중요한 정보를 얻었다. 첫째, 해당 물건은 지적도상 맹지라도 현황도로가 연결되어 있기 때문에 건축이 가능한 대지라는 것이다. 도시지역의 1종 일반주거지역 안에 있는 대지로써 그 가치가 충분하다는 얘기다.

둘째, 해당 토지를 가로지르는 도로를 막을 수 있다는 것이다. 이 점은 첫째 사항만큼 중요한 문제로 현황도로로 사용되고 있는 도로를 막을 수 있다면 온전하게 한 필지의 대지로 사용할 수 있기 때문이다. 여기서 금방 의문이 생길 것이다. 왜 아주머니의 현황도로는 막을 수 없고, 나의(해당 토지의) 현황도로는 막을 수 있다는 말인가? 두 가지 때문에 그렇다. 나의 현황도로를 막더라도 안쪽 주택 거주자들이 바닷가 큰길로 갈 수 있는 우회도로가 별도로 나 있고, 나의 현황도로는 아주머니의 도로와는 달리 포장이 되어 있지 않기 때문이다.

셋째, 무허가 주택에 다행히 거주하는 사람이 없다는 점이다. 인도명령이나 명도소송을 통해 거주자를 내보내야 하는 골치 아픈 명도를 겪지 않아도 된다는 뜻이다.

문제점으로 지적됐던 사항들이 현장 조사를 통해 거의 풀렸다. 마지막으로 확인해야 할 문제가 무허가 건물의 법적지상권 성립 여부다. 법정지상권은 '소송 경매'와 관련해 매우 중요한 개념이어서 뒷장에서도 한두 차례 더 다룰 예정이다. 법정지상권은 민법과 관습법에 의해 보호받는 지상권을 말하는데, 조건에 따른 법률적 다툼이 워낙 많아 사실 전문가들도 성립 여부를 판단하기가 쉽지 않다. 만약 사례의 무허가 주택이 법정지상권을 갖고 있는 것으로 확인된다면 강제로 건물을 철거할 수가 없게 되어 투자 가치가 현저히 떨어진다.

그렇다면 건축물 관리대장이나 등기부등본이 없는 무허가 건물이라도 법정지상권이 성립할까? 이를 뒷받침하는 중요한 판례가 있다.

"토지와 그 지상의 건물이 동일한 소유자에게 속했다가 토지 또는 건물이 매매나 기타 원인으로 인해 양자의 소유가 다르게 된 때에는 그 건물을 철거하기로 하는 합의가 있었다는 등 특별한 사정이 없는 한 건물소유자는 토지소유자에 대해 그 건물을 위한 관습상의 지상권을 취득하게 되고, 그 건물은 반드시 등기가 되어 있어야만 하는 것이 아니고 무허가 건 물이라고 해도 상관이 없다(대법원 1991.8.13 선고, 91다16631 판결)."

이 판례를 보면 사례의 무허가 주택도 법정지상권이 성립할 여지가 있어 보인다. 하지만 상황에 따라 미등기 무허가 주택의 소유권을 인정하지 않는 대법원 판례도 여럿 나와 있다. 한 판례는 미등기 무허가 건물의 양수인에게 소유권 내지 소유권에 준하는 관습상 물권이 존재하는지 여부에 대해 "미등기 무허가 건물의 양수인이라 할지라도 그 소유권이전등기를 경료받지 않는 한 건물에 대한 소유권을 취득할 수 없고, 그러한 건물의 취득자에게 소유권에 준하는 관습상의 물권이 있다고 볼 수 없다"고 판시하고 있다(대법원 1996.6.14선고, 94다53006 판결).

그렇다면 이 주택의 법정지상권을 판단하기 위해서는 땅 주인과 건물 주인이 동일했는지 여부를 추적하는 것보다 소유권의 유무를 추적하는 것이 더 빠르다. 무허가 건물도 법정지상권을 가질 순 있지만 일단 거주하는 사람이 없는 것으로 확인되었다. 마지막으로 확인해야 할 사항은 혹시 누군가가 재산세를 납부하고 있는지 여부다. 무허가 건물이라도 행정관청에서 건물분 재산세를 부과하기도 한다. 만약 누군가 이 건물에 대한 재산세를 내고 있다면 공식적으로 주인이 있는 건물이어서 법정지상권이 성립할 가능성이 크다. 하지만 그 반대라면 법정지상권은 성립하지 않는다.

경매는 치열한 정보 전쟁

필자는 권리분석의 마지막 해답을 찾기 위해 강릉시청 재산세과를 찾았다. 담당 직원에게 해당 물건의 지번을 알려주면서 건물분 재산세 부과 여부를 물었다. 그랬더니 직원이 되물었다.

"그건 왜 물어보십니까?"

내가 경매 정보지를 보여주면서 해당 물건의 법정지상권 여부를 알아보기 위해 그런다고 답했다.

"그렇다면 민원인님은 제3자시네요."

"그렇게 볼 수 있겠네요."

"그렇다면 개인정보보호법에 의해서 제3자에게는 가르쳐드릴 수 없습니다."

사실 경매는 치열한 정보 전쟁이다. 그래서 돈을 들여 경매 정보 사이트에 가입하고, 부지런히 발품을 팔아 현장 조사를 벌이고, 부동산 중개업소를 돌며 시세나 개발 정보를 얻는다. 정확하고 유용한 정보를 많이 가진 쪽이 승리하는 게 경매다. 하지만 법원에서 공식적으로 공개하는 정보 외에는 개인정보보호법에 의해 원하는 정보를 얻기가 쉽지 않다. 하지만 이번 정보는 법정지상권의 성립 여부를 결정짓는 중요한 사항이다. 대법원의 경매 정보지를 출력해 주민센터에 가면 전입세대 열람이 가능토록 한 행정자치부 시행규칙이 얼른 생각나서 물었다.

"아시다시피 이렇게 경매로 나오면 법적으로 가르쳐줘도 되는 걸로 알고 있습니다."

그랬더니 담당 직원이 뒷자리의 상사한테 가서 귓속말로 뭐라고 한 뒤 다시 자리로 되돌아 와서는 말했다.

"저 뒤에 있는 분하고 말씀해보세요."

뒷자리로 가서 담당 직원과 나누었던 얘기를 그 상사와 처음부터 다시 나누게 되었다. 마지막에 경매 정보지를 보여주며 말했다.

"이렇게 경매로 나온 것은 가르쳐주게끔 되어 있습니다."

그 말을 들은 상사가 날 보고 씩 웃더니 컴퓨터 모니터를 나한테 돌려주면서 말했다.

"어느 법에 그렇게 나와 있는지 찾아주시면 제가 가르쳐드리겠습니다."

대충 얼버무리려다 딱 걸린 꼴이다. 마땅히 할 말이 생각나지 않았지만 혹시 싶어 다시 물었다.

"그러시다면 개인정보 보호를 위해 누가 얼마를 내는지는 알려 줄 필요가 없고, 건물분 재산세를 내고 있는지 여부만 알려주십 시오."

그랬더니 상사가 곧 바로 말했다.

"그건 가르쳐드릴 수 있겠네요."

그러고선 해당 물건의 지번으로 검색해보더니 그 지번으로 건물 분 재산세를 내는 내역이 없다고 말해주었다. 그 대답 한 마디로 권리분석의 마지막 퍼즐이 맞추어졌다. 해당 건물은 법정지상권이 성립하지 않는다. 그렇게 해서 까다로운 권리분석을 모두 끝냈다.

이젠 어느 정도의 가격에 응찰한 것인가만 결정하면 된다. 필자 의 강의를 듣고 있던 수강생에게 이번 물건을 추천하면서 최저가 8,700만 원보다 조금 높은 9,700만 원 전후로 쓰면 무난하게 낙찰 받을 수 있을 것 같다고 했다. 왜냐하면 지금까지 함께 살펴본 것 처럼 이 물건의 권리분석이 여간 까다로운 게 아니기 때문이다. 이 른바 경매인들이 말하는 '특수 물건'의 요건을 두루 갖추고 있다. 법정지상권의 성립 여부를 명백하게 판단할 수 있어야 하고, 지적 도상 맹지에 해당하는 대지의 활용과 현황도로의 처리 과정을 꿰 뚫고 있어야 응찰이 가능할 것으로 판단했다.

결과는 '패찰'이었다. 1억 1,500만 원을 써낸 사람이 최고가매수 신고인이 되어 낙찰받아갔다.

'웬만한 고수가 아니면 덤비기가 어려울 거라고 생각했는데, 너 무 자만했던가?'

패찰 원인을 따져보았다. 근저당을 설정한 주거래은행의 채권액이 1억 200만 원이라는 사실을 간과했다. 채권액보다 떨어지는 걸 염려해 방어입찰에 들어갈 수도 있기 때문이다. 해당 물건을 온전하게 대지로 탈바꿈시킬 수만 있다면 시세가 2억 원이 넘는 물건이다. 그 방법을 모두 찾아내지 않았던가. 1억 5,000만 원을 써도 5,000만 원이 남는다.

서울에서 차를 몰고 강릉까지 달려가서 현장과 관청에 두루 발품을 팔아 거의 완벽하게 권리분석을 끝내놓고선 사소한 판단 실수로 좋은 물건을 눈앞에서 놓치고 말았다. 경매란 바로 이런 것이 아닐까.

2012 타경 37×× 강원도 강릉시 남항진동 ××

2012 타경 37██ (임의)		물번2 [배당종결] ▾		매각기일 : 2012-12-03 10:00~ (월)		경매4계 033-640-1134	
소재지	(210-300) 강원도 강릉시 남항진동 ██ [도로명주소] 강원도 강릉시 공항길147번길 9██(남항진동)						
물건종별	대지	채권자	████저축은행	감정가		125,064,000원	
토지면적	648㎡ (196.02평)	채무자	황██온	최저가		(70%) 87,545,000원	
건물면적	건물 매각제외	소유자	황██온	보증금		(10%)8,755,000원	
제시외면적		매각대상	토지만매각	청구금액		102,281,273원	
입찰방법	기일입찰	배당종기일	2012-09-03	개시결정		2012-06-01	

기일현황

회차	매각기일	최저매각금액	결과
신건	2012-10-29	125,064,000원	유찰
2차	2012-12-03	87,545,000원	매각

홍██회/입찰5명/낙찰115,500,000원(92%)

	2012-12-10	매각결정기일	허가
	2013-01-09	대금지급기한	납부

배당종결된 사건입니다.

▣ 물건현황/토지이용계획

남항진 마을내에 위치
부근은 기존 주택지대이며 해안을 연 횟집
토속음식점 카페 등이 분포
소형 차량 접근 가능 대중교통사정은 보통
부정형지
세로(가)에 접함

1종일반주거(남항진동 76)

▣ 면적(단위:㎡)

[토지]
남항진동 ██
대지 6██ (196.02평)
제시외건물로인한감안감정

[제시외]
건물 미상
면적 제외

▣ 임차인/대항력여부

배당종기일: 2012-09-03

- 매각물건명세서상 조사된 임차내역이 없습니다

[매각물건명세서]
[예상배당표]

▣ 등기부현황/소멸여부

소유권 이전
2004-12-21 토지
이██암
매매

(근)저당 토지 소멸기준
2004-12-23 토지
강원저축은행
130,000,000원

지상권 소멸
2004-12-23 토지
강원저축은행

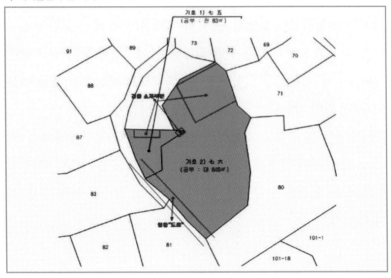

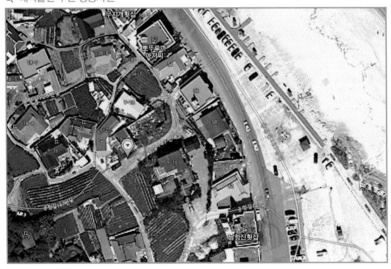

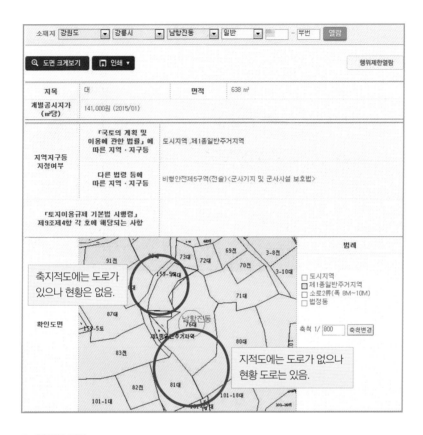

| 소재지 | 강원도 ▼ | 강릉시 ▼ | 남항진동 ▼ | 일반 ▼ | ~ 부번 | 열람 |

🔍 도면 크게보기   🖨 인쇄 ▼   행위제한열람

지목	대		면적	638 ㎡
개별공시지가 (㎡당)	141,000원 (2015/01)			
지역지구등 지정여부	「국토의 계획 및 이용에 관한 법률」에 따른 지역·지구등		도시지역 ,제1종일반주거지역	
	다른 법령 등에 따른 지역·지구등		비행안전제5구역(전술)<군사기지 및 군사시설 보호법>	
	「토지이용규제 기본법 시행령」 제9조제4항 각 호에 해당되는 사항			

확인도면

축지적도에는 도로가 있으나 현황은 없음.

지적도에는 도로가 없으나 현황 도로는 있음.

범례
☐ 도시지역
☐ 제1종일반주거지역
☐ 소로2류(폭 8M~10M)
☐ 법정동

축척 1/ 800   축척변경

🔍 현장도로 전경

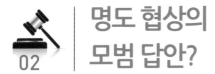

명도 협상의 모범 답안?

2013 타경 27×× 부여군 초촌면 진호리(토지만 매각)

2013 타경 27 (강제)		매각기일 : 2014-03-31 10:00~ (월)		경매3계 041-746-2783	
소재지	(33173) 충청남도 부여군 초촌면 진호리				
물건종별	임야	채권자	경기신용보증재단	감정가	51,164,000원
토지면적	1749㎡ (529.07평)	채무자	최■수	최저가	(51%) 26,196,000원
건물면적		소유자	최■수	보증금	(10%) 2,620,000원
제시외면적		매각대상	토지만매각	청구금액	15,155,007원
입찰방법	기일입찰	배당종기일	2013-08-26	개시결정	2013-05-27

법정지상권은 성립할까

이번에 살펴볼 물건은 소송으로 갈 뻔하다가 협상으로 잘 마무리된 사례다. 협상하기가 쉽지 않은 상대를 만났는데, 그런 상대를 만나 소송으로 가지 않고 어떻게 협상이 잘 마무리되었는지 그 과정을 살펴보는 것도 좋은 공부다. 필자가 진행한 이 협상이 물론 최선이라고 할 순 없지만, 여러분들이 앞으로 유사한 협상을 진행할 때 많은 참고가 될 수 있을 것이다.

충청남도 부여군 초촌면에 건물이 매각에서 제외된 두 필지의 땅이 경매로 나왔다. 한 필지는 지목이 대지로 757m^2(229평)이고, 다른 필지는 대지에 붙은 임야로 992m^2(300평)이다. 둘을 합쳐 1,749m^2(529평)의 토지가 5,100만 원에 시작해서 2,600만 원까지 떨어진 것을 필자의 수강생 중 여자 두 명이 공동으로 들어가 2,650만 원에 단독으로 낙찰받았다. 건물이 매각에서 제외되어 있는 이런 물건은 사후 처리에 많은 시간과 노력이 들기 때문에 응찰하기가 쉽지 않은 물건이다. 그래서 매각 가격이 절반으로 떨어졌는데도 거의 최저가에 단독으로 낙찰받을 수 있었다.

먼저 이 물건을 좀 더 자세히 분석해보자. 마을 안길에 붙어 있는 대지에 주택과 창고가 지어져 있다. 주택은 매각에서 제외되어 있다. 대지 뒤로 임야 300평이 집 뒤편으로 맞닿아 있다. 그렇다면 여기서 먼저 파악해야 되는 것이 매각에서 제외된 건물의 법정지상권 성립 여부다. 경매 정보지를 보면 건물의 법정지상권 성립 여부는 불분명하다고 되어 있다. 그만큼 법정지상권은 다툼의 여지가 많아 명확하게 판단하기가 쉽지 않다.

기왕 법정지상권이 다시 나왔으니 이번엔 좀 더 자세히 살펴보고 넘어가자. 경매에서 법정지상권은 매우 중요한 개념이다. 경매 경험이 어느 정도 있는 사람이라면 법정지상권을 접해봐서 알고 있겠지만, 그렇더라도 법정지상권의 성립 여부를 명확하게 판별하는 일은 결코 쉬운 일이 아니다. 그만큼 법정지상권의 성립을 위한 조건들이 다양하고, 그에 따른 법원의 판례도 다양하다. 앞에서 잠깐 살펴보았지만 무허가 건물의 법정지상권을 놓고도 상황에 따라 이미 여러 판례가 상충하고 있다.

지상권이란 토지주가 본인의 토지에 타인의 건물을 건축하는 것을 허가해주면 성립된다. 그러나 어떤 이유에서든지 토지주가 변경된다면 먼저 토지주에게 사용승낙받은 권한을 새로운 토지주에게 그대로 토지를 사용할 수 있는 권한을 지상권이라고 말하는 것이다.

그러나 이러한 경우 토지를 빌려주었다는 사실을 등기에 기록해 제3자에게 공시하지 않았다면 새로운 토지주를 상대로 지상권 주장을 할 수 없다.

그러나 법정지상권은 일반 지상권과는 다르다. 본인의 토지에 본인의 건물을 건축한다면 등기부에 기록해 공시하지 않는다.

이렇게 지내다 어떠한 이유에서든지 토지와 건물이 달라질 경우 건축주는 그 토지를 계속 사용할 수 있는 권리를 법이 인정해주며, 이러한 권리를 법정지상권이라 말한다.

따라서 법정지상권은 토지와 건물을 동일한 사람이 소유하고 있다가 경매를 비롯해 공매나, 매매, 상속 등 어떤 사정에 의해 토지와 건물의 소유자가 달라지게 되었을 때 건물소유자는 새로운 토지주의 토지를 계속 사용할 수 있는 권리를 말한다.

법정지상권의 성립 여부는 여러 경매 책에 많이 거론되고 있기에 여기서 중복해 설명하지는 않겠다.

그러나 법정지상권이 성립한다 하더라도 지료는 별도라는 점을 명심해두자. 법정지상권을 가졌다 하더라도 건물소유주는 토지를 사용하는 대가로 토지 소유주에게 별도의 지료를 지급해야 한다.

민법 제366조는 법정지상권이 성립할 경우 지료는 당사자의 청구에 의해 법원이 정하는 것으로 규정하고 있다. 법정지상권 문제로 인한 지료 소송을 보면 법원마다 차이가 있지만, 요즈음은 대개 감정가의 3~5% 사이에서 정해지고 있다.

그러나 지료는 상대편이 법정지상권을 주장하며 은행금리를 예로 들며 대항할 때의 결과물이다(감정가의 50%에 낙찰받아 지료를 청구하면 낙찰가의 6~10%의 지료가 결정되는 셈이다). 만약 피고가 소송에 응대하지 않는다면 원고의 주장대로 판결이 난다. 따라서 필자는 보통 12%의 지료를 청구하며 청구한 대로 판결이 난 경우가 더 많으며 이 경우 낙찰가의 15% 이상의 지료로 결정되는 경우가 많다.

이런 사실을 알아두고 다시 이번 사례로 가보자. 토지 등기부등본을 보면 오래 전 소유자가 최○○에서 1977년 상속에 의해 최○○로 바뀌어 경매일까지 토지의 소유권이 유지되고 있음을 알 수 있다. 그런데 건물 등기부를 보면 김○○에서 박○○으로 소유권이 바뀌어 박씨가 그 주택에서 지금까지 거주하고 있다. 토지 주인도 두 명이 등장하고, 건물 주인도 두 명이 등장하는데, 토지 주인과 건물 주인이 한 번도 동일한 적이 없다. 법정지상권 성립을 위해 '토지와 건물의 주인이 동일한 적이 있어야 한다'는 가장 중요한 요건에서 벗어나 있으므로 이 주택은 법정지상권이 성립하지 않는다. 그러니까 이번 물건의 채무자는 토지 소유자이고, 현재 이 집에는 법정지상권이 없는 건물을 소유한 사람이 거주하고 있다는 점을 확인한 셈이다. 이 점은 앞으로 협상 전략을 세우는 데 매우 중요한 요소다. 이 점이 협상에 어떻게 작용하는지 살펴보자.

기왕 할 협상이라면 빨리 시작하라

토지를 낙찰받은 뒤 공동 낙찰자 두 명을 데리고 부여의 그 집을 찾아갔다. 낙찰자 중 한 명은 3~4년가량 아파트와 상가를 경매해 본 경험이 있어 경매에 대해 꽤 지식을 갖추고 있었다. 그 집을 찾아가면서 물어왔다.

"교수님, 잔금도 안 냈는데 찾아가도 괜찮아요?"

"아니, 왜요?"

"지난번에 잔금도 안 내고 갔다가 당신이 주인도 아닌데 왜 왔냐고 소리 질러서 쫓겨난 적이 있어서요."

경매 물건을 낙찰받아 최고가매수신고인이 되더라도 한 달 안에 잔금을 치러야 소유권 이전등기가 이루어진다. 그녀의 걱정대로 소유권 등기 전에는 이 토지의 공식적인 주인이 아닌 셈이다. 하지만 필자는 경매 물건을 처리할 때 대부분 낙찰받은 당일 바로 움직인다. 사안에 따라 잔금을 내고 난 후에 협상에 들어가야 하는 것도 있지만, 최고가매수신고인 신분으로 협상에 임하는 게 대부분이다. 이유는 간단하다. 경매 부동산의 현금화는 빨리 움직일수록 빨라지기 때문이다.

그 집에 도착해 문을 두드렸다. 안에서 여자 한 명이 나오는데 신장이 작은 신체 장애인이었다. 목소리가 까랑까랑했다. 협상이 쉽지 않을 것 같다는 생각이 들었다.

"어떻게 오셨어요?"

점유자와 첫 대화를 나눌 때 필자가 항상 염두에 두는 것이 있다. 상대방이 경매 물건에 대해 얼마만큼 파악하고 있는지를 첫 만남에서 떠보는 일이다. 필자의 경험에 의한 노하우 중 하나다. 많은 사람들이 상대방도 내가 아는 만큼 혹은 그 이상 경매에 대해 잘 알고 있으리라고 생각하지만, 실제로는 그렇지 않은 경우가 더 많다. 그만큼 일반인들이 경매에 대해 잘 모르고 있다. "제가 이 땅과 건물을 경매로 낙찰받은 사람입니다. 여기 거주하시는 분과 얘기를 좀 나누려고 왔습니다."

"그래요? 이상하네. 건물은 우리 건데, 어떻게 건물까지 낙찰받았지?"

이 대답만으로 상대방은 이미 토지만 경매로 매각되었다는 것과 건물의 소유권에 대해 대체로 명확하게 이해하고 있다는 게 파악된 셈이다. 다음은 상대방이 경매 이후의 상황에 어느 정도 준비가 되었는지 알아보는 질문이다.

"그렇다면 이 집 사장님하고 구체적으로 얘기를 나누어야 하니까 사장님 연락처 좀 알려주십시오."

이렇게 물으면 준비가 잘 되어 있는 사람은 바로 연락처를 알려준다. 그런 사람은 이미 낙찰자와의 협상을 기다리고 있는 사람이다. 그렇다면 상대방이 고수 혹은 전문가 수준이라는 걸 염두에 두고 협상에 임해야 한다. 그런데 여자의 반응이 좀 다르다.

"알고 있어도 가르쳐드리기는 좀 그런데요."

이런 류의 대답은 아직 낙찰자와 어떻게 협상해야 할지 준비가 덜 되어 있는 사람들에게서 주로 나오는 반응이다.

"그럼 아저씨가 들어오면 낙찰받은 사람이 찾아왔더라고 전해주시고 연락 좀 부탁드리겠습니다."

첫날은 이렇게 연락처만 남겨두고 물러났다. 대개 이런 경우 당일 저녁이나 그 다음 날에는 연락이 온다. 하지만 열흘이 지났는데도 연락이 없었다. 이런 경우는 상대방이 대개 건물은 내 소유이니 토지만 낙찰받은 네가 마음대로 해보라는 식의 소위 '막무가내'로 나올 가능성이 높다.

이쯤 되면 플랜 B를 고민해야 한다. 시급한 문제는 명도다. 건물을 낙찰받지 못했기 때문에 인도명령의 대상이 아니다. 인도명령이나 명도 판결이 난다하더라도 지금 살고 있는 거주자들이 막무가내로 버티면 명도 자체가 쉽지 않을 수도 있다.

하지만 우리는 건물의 법정지상권이 성립하지 않는다는 걸 알고 있다. 건물을 철거해달라는 소송을 제기하면 소유권을 가져오는 데는 지장이 없다. 철거 때까지 지료를 내라는 요구도 함께한다. 상대방이 1년 이상 끌면서 건물 철거도 않고, 지료도 내지 않고 버티면 어떻게 하나? 미지급 지료를 채권 삼아 건물만 경매로 다시 내놓으면 누구도 응찰하기가 어려워 매각가격은 떨어지기 마련이다. 최대한 떨어졌을 때 토지 소유주가 낙찰받으면 건물의 소유권을 가져올 수 있다. 이러한 대안이 있으므로 안전판은 마련되어 있는 셈이다. 문제는 시간이 오래 걸린다는 것뿐이다. 다시 한 번 강조하지만 경매는 현금에서 부동산, 부동산에서 현금으로 순환하는 사이클이 빨라야 수익을 최대화할 수 있다. 같은 돈으로 사이클을 한번 도는 것과 두 번 도는 것은 두 배 이상의 수익 차이가 난다.

그렇게 마음의 준비를 하고 있을 즈음 부여에서 전화가 왔다.

"경매 건으로 전화를 해달라고 해서 전화 드립니다."

부여의 집에 살고 있는 여자의 남편이 그제서야 전화를 걸어온 것이다.

"아, 네. 이번 금요일 부여에 한번 내려갈까 하는데 그때 만나서 이야기할 수 있겠습니까?"

"네, 알겠습니다. 제가 택시 운전을 하는데 그날 마침 비번이니까 오후 6시쯤 집에서 보는 걸로 하시죠."

그렇게 해서 낙찰자 두 명과 함께 금요일에 부여로 내려갔다. 부부를 만나 자리에 앉자마자 단도직입적으로 얘기했다.

"저도 서울에서 회사 다니다가 얼마 전에 정년퇴직을 했습니다. 시골에 내려와 전원주택에 살고 싶은데, 가진 돈이 많지 않아서 고민하던 중에 마침 싼 땅이 경매로 나와 낙찰받았습니다. 저는 집을 새로 지을 예정이어서 이 집은 필요 없습니다. 죄송하지만 집을 허물고 나가주셔야겠습니다."

그렇게 얘기했더니 집주인이 차분하게 말을 받았다.

"저희들은 보시다시피 생활보호 대상자입니다. 집도 아주 낡은 옛날 집인데 작년에야 겨우 천만 원을 들여서 창문 다 바꾸고, 화장실과 부엌도 입식으로 바꿨습니다."

그의 얘기를 들어보니 그들은 장애인과 생활보호대상으로 지정되어 있는데 부여군으로부터 지원을 받아 주택 일부를 개량한 모양이었다.

"땅이 경매로 팔렸다는 얘기를 듣고 생활보호를 담당해주는 공무원을 만나서 상담을 해보았습니다. 담당 공무원이 서류를 다 떼보더니 자기들이 도와줄 수 있는 게 하나도 없다고 하더군요. 낙찰받은 쪽에서 집을 허물고 나가라고 하면 허물고 나가는 수밖에 다른 방법이 없다는 걸 알았습니다. 법이 그렇다는 걸 알게 되긴 했지만, 현실은 그렇지가 못하네요. 제가 가진 게 없어서 언제 어떻게 나가겠다는 약속을 해드릴 수가 없습니다. 죄송합니다."

나는 돈이 없으니까 알아서 하라는 얘기를 이렇게 점잖고 차분하게 하는 사람이 사실은 협상하기가 훨씬 어렵다. 차라리 마음대로 하라면서 고함지르고 욕설을 퍼붓는 쪽이 상대하기가 더 쉽다. 이럴 땐 협상 카드 하나만 슬쩍 내보이고 얼른 자리를 떠는 게 좋다.

"저도 돈이 없지만, 사장님도 어려우신 것 같으니까 여기 낙찰자 두 분이 100만 원씩 해서 200만 원을 만들어드릴테니 이사비로 쓰십시오."

나는 두 낙찰자를 번갈아 바라보며 그렇게 말했다. 그랬더니 두 사람이 고개를 끄덕였다.

"다음 주에 다시 내려 올테니까 이사를 언제 어떻게 나갈지 알려주시면 이사 나가는 당일에 200만 원을 드리도록 하겠습니다. 계획을 잘 세워주십시오."

그러고 나서 자리에서 일어났다. 서울로 올라오는 차 안에서 두 여자들이 쑤군대면서 이런저런 얘기를 나누고 있었다. 그러다가 둘이 나한테 막 화살을 돌렸다.

"교수님, 돈 버는 것도 좋지만, 마음이 너무 짠하고 안 좋네요."

그러자 다른 수강생이 한술 더 뜬다.

"맞아요, 교수님. 사람이 어떻게 그래요? 200만 원이 뭐예요? 한 500만 원은 준다고 그러셔야지."

비용을 아껴주려다 나만 나쁜 사람 된 꼴이다.

'컨설팅 비용도 후하게 좀 쳐주지.'

그런 얘기를 나누며 서울로 올라왔다.

잔금은 이사 가는 날 지급하라

일주일이 지나 두 사람과 함께 다시 부여로 내려갔다.

"일주일 지났는데, 한번 생각해보셨습니까?"

집주인이 말했다.

"200만 원을 이사비로 주신다니 정말 고맙게 생각합니다."

그렇게 말해놓고 잠시 말을 멈추었다가 다시 말을 이었다.

"그런데, 200만 원 가지고 집을 얻으려다 보니까 도저히 엄두가 나지 않아서 아직 못 얻고 있습니다."

나는 낙찰받은 두 수강생이 전에 했던 말이 기억나서 다시 제안했다.

"그럼, 여기 두 사람이 100만 원씩 더 내서 전부 400만 원 드리는 걸로 할테니 계획을 다시 세워보십시오."

그 말을 들은 집주인이 막 승낙할 것 같은 찰나, 부인이 막고 나섰다.

"400만 원도 감사하긴 한데요. 나가서 알아보니 1,000만 원 아니면 이사 갈 집을 못 구하겠더라구요."

그 말을 듣고 필자가 나섰다.

"저희가 이 땅을 낙찰받은 게 2,600만 원입니다. 2억 6,000만 원 짜리 땅을 샀다면 그렇게 드리지요. 겨우 2,600만 원짜리 땅을 낙찰받은 사람한테 1,000만 원을 달라고 하면 말이 됩니까?"

"아니, 이 넓은 땅을 2,600만 원에 받았단 말이에요?"

여자는 매입 가격을 듣고선 정말 놀라는 시늉을 했다.

나는 마지막으로 500만 원을 제안했다.

"500만 원을 받고 이사를 가신다면 드리고, 싫다고 하신다며는 이제 저는 어쩔 수 없이 법에 의뢰해서 강제집행할 수 밖에 없습니다."

사실 강제집행하겠다고 엄포를 놓긴 했지만, 앞서 말한대로 명도 과정이 그리 순탄하지는 않을 것이다. 그렇다 하더라도 협상을 저렇게 끌려가게 둘 순 없었다. 그제서야 집주인이 말했다.

"500만 원을 주신다면 나가겠습니다."

이 답변으로 드디어 협상은 마무리된 셈이다. 하지만 중요한 문제가 하나 남아 있다. 건물에 대한 법정지상권은 없다 하더라도 건축물 관리대장과 등기부등본상 여전한 집주인은 상대방이다. 이젠 그 소유권을 탈 없이 넘겨받아야 한다.

나는 여전히 건물을 허물 것처럼 말했다.

"이 건물이 법정지상권이 없다고 하더라도 제 마음대로 건물을 허물 수는 없습니다. 이사비 500만 원으로 건물 매매 계약서를 썼으면 합니다. 오늘 50만 원을 드리고, 이사 나가는 날 450만 원을 드릴테니, 그날 건물 등기 이전에 필요한 인감증명을 준비해주십시오."

이렇게 얘기하자, 집주인은 잠깐 생각에 잠기는 듯 했다. 나는 매매 계약서 운운에 다시 저쪽의 마음이 바뀌는가 싶어 조마조마했다. 그가 말했다.

"계약금으로 300만 원을 오늘 주시면 안 되겠습니까?"

나는 그 말에 안도하면서 두 낙찰자를 돌아보았다. 다행히 한 사람이 현금으로 300만 원을 준비해왔다.

"그렇다면 300만 원을 오늘 계약금으로 드릴테니 두 달 안에 나가는 걸로 해주십시오. 날짜를 정해주면 그날 잔금과 함께 서류를 넘겨받도록 하겠습니다."

그렇게 그 자리에서 계약서를 쓰고선 서울로 돌아왔다.

그런데 사흘 뒤 부여에서 전화가 걸려왔다.

"우리 내일 이사 가니까 잔금 주세요."

전화를 받고선 깜짝 놀랐다.

'이렇게 빨리 이사를 나가주다니!'

나중에 알고 보니 이 사람들은 이미 이사 갈 곳과 날짜를 정해놓고 있었던 것이다. 그래놓고선 낙찰자를 상대로 협상을 벌여 이사비를 최대한 받아낸 것이다.

사실 명도 과정에서 낙찰자가 점유자에게 지급하는 이사비 혹은 위로금은 우리나라의 경매 문화에서 생겨난 관행이다. 어느 법에도 이런 규정은 없다. 이 협상을 두고도 여러분 중에 누군가는 매각 규모에 비해 이사비가 지나치게 많다고 생각하는 사람도 있을 것이고, 그렇게 빨리 집을 비워줬는데 적다고 생각하는 사람도 있을 것이다. 법적 근거도 없는 이사비는 애초부터 지급해서는 안 된다고 생각하는 사람도 있을 것이다. 모두 맞는 말이다. 명도는 법률과 현실 사이에 존재하는 엄연한 실체다. 명도에 대한 철학이나 기준은 앞으로 경험을 통해 여러분들이 만들어가야 한다.

마지막으로 등기를 넘겨받는 과정에서 재미있는 일이 있어서 소개하고자 한다. 이사비 잔금을 치르고 인감 증명 등 서류를 갖춰 등기소에 갔더니 집주인이 직접 와야 한다는 것이다. 토지와 소유권이 분리되어 있는데다 건물이 오래 되어 혹시 서류를 위조했나 싶어 본인 확인이 필요하다는 것이다. 그래서 집주인에게 50만 원을 더 주고, 등기소에 함께 가서 건물을 넘겨받았다. 등기관이 본인 확인을 하면서 작성한 '확인 조서'(사진)와 특기 사항이 특히 기억에 남는다.

'150센티미터 50킬로그램. 흰머리가 많고 짧은 머리이며 눈이 큰 약간 작은 체구임.'

얼마나 위조와 가짜에 시달렸으면 저랬을까 싶었다.

그렇게 무사히 등기를 넘겨받은 뒤 토지와 건물의 소유권을 통합해 그대로 부동산 중개업소에 내놓았다. 중개업소에서 사흘 만에 전화가 왔다.

"6,000만 원에 파시겠습니까?"

그 가격에 안 팔 이유가 있겠는가. 이번 건은 그렇게 속전속결로 종결되었다.

2013 타경 27×× 충청남도 부여군 초촌면 진호리 ××

2013 타경 27 (강제)		매각기일 : 2014-03-31 10:00~ (월)		경매3계 041-746-2783	
소재지	(323-961) 충청남도 부여군 초촌면 진호리				
물건종별	임야	채권자	경기신용보증재단	감정가	51,164,000원
토지면적	1749㎡ (529.07평)	채무자	최■수	최저가	(51%) 26,196,000원
건물면적	건물 매각제외	소유자	최■수	보증금	(10%) 2,620,000원
제시외면적		매각대상	토지만매각	청구금액	15,155,007원
입찰방법	기일입찰	배당종기일	2013-08-26	개시결정	2013-05-27

기일현황   ▽ 전체보기

회차	매각기일	최저매각금액	결과
신건	2013-12-16	51,164,000원	유찰
2차	2014-01-20	40,931,000원	유찰
3차	2014-02-24	32,745,000원	유찰
4차	2014-03-31	26,196,000원	매각
	낙찰 26,558,000원(52%)		
	2014-04-07	매각결정기일	허가
	2014-05-15	대금지급기한	납부
	2014-06-20	배당기일	완료
	배당종결된 사건입니다.		

🔍 매각물건 주변 지적도

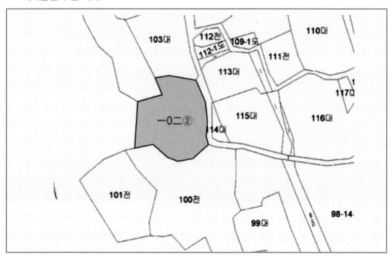

🔍 매각물건 건물사진

🔍 진호리 산×× 토지

등기사항전부증명서(말소사항 포함) - 토지

[토지] 충청남도 부여군 초촌면 진호리 산   고유번호 1643-1996-543958

【 표 　 제 　 부 】		(토지의 표시)			
표시번호	접 수	소 재 지 번	지 목	면 적	등기원인 및 기타사항
1 (전 1)	1970년9월9일	충청남도 부여군 초촌면 진호리 산	임야	1단보	
					부동산등기법 제177조의 6 제1항의 규정에 의하여 2001년 11월 08일 전산이기
2		충청남도 부여군 초촌면 진호리 산	임야	992㎡	면적단위 환산으로 인하여 2008년6월26일 등기

【 갑 　 구 】			(소유권에 관한 사항)	
순위번호	등 기 목 적	접 　 수	등 기 원 인	권 리 자 및 기 타 사 항
1 (전 1)	소유권보존	1970년9월9일 제8402호		소유자 최　규 부여군 장암면 석동리 3 법률제2111호에 의함 부동산등기법 제177조의 6 제1항의 규정에 의하여 2001년 11월 08일 전산이기
2	압류	2007년10월2일 제14967호	2007년10월1일 압류(세무과 17039)	권리자 부여군

고유번호 1643-1996-543958

순위번호	등 기 목 적	접 수	등 기 원 인	권 리 자 및 기 타 사 항
3	소유권이전	2008년6월26일 제10873호	1977년5월2일 상속	소유자 최██수 530407-1██████ 경기도 성남시 분당구 정자동 121 상록마을 310-4██ 법률 제7500호에 의하여 등기
4	2번압류등기말소	2009년10월14일 제15646호	2007년10월2일 해제	
5	가압류	2011년11월28일 제16347호	2011년11월25일 수원지방법원의 가압류결정(2011카단108██)	청구금액 금15,000,000 원 채권자 경기신용보증재단 수원시 영통구 이의동 90██ 경기중소기업종합지원센터 2-3층 (소관:성남지점)
6	가압류	2013년2월21일 제4333호	2013년2월21일 수원지방법원의 가압류결정(2013카단15██)	청구금액 금17,217,615 원 채권자 한국주택금융공사 서울 중구 남대문로5가 6-1 (소관:경기남부지사)
7	강제경매개시결정(5번가압류의 본압류로의 이행)	2013년5월27일 제9120호	2013년5월27일 대전지방법원 논산지원의 강제경매개시결정(2013 타경27██)	채권자 경기신용보증재단 130122-0002██ 경기도 수원시 영통구 이의동 906-5 경기중소기업종합지원센터 2-3층 (성남지점)

진호리 1××번지 토지

등기사항전부증명서(말소사항 포함) - 토지

[토지] 충청남도 부여군 초촌면 진호리 1██

고유번호 1643-1996-047426

【 표 제 부 】 (토지의 표시)

표시번호	접 수	소 재 지 번	지목	면 적	등기원인 및 기타사항
~~1~~ (~~전 1~~)	~~1920년3월31일~~	~~충청남도 부여군 초촌면 진호리 1██~~	~~대~~	~~229평~~	
					부동산등기법 제177조의 6 제1항의 규정에 의하여 2001년 11월 08일 전산이기
2		충청남도 부여군 초촌면 진호리 1██	대	757㎡	면적단위 환산으로 인하여 2008년6월26일 등기

【 갑 구 】 (소유권에 관한 사항)

순위번호	등 기 목 적	접 수	등 기 원 인	권 리 자 및 기 타 사 항
1 (전 1)	소유권이전	1936년10월29일 제2747호	1936년3월10일 매매	소유자 최██섭 부여군 장암면 석동리 3██ 부동산등기법 제177조의 6 제1항의 규정에 의하여 2001년 11월 08일 전산이기
2	소유권이전	2008년6월26일 제10874호	1977년5월2일 상속	소유자 최██수 530407-1██████ 경기도 성남시 분당구 정자동 121 상록마을 310-4██ 법률 제7500호에 의하여 등기

열람일시 : 2014년03월27일 18시16분23초

1/3

🔍 일반 건축물 대장

■ 건축물대장의 기재 및 관리 등에 관한 규칙 [별지 제1호서식] <개정 2014.1.14>

일반건축물대장(갑)

장번호: 1 - 1

| 고유번호 | 4476045030-1-01020000 | 명칭 | | 특이사항 | |

| 대지위치 | 충청남도 부여군 초촌면 진호리 | 지번 | 1번 | 도로명주소 | 충청남도 부여군 초촌면 소호로 12번길 |

※대지면적	m²	연면적	70.4 m²	※지역		※지구		※구역	
건축면적	70.4 m²	용적률산정용연면적	70.4 m²	주구조	목조	주용도	주택	층수	지하 층/지상 1층
※건폐율	%	※용적률	%	높이	m	지붕		부속건축물	동 m²
								승강기 1기	
조경면적	m²	공개 공지 또는 공개 공간의 면적	m²	건축선 후퇴면적	m²	건축선 후퇴거리			m

건 축 물 현 황

구분	층별	구조	용도	면적(m²)
주1	1층	목조	주택	52.9
주1	1층	흙벽돌	주택	17.5
		- 이하여백 -		

소 유 자 현 황

성명(명칭) 주민(법인)등록번호 (부동산등기용등록번호)	주소	소유권지분	변동일 변동원인
박□석 630406-1******	논산시 광석면 천동리 27□-□	/	1998.06.23 소유권이전
- 이하여백 -			

이 등(초)본은 건축물대장의 원본내용과 틀림없음을 증명합니다.

발급일자 : 2014년 04월 07일
담당자 : 최□문(민원봉사과)
전 화 :

이천시장

※ 표시 항목은 총괄표제부가 있는 경우에는 적지 않습니다.
※ 이 장은 전체 2페이지 중에 1페이지 입니다.

297mm×210mm [일반용지 60g/m²(재활용품)]

부동산 매매 계약서

아래 부동산에 대하여 매도인과 매수인은 합의하여 다음과 같이 매매계약을 체결한다.

1.부동산의 표시

소 재 지	충남 부여군 초촌면 진호리 1█ 번지						
토 지	지 목			면 적			m²(평)
건 물	구 조	목조,흙벽돌	용 도	면 적	70.4		m²(평형)

2.계약내용

제1조 [매매대금 및 지급시기] ①매도인과 매수인은 지불시기를 다음과 같이 약정한다.

매매대금	一金		(W█	)			
계 약 금	一金		(W█	)은 계약시에 지불하고 영수함.	영수자	박 █ 서	㉑
중 도 금	一金			원정은	년 월	일에 지불하며	
	一金			원정은	년 월	일에 지불한다.	
잔 금	一金		(W█	)은 20█4년 9월 /4일에 지불한다.			
융 자 금	一金		(W	)은 매수인이 상환한다.			

제2조 [소유권이전] 매도인은 매매대금의 잔금을 수령함과 동시에 소유권 이전등기에 필요한 모든 서류를 교부하고 위 부동산을 인도하여야 한다.

제3조 [제한권 등 소멸] 매도인은 소유권의 행사를 제한하는 사유나 공과금 기타 부담금의 미납이 있을 때에는 잔금수수 이전까지 그 권리의 하자 및 부담등을 제거하여 완전한 소유권을 이전하여야 한다. 다만, 달리 약정한 경우에는 그러하지 아니하다.

제4조 [제세공과금] 위 부동산에 관하여 발생한 수익과 조세공과금 등의 부담금은 부동산의 인도일을 기준으로 하되 그의 그전일까지의 것은 매도인에게 그 이후의 것은 매수인에게 각각 귀속한다. 단, 지방세 납부의무 및 납부책임은 지방세법의 규정에 따른다.

제5조 [부동산의 인도] ①매도인은 계약당시 매매물건에 부속하는 수목·정원·문·담장 등 기타건물에 부속물·시설일체를 인도하여야 한다. ②매도인은 위 부동산에 대하여 폐기 등을 처리하고 통상적인 청소를 하고 난 후에 인도하여야 한다. 다만, 달리 약정한 경우에는 그러하지 아니하다.

제6조 [계약의 해제] 매수인이 매도인에게 계약당시 계약금 또는 보증금 명목으로 금전이나 물건을 교부한 때에는 다른 약정이 없는 한 중도금(중도금약정이 없을 때는 잔금)을 지불하기 전까지 매도인은 계약금의 배액을 상환하고 매수인은 계약금을 포기하고 이 계약을 해제할 수 있다.

제7조 [채무불이행과 손해배상] 매도인 또는 매수인이 본 계약상의 내용에 대하여 불이행이 있을 경우 그 상대방은 불이행한자에 대하여 서면으로 최고하고 계약을 해제할 수 있으며, 계약해제에 따른 손해배상을 상대방에게 청구할 수 있다.

특약사항

1. 약 2개월 이내 이사하기로 한다

2. 이사 후 잔금 지급하기로 한다

3. 매수인 지분 ½로 한다

본 계약에 대하여 매도인과 매수인은 이의 없음을 확인하고 각자 서명·날인 후 매도인, 매수인이 각 1통씩 보관한다.

20█4년 5월 12일

매도인	주 소	충남 부여군 초촌면 진호리 (█				印
	주민번호		전화	010-████	성명	박 █ 서
매수인	주 소	서울시 노원구 광운로2가길 22,가동3█호 (월계동,삼창아파트)				
	주민번호	██████-███████	전화	010-3██-████	성명	황 █ 현
매수인	주소	서울시 중랑구 동일로 169길 41,103동 6██호(묵동,동구햇살아파트)				印
	주민번호	██████-███████	전화	010-5███-1█	성명	김 █ 주

확 인 조 서

1. 등기할 부동산의 표시
   [건물] 부여군 초촌면 소호로 12■[진호리 1■]

2. 등기의무자 :
   성명(명칭) : 박■석
   (주민)등록번호 : 630406-■■■■■
   주   소 : 충남 부여군 초촌면 소호로 12■■

3. 신청서 접수 : 2014년 05월 21일 제67■■호

4. 등기의 목적 : 소유권이전

5. 첨부서면 :
   주민등록사본, 외국인등록증사본, 국내거소신고증사본, 여권사본, 운전면허증사본
6. 특기사항 :
   152센치미터 50킬로그램 흰머리가 많고 짧은머리이며 눈이 큰 약간 작은 체구임

7. 우무인 :

   위 첨부서면의 원본에 의하여 등기의무자 본인임을 확인하고 「부동산등기규
   칙」 제111조 제1항의 규정에 따라 이 조서를 작성함.

   2014년 05월 21일

   대전지방법원 부여등기소
   등기관

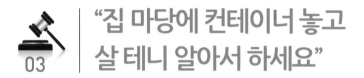

"집 마당에 컨테이너 놓고 살 테니 알아서 하세요"

2014 타경 52×× 하동군 금성면 가덕리 6××(건물 전체 + 토지 지분 10/75)

2014 타경 52■■ (강제)		물번2 [유찰] ▼		매각기일 : 2015-10-19 10:00~ (월)		경매5계 055-760-3255	
소재지	(52353) 경상남도 하동군 금성면 가덕리 6■■ [도로명주소] 경상남도 하동군 경제산업로 33■■(금성면)						
물건종별	주택	채권자		농협은행		감정가	34,066,600원
지분토지	81.1㎡ (24.53평)	채무자		김■숙외1명		최저가	(64%) 21,802,000원
건물면적	79㎡ (23.9평)	소유자		김■숙외8명		보증금	(10%)2,181,000원
제시외	39.3㎡ (11.89평)	매각대상		토지지분/건물전체매각		청구금액	12,688,915원
입찰방법	기일입찰	배당종기일		2014-07-28		개시결정	2014-05-09

공유자가 복잡하게 얽힌 지분

2015년 가을, 필자가 경남 진주에서 현지 공인중개사 모임을 대상으로 실전 경매 특강을 할 때였다. 경매 특강을 할 때마다 필자가 빼놓지 않고 강조하는 것 중 하나가 '좋은 땅'보다는 '돈 되는 땅'을 고르라는 것이다. 그 특강에서도 그런 요지의 강의를 하고 나서 말미에 "단지 돈이 없을 뿐 돈 되는 물건은 많다"는 말을 덧

붙였다. 그랬더니 수강생 중 한 명이 그렇다면 다음에 내려올 때 실제로 물건을 한번 골라달라는 요청을 해왔다. 이론은 그쯤에서 접어두고 실력을 한번 보여달라는 요청인 셈이다. 이번 물건은 이렇게 실전 공부 삼아 급하게 골랐던 물건이다.

서울에 올라와 일주일 만에 진주 인근에서 수익이 될 만한 경매 물건 다섯 개를 골랐다. 일반인들이 들어오기엔 까다로운 소위 '특수물건' 위주로 고른 뒤 그 다음주에 수강생들과 함께 현장 답사를 갔다. 그중 세 개에 입찰해서 한 개는 놓치고 두 개의 물건을 낙찰받았는데, 이번 물건은 그 두 개 가운데 하나다.

이번 사례는 2015년 10월 경남 하동군 금성면에 나온 지분 경매 물건이다. 앞서 말한 대로 역지분 구조로 '토지는 지분, 건물은 전체'가 경매로 나왔다. 건물은 $79m^2$(24평) 전부가 매각 대상이고, 토지는 전체 $608m^2$(184평)의 75분의 10인 $81m^2$(24평)만 매각 대상이었다. 이러한 지분 구조는 위험부담이 크기 때문에 가급적 피해야 한다고 앞에서도 강조했지만, 이번에 추천을 하게 된 건 공유자 가족이 복잡하게 얽혀 있었기 때문이다. 먼저 채무자는 K씨(여)와 Y씨 두 사람이며, 공유자는 이들 두 사람 외에 여섯 명이 더 있다. 등기부등본을 살펴보면 Y씨가 일곱 명, K씨가 한 명, S씨가 한 명으로 출생 연도를 감안해 유추해보면 시아버지와 며느리, 아버지 형제와 자손들로 짐작되는 복잡한 관계의 친척들이 공유자로 얽혀 있었다. 공유자의 지분 구조가 이처럼 복잡할 경우 낙찰자를 상대로 일사불란하게 대응해오는 것이 현실적으로 어렵다. 그래서 지난번처럼 공유자들로부터 지분을 매입해 전부를 다시 매각할 여지가 있을 것으로 보고 이 물건을 추천했던 것이다.

매각 가격도 3,400만 원에서 두 차례 유찰을 거쳐 2,100만 원으로 떨어진 것을 공인중개사들이 들어가 낙찰받았다. 잔금 치르고 등기 이전을 한 후에 연락하라고 했더니 한 달 뒤 잔금을 치렀다고 연락이 왔다. 공인중개사 네 명과 만나 채무자의 집으로 찾아갔다. 집에 도착해서 문을 두드리니 대학생 쯤으로 보이는 젊은 남자가 나왔다. 채무자 두 명 가운데 젊은 쪽인 Y씨로 짐작되었다. 이 집 낙찰받은 사람인데, 어머님 뵈러 왔다고 했더니 곧 채무자 K씨가 집에서 나왔다. 낙찰받은 사람이라고 소개했더니 그녀가 냉랭한 목소리로 대꾸했다.

"댁들이 건물이 앉은 저 땅만 낙찰받았죠?"

여자는 주택을 손으로 가르키며 그렇게 말했다

"네, 그렇습니다."

여자가 여전히 냉랭하게 말했다.

"그럼, 나머지 땅은 댁들 땅이 아니죠?"

"네, 그렇습니다."

"그럼 집은 내드릴 테니 쓰시고, 나는 저 마당에다 컨테이너 갖다 놓고 살 테니까 간섭하지 마세요."

첫 대화를 그렇게 끝낸 우리 일행은 일단 집을 나왔다. 협상 대상자와 첫 대화를 나누어보면 앞으로 협상을 어떻게 끌고 가야 할지 방향이 대략 정해진다.

먼저 인도 명령부터 신청해두라고 요청했다. 여기서 한 가지 알아두어야 할 점은 과반수 이하의 지분으로는 부동산을 점유하고 있는 채무자나 임차인을 대상으로 인도 명령을 신청할 수 없다. 하지만 이번 사례처럼 건물 전체와 토지 일부를 낙찰받은 경우 건물을 점유하고 있는 채무자를 대상으로 인도 명령을 신청할 수 있다.

다음 할 일은 나머지 공유자들에게 땅을 팔 의사가 있는지 알아보는 일이다. 공인중개사들은 그날 의논한 일들을 순서대로 실행에 옮겼다. 곧 연락이 왔다. 공유자 지분 매입 건과 관련해 75분의 15로 그 중 가장 많은 지분을 가진 공유자와 협상을 벌였다는 것이다. 이런 협상을 벌일 때는 토지 지분이 가장 적은 사람부터 만나는 게 좋다고 순서를 다시 정해주었다. 왜냐하면 이런 협상이 벌어지면 대개 지분을 많이 가진 사람은 그 부동산을 자기 재산의 일부로 여기기 때문에 협상이 쉽지 않다. 지분이 적은 사람은 그 다지 큰 재산으로 여기지 않을 수 있어 이쪽에서 제안하는 협상을 받아들이기가 훨씬 용이하다.

그렇게 해서 75분의 4의 지분을 갖고 있는 공유자 Y양을 만나 땅을 팔 수 있는지 물었다. 우리 쪽에서 제안한 평당 가격이 워낙 낮았기 때문에 이 협상은 곧 결렬되고 말았다. 공인중개사들은 이 지역의 평당 시세를 잘 알고 있어서 필자가 제안한 가격이 터무니없이 낮다면서 조바심을 냈지만, 필자는 좀 더 기다려보라고 일러두었다. 나머지 땅을 인수하는 것이 유일한 해결방안이 아닐 수도 있기 때문이다. 다른 해결방안이 보이면 굳이 나머지 지분을 시세대로 사들일 필요는 없지 않은가.

예상대로 얼마 지나지 않아 인도명령의 효력이 나타났다. 우리 쪽에서 접수한 인도 명령이 떨어져 결정문이 채무자에게 송달된 모양이었다. 이번엔 채무자의 형부되는 사람으로부터 연락이 왔다. 새로운 협상자가 나타났다는 건 좋은 신호다. 공인중개사 일행들과 함께 형부를 만났다. 만나자마자 형부가 물었다.

"단도직입적으로 얘기하겠습니다. 얼마 드리면 건물과 지분을 팔겠습니까?"

짐작했던 대로였다. 딱한 처지에 놓인 처제를 위해 형부가 나선 것이다. 지분 경매에서 필자가 늘 해오던 방식대로 감정가에 100만 원만 더 얹어주면 된다고 했더니 그 자리에서 계약이 이루어졌다.

이번 건은 '역지분' 구조임에도 운 좋게 공유자 가족에게 매각해 단기간에 수익을 실현할 수 있었다.

이번 사례에서 몇 가지 다시 짚어볼 사항이 있다. 먼저 75분의 10 밖에 안되는 지분이라도 전체 공유물을 좌지우지할 수 있는 권한이 있음을 알아야 한다. 물론 이번 경우는 건물까지 낙찰받았기 때문에 인도 명령 대상이 될 수 있었다. 지분 경매는 인도명령이 아니더라도 공유물 분할 소송이나 건물철거 소송처럼 공유자 혹은 공유자 가족을 협상 테이블로 끌어낼 수 있는 무기가 많다는 사실을 명심해두자.

또 한 가지는 감정가의 64%에 응찰한 점이다. 감정가의 64%는 자칫 잘못하면 수익을 실현하기가 어려울 수 있다는 걸 지적해두고자 한다. 이런 유형의 물건은 절반 정도까지 떨어졌을 때 들어가는 것이 안전하다. 이번 사례에서는 다행히 채무자의 형부가 나서서 물건을 매입해주었지만, 이러한 '흑기사'가 늘 등장하는 것은 아니다. 그렇지 않을 경우 공유물 분할청구 소송으로 가거나 상대방 공유자의 지분을 사들여야 하는데, 이런 경우 수익을 장담하기가 쉽지 않다. 공유물 분할청구 소송으로 전체 물건을 경매로 내놓을 경우 대개 60~80%에서 낙찰이 이루어진다. 만약 60% 선에서 낙찰될 경우 소송을 제기한 쪽에선 오히려 손해를 보게 되므로 가급적 더 저렴한 가격에 받아두는 게 안전하다.

2014 타경 52×× 경상남도 하동군 금성면 가덕리 6××

2014 타경 52■ (강제)		물번2 [유찰] ▼		매각기일 : 2015-10-19 10:00~ (월)			경매5계 055-760-3255
소재지	(667-931) 경상남도 하동군 금성면 가덕리 6■ [도로명주소] 경상남도 하동군 경제산업로 33■ (금성면)						
물건종별	주택	채권자		농협은행		감정가	34,066,600원
지분토지	81.1㎡ (24.53평)	채무자		김■숙외1명		최저가	(64%) 21,802,000원
건물면적	79㎡ (23.9평)	소유자		김■숙외8명		보증금	(10%)2,181,000원
제시외	39.3㎡ (11.89평)	매각대상		토지지분/건물전체매각		청구금액	12,688,915원
입찰방법	기일입찰	배당종기일		2014-07-28		개시결정	2014-05-09

기일현황 ⊙ 입찰41일전

회차	매각기일	최저매각금액	결과
신건	2015-08-03	34,066,600원	유찰
2차	2015-09-07	27,253,000원	유찰
3차	**2015-10-19**	**21,802,000원**	

| 모의입찰가 | 0 원 | 입력 | ? |

🔍 주요 등기사항 요약(참고용)

토지지분 10/75

주요 등기사항 요약 (참고용)

[주 의 사 항]
본 주요 등기사항 요약은 증명서상에 말소되지 않은 사항을 간략히 요약한 것으로 증명서로서의 기능을 제공하지 않습니다.
실제 권리사항 파악을 위해서는 발급된 증명서를 필히 확인하시기 바랍니다.

[토지] 경상남도 하동군 금성면 가덕리 64 대 608㎡　　　　고유번호 1947-1996-076739

1. 소유지분현황 (갑구)

등기명의인	(주민)등록번호	최종지분	주　　　　　소	순위번호
김 숙 (공유자)	621016-*******	75분의 6	하동군 금성면 가덕리 64	2
서 덕 (공유자)	611111-*******	75분의 6	진주시 상대동 310-8 동진주아파트 가동 1 호	2
윤 특 (공유자)	880718-*******	75분의 6	하동군 금성면 가덕리 64	2
윤 의 (공유자)	490901-*******	75분의 15	합천군 청덕면 앙진리 679-	2
윤 남 (공유자)	440720-*******	75분의 10	하동군 하동읍 광평리 172-	2
윤 선 (공유자)	470124-*******	75분의 10	하동군 금성면 고포리 460-	2
윤 미 (공유자)	860301-*******	75분의 4	진주시 상대동 310-8 동진주아파트 가동 1 호	2
윤 남 (공유자)	391014-*******	75분의 10	하동군 금성면 갈사리 332-	2
윤 선 (공유자)	811016-*******	75분의 10	양산시 물금읍 범어리 682-1 현대아파트 101동 12 호	2

2. 소유지분을 제외한 소유권에 관한 사항 (갑구)

순위번호	등기목적	접수정보	주요등기사항	대상소유자
3	가압류	2005년11월28일 제17906호	청구금액 금5,430,132원 채권자 농림수산업자신용보증기금관리기관농업협동조합중앙회	김 숙 등
4	가압류	2005년11월30일 제18016호	청구금액 금12,169,746원(채무자 김 숙 금7,301,848원, 채무자 윤 특 금4,867,898원) 채권자 금남농업협동조합	김 숙 등
6	가압류	2005년12월2일	청구금액 금47,860,082원(김 숙 금28,710,060원, 윤 특	김 숙 등

건물 전체

주요 등기사항 요약 (참고용)

[주 의 사 항]
본 주요 등기사항 요약은 증명서상에 말소되지 않은 사항을 간략히 요약한 것으로 증명서로서의 기능을 제공하지 않습니다.
실제 권리사항 파악을 위해서는 발급된 증명서를 필히 확인하시기 바랍니다.

[건물] 경상남도 하동군 금성면 가덕리 6　　　　고유번호 1947-2006-002136

1. 소유지분현황 (갑구)

등기명의인	(주민)등록번호	최종지분	주　　　　　소	순위번호
김 숙 (공유자)	621016-*******	5분의 3	경상남도 하동군 금성면 가덕리 6	1
윤 특 (공유자)	880718-*******	5분의 2	경상남도 하동군 금성면 경계산업로 336-	1

2. 소유지분을 제외한 소유권에 관한 사항 (갑구)

순위번호	등기목적	접수정보	주요등기사항	대상소유자
2	가압류	2006년8월23일 제12049호	청구금액 금11,997,278원 채권자 금남농업협동조합	김 숙 등
3	가압류	2006년8월28일 제12206호	청구금액 채무자 김 숙 금29,277,947원, 채무자 윤 특 금19,618,632원 채권자 농림수산업자신용보증기금관리기관농업협동조합중앙회	김 숙 등
4	강제경매개시결정	2014년5월9일 제7492호	채권자 농림수산업자신용보증기금관리기관농업협동조합중앙회	김 숙 등
6	가압류	2014년7월18일 제11638호	청구금액 금19,923,421 원(채무자 김 숙에 대하여 금11,964,063원, 채무자 윤 특에 대하여 금7,969,368원) 채권자 금남농업협동조합	김 숙 등

3. (근)저당권 및 전세권 등 (을구)
- 기록사항 없음

'역지분' 구조도
돈이 되네요

04

2013 타경 59×× 부여군 염천면 탑산리(토지지분 1××/10×× 건물 전체)

2013 타경 59■ (임의)		매각기일 : 2014-10-13 10:00~ (월)		경매1계 041-746-2781	
소재지	(323-921) 충청남도 부여군 임천면 탑산리 4■■ [도로명주소] 충청남도 부여군 탑산로1■번길 ■(임천면)				
물건종별	주택	채권자	남부여농업협동조합	감정가	33,107,040원
지분토지	165㎡ (49.91평)	채무자	허■철	최저가	(51%) 16,951,000원
건물면적	99.42㎡ (30.07평)	소유자	허■철외1명	보증금	(10%)1,696,000원
제시외면적	포함 : 75㎡ (22.69평) 제외 : 127.5㎡ (38.57평)	매각대상	토지지분/건물전체매각	청구금액	17,580,413원
입찰방법	기일입찰	배당종기일	2014-02-10	개시결정	2013-11-08

'토지 지분 – 건물 전체'는 위험하다

이번엔 지금까지와는 다른 지분 구조의 경매 물건을 살펴보자. 2014년 충남 부여군에 위치한 부동산이 건물은 전체, 토지는 지분으로 경매에 나왔다. 건물은 비교적 최근에 지어진 것으로 99㎡(30평) 전체가 나온 반면, 토지는 전체 1,064㎡(321평) 가운데 20분의 3가량인 165㎡(50평)만 나온 것이다. 3,300만 원이었던 최초 감정가가 세 차례 유찰 끝에 절반가량인 1,600만 원까지 떨어졌다.

가격이 절반이나 떨어졌다고 해서 꼭 좋은 물건은 아니다. 경매 가격이 떨어질 때는 그만한 이유가 있기 마련이다. 결론부터 말하자면 지분 경매에서 이러한 지분 구조는 굉장히 위험하다. 만약 토지만 이 정도의 지분으로 나오고 건물은 포함되지 않았다면 전형적인 지분 경매 유형으로 투자를 고려해볼 만하다. 하지만 낙찰받은 사람이 더 많은 지분을 갖게 되는 이러한 '역지분' 구조는 나머지 토지지분 공유자로부터 건물을 허물고 나가라는 소송을 거꾸로 당할 수 있다. 매우 효율적인 협상 무기 하나를 상대방에게 건네주고 거래를 시작하는 것과 마찬가지다. 말하자면 칼자루가 아니라 칼 끝을 붙잡고 협상을 벌이는 형국이 되고 만다.

확실한 해결방안이 보이지 않으면 이런 물건은 피하는 게 좋다. 필자도 토지는 지분, 건물은 전체 매각과 같은 '역지분' 구조는 거의 추천하지 않는다. 어쩌다 스무 개 중에 하나 꼴로 추천하고 있을 정도다. 하지만 나머지 지분권자가 여러 명일 경우 지분권자들이 똘똘 뭉쳐 대항해오는 일은 실제로 드물다. 게다가 공유자들이 경매를 전문으로 하지 않는 사람이라면 이러한 까다로운 법률적 절차를 파악하고 실행한다는 게 결코 쉬운 일이 아니다. 또한 물건을 고를 때 전문가들이 느끼는 '감'이라는 것도 있다. 전적으로 감에 의존해서는 안되지만 요즘 유행하는 일종의 빅데이터라고 보면 될 것 같다. 수많은 경매 물건을 처리하면서 유형별로 수많은 데이터가 쌓이다 보니 빅데이터 형식의 판단 정보가 자연스럽게 생겨난 것이다.

그렇게 해서 이번 물건을 추천했는데, 대전에 거주하는 수강생 P씨가 1,900만 원에 낙찰받았다. 이 물건을 자세히 들여다보면 도로 입구 쪽에 새로 지은 집이 지어져 있고, 안쪽으로 창고와 사람이 거주하지 않는 낡은 주택이 자리하고 있다. 토지 건물 등기부등본을 살펴보면 해당 부동산은 3대에 걸쳐 상속이 이루어졌다는 걸 짐작해볼 수 있다. 새 주택은 아버지가 할아버지로부터 토지를 상속받은 후 지은 것인데, 그 후 약간의 빚을 남겨놓고 사망한 상태였다. 아버지가 남겨놓은 빚 때문에 주택 전체와 주택이 깔고 앉아 있는 토지 지분만 경매로 나온 것이다.

이 물건으로 수익을 내는 방법은 토지를 분할하거나, 아니면 나머지 지분을 사들여 매각하는 방법 밖에 없다. 낙찰받은 집과 지분 토지를 저쪽에서 감정가 이상으로 매입해가는 시나리오는 현실적으로 불가능하기 때문이다.

협상을 위해 낙찰받은 물건의 공유자를 찾아갔다. 현장에 갔더니 40대 초반쯤 되어 보이는 여자가 밭일을 하고 있었다. 여자는 중학교와 초등학교에 다니는 자녀 셋을 두었고, 남편이 빚을 남겨놓고 죽는 바람에 생계를 책임져야 할 딱한 처지에 놓여 있다는 걸 나중에 알게 되었다. 잠시 얘기를 나눌 수 있겠냐고 물었더니, 자기는 먹고 살려면 이 일을 해야 한다면서 듣고 있으니 얘기해보라고 했다. 그래서 단도직입적으로 물었다.

"혹시 나머지 땅 파실 생각 없으세요?"

"그 얘기 할 줄 알고 있었어요. 평당 10만 원 주면 팔게요. 그리고 앞으로 더 이상 귀찮게 하지 마세요."

협상이 생각보다 쉽게 성사될 것 같았다. 함께 갔던 P씨도 평당 10만 원 해서 3,000만 원에 나머지 땅을 매입하겠다고 그 자리에서 약속했다. 나머지 지분을 사서 전체를 부동산 중개업소를 통해 매각하는 원래 계획대로 진행하겠다는 것이다.

3개월쯤 지나서 P씨를 만났다. 당연히 나머지 땅을 매입했겠거니 하고 물었더니 아직 매입하지 못했다는 것이다. 사연을 들어보니 그 집 땅이 손자 셋에게 제대로 상속이 이루어지지 않아 물건을 넘겨받지 못하고 있었다. 할아버지가 죽고 나서 아버지의 형제자매들이 땅을 공동으로 상속받았는데, 일부가 상속권을 포기하지 않는 바람에 매입이 늦어지고 있었다. 그 집안 식구들끼리 상속 문제를 정리하는 데만 6개월이 더 걸렸다. P씨 명의로 등기 이전을 완료한 뒤 물건을 다시 매각하는 데 또 6개월이 소요되어 이번 물건을 현금화하는 데 1년이 넘게 걸렸다. 시일이 오래 걸리긴 했어도 초기 낙찰비용과 나머지 토지 매입 가격을 포함해 전부 5,000만 원을 투자해 8,500만 원에 팔았으니 나쁘지 않은 수익률인 셈이다.

부동산 공유 지분의 매입과 매각은 이처럼 예상치 못한 위험 요소가 곳곳에 도사리고 있다. 예상치 않았던 형제 자매간 상속권 분쟁이 일어나면 이번 사례처럼 매입이나 매각까지 오랜 시일이 걸리기도 한다. 3,000만 원가량의 부동산 지분을 놓고도 이처럼 상속권 분쟁이 일어나는데, 여기에 0이 하나가 더 붙는다면 그 처리가 더 쉽지 않았을 것이다.

2013 타경 59×× 충청남도 부여군 임천면 탑산리 49×-×

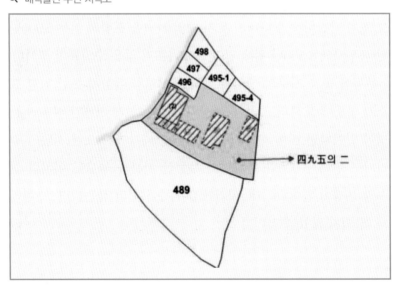

열기	대전지방법원 논산지원	대법원바로가기	법원안내		가로보기	세로보기	세로보기(2)	세로보기(3)

2013 타경 59██ (임의)		매각기일 : 2014-10-13 10:00~ (월)		경매1계 041-746-2781
소재지	(323-921) 충청남도 부여군 임천면 탑산리 49██ ██ [도로명주소] 충청남도 부여군 탑산로1██번길 ██(임천면)			
물건종별	주택	채권자	남부여농업협동조합	감정가	33,107,040원
지분토지	165㎡ (49.91평)	채무자	허██철	최저가	(51%) 16,951,000원
건물면적	99.42㎡ (30.07평)	소유자	허██철외1명	보증금	(10%)1,696,000원
제시외면적	포함 : 75㎡ (22.69평) 제외 : 127.5㎡ (38.57평)	매각대상	토지지분/건물전체매각	청구금액	17,580,413원
입찰방법	기일입찰	배당종기일	2014-02-10	개시결정	2013-11-08

기일현황 ▼전체보기

회차	매각기일	최저매각금액	결과
신건	2014-04-21	33,107,040원	유찰
2차	2014-08-04	26,486,000원	유찰
3차	2014-09-15	21,189,000원	유찰
4차	2014-10-13	16,951,000원	매각
낙찰19,720,000원(60%)			
	2014-10-20	매각결정기일	허가
	2014-11-18	대금지급기한	납부
	2014-12-19	배당기일	완료
배당종결된 사건입니다.			

🔍 매각물건 주변 지적도

토지 지분 1××/10××

주요 등기사항 요약 (참고용)

[주 의 사 항]

본 주요 등기사항 요약은 증명서상에 말소되지 않은 사항을 간략히 요약한 것으로 증명서로서의 기능을 제공하지 않습니다.
실제 권리사항 파악을 위해서는 발급된 증명서를 필히 확인하시기 바랍니다.

[토지] 충청남도 부여군 임천면 탑산리 49■-■ 대 1064㎡

고유번호 1643-1996-731868

1. 소유지분현황 (갑구)

등기명의인	(주민)등록번호	최종지분	주 소	순위번호
허■월 (공유자)	620215-1******	1064분의 166	부여군 임천면 탑산리 49■-■	2
허■무 (공유자)	181119-1******	1064분의 899	부여군 임천면 탑산리 6■-■	1

2. 소유지분을 제외한 소유권에 관한 사항 (갑구)

순위번호	등기목적	접수정보	주요등기사항	대상소유자
3	가압류	2012년7월4일 제8930호	청구금액 금54,642,000 원 채권자 중도석유주식회사	허■월
6	소유권이전청구권가등기	2012년9월11일 제12786호	가등기권자 나■계	허■월
7	가압류	2012년11월6일 제16270호	청구금액 금4,671,906 원 채권자 부여축산업협동조합	허■월
8	가압류	2012년11월6일 제16282호	청구금액 금36,341,943 원 채권자 농업협동조합중앙회	허■월
11	임의경매개시결정	2013년11월8일 제16822호	채권자 남부여농업협동조합	허■월

3. (근)저당권 및 전세권 등 (을구)

순위번호	등기목적	접수정보	주요등기사항	대상소유자
1 (전 3)	근저당권설정	1997년12월30일 제18061호	채권최고액 금22,400,000원 근저당권자 임천농업협동조합	허■월

건물 전체

주요 등기사항 요약 (참고용)

[주 의 사 항]

본 주요 등기사항 요약은 증명서상에 말소되지 않은 사항을 간략히 요약한 것으로 증명서로서의 기능을 제공하지 않습니다.
실제 권리사항 파악을 위해서는 발급된 증명서를 필히 확인하시기 바랍니다.

[건물] 충청남도 부여군 임천면 탑산리 496-■

고유번호 1643-1996-058937

1. 소유지분현황 (갑구)

등기명의인	(주민)등록번호	최종지분	주 소	순위번호
허■월 (소유자)	620215-1******	단독소유	부여군 임천면 탑산리 496-■	1

2. 소유지분을 제외한 소유권에 관한 사항 (갑구)

순위번호	등기목적	접수정보	주요등기사항	대상소유자
2	가압류	2012년7월4일 제8930호	청구금액 금54,642,000 원 채권자 중도석유주식회사	허■월
4	소유권이전청구권가등기	2012년9월11일 제12786호	가등기권자 나■계	허■월
6	가압류	2012년11월6일 제16270호	청구금액 금4,671,906 원 채권자 부여축산업협동조합	허■월
7	가압류	2012년11월6일 제16282호	청구금액 금36,341,943 원 채권자 농업협동조합중앙회	허■월
10	임의경매개시결정	2012년11월5일 제16822호	채권자 남부여농업협동조합	허■월

3. (근)저당권 및 전세권 등 (을구)

순위번호	등기목적	접수정보	주요등기사항	대상소유자
1 (전 1)	근저당권설정	1997년12월30일 제18061호	채권최고액 금22,400,000원 근저당권자 임천농업협동조합	허■월

건축물 관리대장 = 허광철

■ 건축물대장의 기재 및 관리 등에 관한 규칙 [별지 제1호서식]

일반건축물대장(갑)

고유번호	4476041030-1-04950■■■		민원24접수번호	20130701 - 36080■■■		명칭			특이사항	
대지위치	충청남도 부여군 임천면 탑산리		지번	495-■		도로명주소	충청남도 부여군 임천면 탑산로1■번지			
※대지면적	1,064 ㎡	연면적	99.42 ㎡	지역	준농림지역		지구		※구역	
건축면적	99.42 ㎡	용적율산정용연면적	99.42 ㎡	주구조	경량철골조		주용도	주택	층수	지하 층/지상
※건폐율	9.34 %	※용적율	9.34 %	높이	m		지붕		부속건축물	
공작 공작 면적(합계)	㎡	공개 공지 면적	㎡	건축물 조경면적		㎡	공용보행통로 면적	건축선 후퇴 면적	그 밖의 면적	

건축물현황					소유자현황				
구분	층별	구조	용도	면적(㎡)	성명(명칭) 주민(법인)등록번호 (부동산신고번호)	주소	소유권 지분	변동일자 변동원인		
주1	1층	경량철골조	주택	99.42	허광철 520215-1******	탑산리 495-■번지	/	1997.12		
		- 이하여백 -			- 이하여백 - - 이 건축물대장은 한소유자만 표시된 것입니다.			소유자등		

이 등(초)본은 건축물대장의 원본 내용과 틀림없음을 증명합니다.

발급일자 : 2013년 07월 01일
담당자 : 민원봉사과
전 화 : 041 - 830 - 2074

충청남도 부여군수

※ 표시 항목은 총괄표제부가 있는 경우에는 기재하지 아니합니다.
※ 이 장은 전체 2페이지 중에 1페이지 입니다.

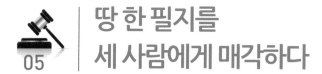

05 | 땅 한 필지를 세 사람에게 매각하다

2014 타경 138×× 안성시 일죽면 신흥리 7××(토지만 매각)

2014 타경 138█ (강제)		매각기일 : 2015-08-17 10:00~ (월)			경매2계 031-650-3109
소재지	(456-914) 경기도 안성시 일죽면 신흥리 7█ [도로명주소] 경기도 안성시 두문동길 22-█ (일죽면)				
물건종별	대지	채권자	농협은행	감정가	135,096,000원
토지면적	866㎡ (261.96평)	채무자	서█훈	최저가	(49%) 66,197,000원
건물면적		소유자	서█훈	보증금	(10%)6,620,000원
제시외	제외 : 264.5㎡ (80.01평)	매각대상	토지만매각	청구금액	100,038,784원
입찰방법	기일입찰	배당종기일	2014-12-31	개시결정	2014-09-24

협상 주선에 나선 마을 이장

이번 건은 컨설팅을 하면서 꽤 속앓이를 했던 물건이다. 여러 가지 이유가 있었는데, 그중 하나가 내부 경쟁이다. 수강생들끼리 낙찰 경쟁을 하는 바람에 2,000만 원이나 높은 가격에 물건을 매입한 것이다. 뒤에 설명하겠지만, 물건을 처리하는 과정에서도 작은 일이 꼬여서 큰일이 되기도 하면서 상당히 고생을 했던 기억이 난다. 먼저 어떤 물건인지 살펴보자.

2015년 6월, 경기도 안성에 있는 대지 $866m^2$(262평)가 경매로 나왔다. 매각 가격이 1억 3,500만 원에 시작해서 두 번 유찰된 뒤, 49%인 6,600만 원까지 떨어졌다. 항공사진을 보면 대지 위에 집이 두 채가 세워져 있고, 가운데로 현황 도로가 대지를 지나고 있다. 주택 두 채는 매각에서 제외되어 토지만 경매에 나온 것이다. 두 채 모두 법정지상권이 성립하는 건물들이다. 이런 물건은 건축법은 물론, 도로법, 지적법 등 관련 법률을 훤히 꿰뚫고 있지 않으면 수익을 내기가 어렵다. 바둑으로 치면 정석과 행마를 깨친 고급 실력자라도 처리가 쉽지 않은 물건이다. 꽤 수익이 되겠다 싶어 수강생들에게 소개했다.

경매 기일을 하루 앞두고 한 수강생이 얼마 정도 쓰면 좋을지 물어왔다. 역시 물건이 어려워 다른 사람들은 별 관심이 없나 보다 하고 그냥 최저가에 100만 원 정도만 더 쓰면 될 것 같다고 알려 주었다. 다음 날 그 수강생은 떨어지고, 최저가보다 무려 2,000만 원이나 많은 8,700만 원을 써 낸 다른 사람이 최고가매수 신고인이 되어 물건을 낙찰받았다. 알고 보니 낙찰자는 다른 수강생 P씨였다. 돈이 되겠다 싶었는지 필자에게 알리지 않고 들어가 2,000만 원이나 더 써냈던 것이다. 2,000만 원을 더 높게 써도 감정가보다는 여전히 5,000만 원가량 낮기 때문에 잘만 처리하면 여전히 그 차액 정도의 수익을 낼 수 있는 물건이다. 하지만 일반인들은 들어올 엄두를 못 내고 있는 물건에 우리 내부 경쟁으로 2,000만 원가량 손해를 보게 되어 속이 상할 수밖에 없었다.

몇 주 후 P씨로부터 경매 잔금을 치렀다는 연락을 받고 해당 주택으로 찾아갔다. 먼저 왼쪽에 있는 집부터 들어갔다. 젊은 사람이 나오길래 어른 계시냐고 했더니 40대 중반쯤 되어 보이는 남자가 집안에서 나왔다. 낙찰받은 사람이라고 소개하자 남자는 필자의 팔을 끌고 도로쪽으로 나오더니 얘기를 시작했다.

"사실은 여기 있는 땅이 전부 제 소유였는 데, 5년 전에 암에 걸리는 바람에 일을 못하다 보니까 이렇게 경매까지 당하게 되었습니다. 지금은 암이 거의 다 나아서 다시 일을 시작하려고 합니다. 그래서 말인데, 웬만하면 제가 직접 집을 지은 이 땅을 다시 사고 싶습니다. 도와주십시오."

사연은 안타까웠지만, 협상의 관점에서 보면 출발이 좋은 셈이다.

"좋습니다. 그렇게 해드리겠습니다."

"그렇게 해주신다니 감사합니다. 그런데 이제 막 일을 시작하려고 하다 보니 가진 돈이 없습니다."

"땅을 사신다면 시세에서 10% 가량 깎아드리겠습니다. 그리고 계약금 일부만 내시면 잔금을 조금씩 갚을 수 있도록 편의를 봐 드리죠. 약속만 어기지만 않는다면 1년까지도 기다릴 수 있습니다."

그랬더니 연신 고맙다며 인사했다. 그렇게 길옆에 서서 대화를 주고받고 있는데, 누군가가 자전거를 타고 지나가다가 큰 소리로 물었다.

"거기, 누구여?"

해질 무렵에 도착해 얘기를 나누다 보니 벌써 날이 어둑어둑해져 있었다. 동네 사람은 맞는데 어두워서 누군지 확신을 못하는 듯

한 목소리였다. 그러자 맞은 편 남자가 말했다.

"이장님, 접니다. 그리고 이분은 제 땅을 낙찰받은 분인데, 땅값을 깎아 주면서 제가 다시 사기로 했습니다."

남자가 그렇게 말하자, 이장이라는 사람이 자전거에서 내려 우리 쪽으로 다가와 나의 손을 덥석 붙잡더니 자기 일처럼 고마워했다.

"어이구, 감사합니다. 제가 이 마을 이장입니다. 그렇게만 해주신다면 저 오른쪽 집에도 얘기해서 땅을 사게 하고, 저 가운데 도로도 사 드릴 테니 염려 마십시오."

이장은 오른쪽은 물론이고, 한 술 더 떠서 도로까지 사주겠다고 나섰다.

'굳이 도로까지 사 갈 필요는 없는데….'

이렇게 선뜻 나서주는 이장이 고맙기는 하지만 모른 척하고 도로까지 팔아야 하나 생각에 잠깐 망설였다. 이 도로는 사유지 여부와 관계없이 이미 마을의 현황 도로로 사용되고 있어 굳이 도로 사용자들이 매입할 필요가 없다.(*필자는 도로와 건축에 관해 많은 정보와 풍부한 경험을 갖고 있으며, 이와 관련한 다양한 사례들을 모아《이것이 진짜 도로 경매다》라는 책을 발간했다) 이장의 선심에 일부러 찬물을 끼얹을 필요가 뭐 있겠나 싶어 그의 하는 양을 그냥 지켜보기로 작정했다. 아니나 다를까 이장이 이번엔 내가 물어야 할 질문을 대신 해주었다. 얼마에 팔 생각이냐는 것이다.

"제가 조사해보니까 이 마을 대지는 평당 60만 원 정도 하는 거 같습니다. 거기서 좀 깎아서 55만 원 정도면 어떨까 싶네요."

그랬더니 이장이 또 나섰다.

"아, 모르시는 말씀이에요. 작년에 저 안쪽에 외지 사람이 들어와 집을 지었는데, 평당 50만 원에 땅을 샀어요. 60만 원이 아니라 50만 원입니다. 그러니까 50만 원에 10% 깎아서 45만 원으로 하면 서로한테 딱 좋을 거 같습니다."

우리 쪽에서 평당 20만 원가량 들여서 매입했으니까 평당 45만 원에 팔아도 훌륭한 거래다. 거기다가 덤으로 도로까지 그 가격에 매입해준다면 더할 나위 없는 거래가 되는 셈이다. 나는 못이기는 척하며 말했다.

"그러시다면 할 수 없죠. 그 가격에 팔아야지요."

그 말에 이장이 자기 일처럼 좋아했다. 예기치 않은 이장의 주선으로 협상이 척척 마무리되어가고 있을 무렵 저쪽에서 경운기 한 대가 덜컹거리며 우리 쪽으로 다가왔다. 이장은 경운기를 보더니 "마침 오른쪽 집주인이 들어오네" 하면서 그쪽에 소리를 질렀다.

"어이, 김씨. 여기 땅 낙찰받은 사람인데 땅을 싸게 팔아주기로 했어. 얼른 와서 인사해."

나는 오늘 일이 제대로 풀리려나 보다 하고 그 사람과 인사할 채비를 했다. 그런데 경운기를 몰고 오던 김씨라는 사람이 경운기를 세우더니 입을 열었다. 목소리에 냉기가 가득했다.

"그렇지 않아도 내가 얼마에 낙찰받았나 하고 봤는데, 보니까 평당 20만 원에 낙찰받았더만. 그 가격이나 그 이하가 아니면 난 못 줘."

김씨는 그렇게 말하며 경운기를 세워두고 집안으로 들어가 버렸다. 어쩐지 일이 술술 풀린다 했더니 그 자리서 난관 하나를 만나고 말았다. 우리가 낙찰받은 가격이나 그 이하에 사가겠다면 협상이 될 리가 만무했다. 이장한테 저분하고는 말이 통하지 않을 거 같다고 했더니 이장이 또 넉살 좋게 나섰다.

"허허, 저 사람이 아직 뭘 잘 몰라서 그래. 내가 알아서 다 얘기할 테니까 신경 쓰지 말아요."

"네, 알겠습니다. 그럼, 전 45만 원에 파는 걸로 알고 가보겠습니다. 저분하고 얘기가 잘 끝나면 연락 주십시오."

그렇게 인사를 하고 돌아서는데 이장이 자신 있게 덧붙였다.

"제가 알아서 도로까지 다 얘기해놓고 곧 연락드리겠습니다."

이 정도까지 협상을 진행하려면 적어도 두세 번은 더 내려와야 하지만, 넉살 좋은 이장 덕분에 일이 쉽게 풀릴 수 있을 것 같았다. 게다가 도로까지 얹어서 팔아준다고 하니….

토지 분할 비용까지 떠넘기다

일주일 뒤에 정말로 이장한테서 연락이 왔다. 얘기가 다 끝났으니 계약을 하자는 것이다. 그래서 부랴부랴 해당 토지의 현황 측량에 나섰다. 왼쪽 집과 오른쪽 집, 그리고 가운데 도로의 정확한 넓이를 측정하기 위해서였다. 현황 측량이 나오자 그걸 들고 다시 현장을 찾아갔다. 이장이 주선한대로 각자의 평수만큼 평당 45만 원에 매입하는 걸로 합의했다. 일이 쉽게 풀려나가나 싶더니 문제는 다음에 일어났다.

집주인과 도로 사용자들에게 토지를 팔기 위해선 해당 토지를 세 필지로 분할해야 한다. 토지 분할 자체도 어려운 문제일 뿐 아니라 얼마 되지 않는 그 비용을 놓고 자칫 일이 꼬일 위기에 처한 것이다. 먼저 토지를 분할하기 위해선 도로에 대한 개발행위 허가를 받아야 한다. 현지 토목설계사에 물어보니 개발행위 허가에 필요한 토목 비용이 150만 원이라는 것이다. 이 얘기를 낙찰받은 P씨에게 전했더니 2,000만 원 높게 낙찰받은 건 생각지도 않고 내가 평당 45만 원으로 깎아줬기 때문에 토목 비용을 사는 쪽에서 부담하게 해달라는 것이다. 거래 관행상 이런 경우는 토지를 파는 쪽에서 부담하는 게 맞지만 P씨가 그렇게 고집을 피우며 어려운 숙제 하나를 던져주었다. 할 수 없이 그 숙제를 안고 계약서를 쓰러 P씨와 함께 현장으로 갔다.

계약 상대방은 네 명이었다. 집을 지어 땅을 쓰고 있는 두 사람과 가운데 도로를 사용하고 있는 안쪽의 다른 두 집 해서 모두 네 명이 나와 있었다. 두 집주인은 측량한 평수대로 땅을 매입하기로 했고, 가운데 도로는 네 집이 분담해서 매입하는 것으로 모든 합의가 끝났다. 남은 문제는 토목 비용이었다. 내가 토목 비용에 대해 설명했다.

"자, 이 땅을 분할해야 하는데, 분할을 하려면 토목 비용이 200만 원 들어갑니다. 도로를 쓰고 있는 네 분이 각자 50만 원씩 해서 200만 원을 내야 합니다."

나누기가 편리해 150만 원 대신 200만 원을 불렀다. 그랬더니 그중 한 사람이 왜 50만 원을 우리가 내야 하냐면서 펄쩍 뛰었다.

그 바람에 다른 사람들도 한 사람이 못 내면 우리도 못 낸다면서 버티기 시작했다.

"그렇다면 사는 쪽과 파는 쪽이 각각 100만 원씩 내는 걸로 합시다."

나는 다시 그렇게 제안했다. 그러자 이런 돈은 파는 사람이 내야지, 사는 사람이 왜 내냐면서 따졌다. 앞에서도 얘기했지만 거래 관행상 그 사람의 지적이 맞는 말이다. 이런 사소한 욕심 때문에 자칫 큰 틀의 협상이 깨질 수도 있다는 걸 P씨에게 보여주는 것도 나쁘지 않겠다 싶어 내가 말했다.

"그럼 오늘 계약은 없던 걸로 합시다."

그러고선 쓰고 있던 계약서를 가방에 집어넣고선 자리에 일어서려고 했다. 그러자 P씨도 당황하는 눈치였지만 누구보다 더 당황하는 사람은 이장이었다. 이장은 이날도 어떤 사명감을 갖고 협상을 주선하는 듯했다.

"이 사람들 왜 이리 성질들이 급해?"

이장이 다급하게 나서서 분위기를 다시 정돈했다. 그러더니 파는 쪽에서 땅을 싸게 팔아줬고, 또 분담금도 줄여줬으니 도로를 사용하는 사람들이 각자 50만 원씩만 내라고 설득을 해서 깨질 뻔한 합의가 겨우 마무리되었다.

토지 분할이 이렇게 힘든 건가

그렇게 계약서를 쓰고 나서 토지 분할에 들어갔다. 그 과정도 우여곡절이 많았다. 토지 분할과 같은 행정절차는 경매를 하면서 종종 겪게 되는 업무여서 알아두면 실제로 많은 도움이 된다. 이번 건에서는 어떠한 어려움을 겪었는지 한번 살펴보자.

이런 토지를 분할할 때 가장 중요한 점은 두 주택의 건폐율과 용적률이다. 토지가 분할되면 넓이가 줄기 때문에 줄어든 토지에 대한 기존 주택의 건폐율과 용적률이 건축법 규정에 맞아야 지적 분할이 가능하다. 필자는 두 주택의 주인에게 토지를 분할해 파는 것이 수익 실현의 관건이라는 점을 알고선 응찰 전에 건축과에 들러 건폐율과 용적률을 미리 확인해보았었다. 담당자가 항공사진을 보고 나서 토지를 분할해도 두 주택의 용적률에 문제가 없다는 점을 확인해주었다.

그렇게 해서 현지의 토목설계사에 토지 분할을 맡겼던 것이다. 얼마 뒤 토목설계사로부터 전화가 왔다.

"교수님, 담당자 누구랑 얘기했습니까?"

"무슨 일인데요?"

"도시개발과에 갔더니 토지를 못 잘라준다고 하는데요."

그 전화를 받고선 가슴이 철렁 내려앉았다. 무슨 이유인지는 몰라도 지적 분할이 되지 않으면 지금까지 협상이 모두 허사가 되고 말기 때문이다. 그래서 할 수 없이 내가 직접 내려갔다.

"토목설계사에 맡긴 지적 분할 건 때문에 왔습니다. 왜 그 토지가 분할이 안 된다는 건가요?"

그랬더니 도시개발과 담당자가 이 토지가 대지로 되어 있는데, 아무런 사유 없이 토지 분할은 못하게 되어 있다는 것이다. 여기서 알아야 할 점은 토지 분할은 도로 개설에 의한 분할이나 공공용지 개발을 위한 분할 등 관련 법률이 정하고 있는 사유 외에는 매우 엄격하고 다루고 있다는 점이다. 분할 신청을 한다고 해서 무조건 분할해주는 게 아니라는 얘기다. 필자가 다시 항공사진을 보면서 물었다.

"여기 항공사진 잠깐 봅시다. 이걸 보면 토지를 그냥 사유 없이 자르는 겁니까, 아니면 도로를 내기 위해 자르는 겁니까?"

그러고선 도로를 개설하기 위한 토지 분할은 개발행위 허가를 통해 분할해주게끔 되어 있다는 규정을 상기시켜주었다. 그랬더니 담당자가 사진을 살펴보더니 말했다.

"그렇네요. 토목설계사가 그냥 잘라달라고 신청을 해서 안 된다고 했죠."

그러면서 도로 개설을 위한 토지 분할로 다시 신청해달라고 했다. 다시 토목설계 사무소를 찾아가 도로 개설을 위한 지적 분할로 다시 신청해야 한다고 설명하고선 두 집주인의 도로사용 승낙서를 첨부해 다시 신청했다. 얼마 뒤 토목설계사로부터 개발행위 허가가 났다면서 연락이 왔다.

이젠 다 끝났나 싶었더니 이번 건은 마지막까지 속을 썩혔다. 개발행위 허가증을 받으려면 반드시 이행보증보험증권을 제출해야 한다. 도로 개설을 전제로 한 개발행위 허가인만큼 만약 개발을 하다가 중단되었을 경우에 대비한 이행을 보험으로 보증하는 것이다. 보험료가 1만 5,000원 밖에 안 되지만 본인이 아니면 안 된다는 바람에 한바탕 난리를 겪어야 했다. 신청자가 두 집주인 명의로 되어 있는데, 집으로 가서 두 사람 모두를 만나 데려온다는 보장도 없을 뿐더러 그런 일로 두 사람을 오고 가게 하는 것도 사회적 낭비라는 생각에 그 방안은 일찌감치 포기했다. 게다가 이번 개발 행위는 도로를 신규로 개설하는 것이 아니라 이미 도로가 나 있는 상태이기 때문에 공사가 중단될 염려가 없는 건이다. 이런 점을 들어 해당 관청에 따졌다가 담당자가 끝까지 행정편의로 맞서는 바람에 시장실과 감사관실까지 찾아가는 소동을 벌여야 했다. 감사관실에서 개발행위 신청서를 보여주며 다시 설명했다.

"이행보증보험증권을 끊는데 본인이 직접 오라는 겁니다. 여기 신청자를 보면 두 사람인데, 한 사람은 주민번호가 31로 시작합니다. 나이가 이렇게 연로한 사람을 보험증권 하나 때문에 앰뷸런스 태워서 와야 합니까?"

그랬더니 감사관의 말이 더 기가 막혔다.

"저는 1만 5,000원 보험료 안 내려고 그러시는 줄 알았죠. 진작에 말씀하시지."

그런 곡절 끝에 허가증을 받아 지적과에서 지적 분할을 무사히 마칠 수 있었다.

되돌아보면 이번 건은 일반인들이 처리하기엔 상당히 무리가 따르는 물건이다. 하지만 건축, 도로, 지적 등 경매 사건과 밀접한 이러한 규정들을 하나씩 익혀나가는 것이 중요하다. 무엇보다 비교적 저렴하고 간단한 물건을 골라 낙찰받은 뒤 직접 처리해보아야 한다. 그렇게 경험을 쌓다 보면 자신감이 생기기 시작한다. 경매 법정에 앉아 낙찰 과정을 지켜보면 누구나 다 하는 아파트는 20~30명씩 응찰해 치열하게 경쟁한다. 낙찰 가격도 감정가를 훌쩍 넘기기 일쑤다. 하지만 복잡하고 어려운 물건일수록 경쟁자가 적다. 그러다 보면 낙찰 가격도 감정가의 절반 언저리에서 받기도 한다. 이번 건이 바로 그런 물건이다.

2014 타경 138×× 경기도 안성시 일죽면 신흥리 7××

2014 타경 138██ (강제)		매각기일 : 2015-08-17 10:00~ (월)			경매2계 031-650-3109	
소재지	(456-914) 경기도 안성시 일죽면 신흥리 7██ [도로명주소] 경기도 안성시 두문동길 22██(일죽면)					
물건종별	대지	채권자	농협은행		감정가	135,096,000원
토지면적	866㎡ (261,96평)	채무자	서██춘		최저가	(49%) 66,197,000원
건물면적		소유자	서██춘		보증금	(10%)6,620,000원
제시외	제외 : 264,5㎡ (80,01평)	매각대상	토지만매각		청구금액	100,038,784원
입찰방법	기일입찰	배당종기일	2014-12-31		개시결정	2014-09-24

기일현황

회차	매각기일	최저매각금액	결과
신건	2015-06-08	135,096,000원	유찰
2차	2015-07-13	94,567,000원	유찰
3차	2015-08-17	66,197,000원	매각
박██진/입찰3명/낙찰87,000,000원(64%) 2등 입찰가 : 67,250,000원			
	2015-08-24	매각결정기일	허가

🔍 매각물건 주변 지적도

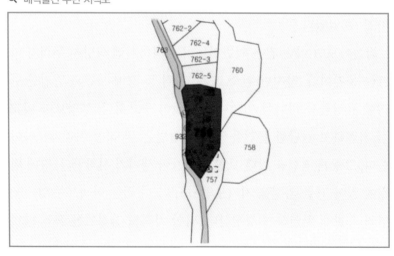

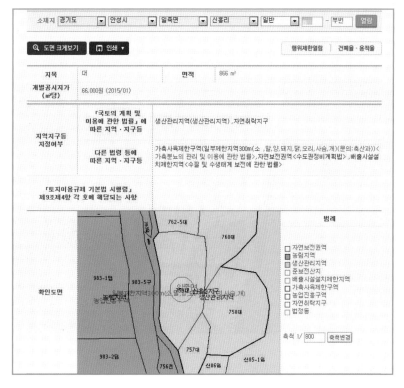

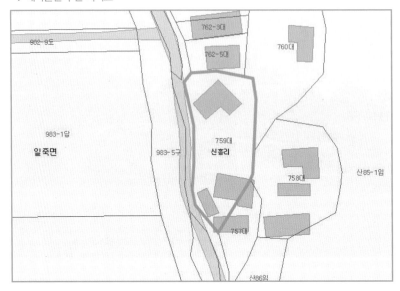
매각물건 주변 지적도

매각물건 주변 항공사진

지적현황측량 성과도

토 지 소 재	· 안성시 일죽면 신흥리 7■번지 외 2 필		축 척	
측 량 자	2015년 9월 11일	측량성과도 작 성 자	2015년 9월 11일	
	지적기사 이 ■ 윤 (인)		지적기사 표 ■ 경 (인	

현 황 표 시

범 례	명 칭
———	의뢰인지정선
아래빈칸	

759 대(ㄱ)

(ㄴ)

(ㄷ)

면 적 표 시

지번 부호	면적(㎡)
759(ㄱ)	526
(ㄴ)	75
(ㄷ)	265
759	866
아래빈칸	

지적현황측량 결과도에 의하여 작성하였습니다.

2015년 9월 11일

한국국토정보공사 안성시지사장 ■■

비 고	이 측량성과도는 측량에 사용할 수 없습니다.

🔍 **토지분할 후 지적도**

소재지	경기도 안성시 일죽면 신흥리 일반 7██		
지목	대 ❓	면적	526 m²
개별공시지가 (m²당)	67,700원 (2016/01)		
지역지구등 지정여부	「국토의 계획 및 이용에 관한 법률」에 따른 지역·지구등	생산관리지역(생산관리지역) , 자연취락지구	
	다른 법령 등에 따른 지역·지구등	가축사육제한구역(일부제한지역)<가축분뇨의 관리 및 이용에 관한 법률> , 자연보전권역<수도권정비계획법> , 배출시설설치제한지역<수질 및 수생태계 보전에 관한 법률>	
	「토지이용규제 기본법 시행령」 제9조제4항 각 호에 해당되는 사항		
확인도면			

확인도면

범례

06 "법은 권리 위에 잠자는 자의 권리를 보호하지 않는다"

2012 타경 66×× 부여군 옥산면 수암리(토지만 3/4 지분 매각)

2012 타경 66■■ (강제)		매각기일 : 2014-03-17 10:00~ (월)		경매1계 041-746-2781	
소재지	(33206) 충청남도 부여군 옥산면 수암리 15■ 외2필지				
물건종별	전	채권자	농협은행	감정가	44,319,000원
지분토지	975㎡ (294.94평)	채무자	김■ 완외2명	최저가	(41%) 18,153,000원
건물면적		소유자	김■ 완외3명	보증금	(10%)1,816,000원
제시외면적	제외 : 116.63㎡ (35.28평)	매각대상	토지지분매각	청구금액	8,938,074원
입찰방법	기일입찰	배당종기일	2013-02-01	개시결정	2012-11-08

복잡한 권리 관계

방금 전에 보았던 사례와 비슷한 유형을 한 건 더 살펴보고자 한다. 이번에도 충남 부여에 경매로 나온 물건이다. 2013년에 충남 부여 옥산면에 주택이 딸려 있는 토지의 4분의 3 지분 975㎡(295평)가 강제경매로 나왔다. 토지는 세 필지인데, 지목이 각각 전, 답, 대지다. 대지 위에 지어진 주택은 매각에서 제외되어 있다.

한눈에 봐도 낙찰 후 처리 과정이 까다로워 보이는 물건이다. 토지는 4분의 3 지분만 나왔고, 농지가 포함되어 있어 농지취득자격증명원을 발급받아야 하고, 매각에서 제외되어 있는 건물은 법정지상권이 있어 보여 추가 매입이나 소송이 필요해 보이는, 그런 물건이다. 그렇다보니 4,400만 원의 감정가가 세 차례나 유찰을 겪어 절반도 안 되는 1,800만 원까지 가격이 떨어졌다. 그렇다면 먼저 이 물건이 안고 있는 문제가 뭔지 좀 더 자세히 살펴 보기로 하자.

먼저 지분 구조를 분석해보자. 토지 등기부등본을 살펴보면, 토지는 당초 ○○씨가 소유하고 있다가 농협에 640만 원의 빚을 진 상태에서 사망한 것으로 나타나 있다. 그래서 채권자인 농협이 네 명의 자녀들에게 대위상속(代位相續, 상속인을 대신해 그 사람의 직계 비속이 재산을 상속하는 일)을 하게 해 채권을 그대로 상속인들에게 이전시켰다. 네 명의 자녀가 4분의 1씩 상속받은 후 한 명은 4분의 1만큼 빚을 갚았고, 나머지 세 사람은 빚을 갚지 않았다. 이후 채권자인 농협이 경매를 신청해 빚을 갚지 않은 세 자녀의 4분의 3 토지 지분이 매각물건으로 나온 것이다.

그렇다면 건물은 왜 매각에서 제외된 것일까? 건물을 분석해보니 건축물 관리대장은 살아 있는데, 등기부등본은 존재하지 않았다. 비도시지역의 오래된 건물은 이런 경우가 허다하다. 건축물 관리대장의 소유자 현황엔 역시 김○○씨가 등재되어 있다. 하지만 채권자 입장에서 건물 등기부등본이 없다보니 건물은 대위상속을 시킬 수 없게 된 것이다. 그래서 건물은 불가피하게 매각에서 제외되고, 토지만 경매로 나온 것이다.

그렇다면 이 건물의 법정지상권은 성립할까? 앞장에서 공부한 법정지상권의 성립 조건을 다시 한 번 기억하면서 분석해보자. 이 경우는 토지와 건물이 동일한 사람에게 소유되었다가 상속에 의해 토지와 건물의 소유자가 분리된 경우에 해당한다. 관습법상 법정지상권이 성립한다는 걸 알 수 있다.

서류를 통한 권리분석을 끝내고 현장을 가 보았다. 주택에 거주하는 사람이 없는 것으로 확인되었다. 앞에서도 이미 살펴보았지만 법정지상권의 유무보다 더 중요한 사항이 점유자의 유무다. 건물에 점유자가 없다는 건 골치 아픈 명도 과정이 생략되므로 부담이 덜하다. 하지만 엄연히 법정지상권이 존재하고, 땅도 추가로 매입해야 하므로 여전히 까다로운 물건에 속한다.

그럼에도 불구하고 필자는 이 물건을 수강생들에게 응찰 물건으로 추천했다. 추천 근거를 설명하자면 대략 이렇다.

우리나라 소송에는 크게 민사소송과 형사소송이 있다. 형사소송은 범죄의 입증을 국가의 우수한 인력조직인 검찰과 경찰이 책임지고 행하고 있지만, 민사소송은 원인을 제기한 원고 본인이 주장과 입증의 책임을 져야 한다. 이번 사건에서 채권자가 신청한 채권 규모를 보면 890만 원이다. 세 자녀 일인당 평균 300만 원에 약간 못 미치는 금액이다. 그런데 피고가 법정지상권을 주장하고 입증하는 자료를 제출하려면 변호사를 선임해야 하는 데, 변호사 선임 비용만 최소 300만 원은 든다. 300만 원도 안 되는 빚을 갚지 못해 자기들이 살았던 고향집을 경매로 내놓았는데, 변호사 선임은 더더욱 어려울 것으로 보았다.

경매를 하다 보면 우리는 수많은 소송을 각오해야 한다. 머리말에서도 언급했지만, 이 소송과 관련해 여러분들이 잊지 말아야 할 중요한 말이 있다.

"법은 권리 위에서 잠자는 자의 권리는 보호하지 않는다."

여러분들이 권리를 제기하고, 그 권리를 입증하지 않으면 권리를 행사할 수 없다는 얘기다. 국가나 법원에서 가만히 있는 여러분에게 "당신 건물엔 법정지상권이 성립하므로 권리행사를 하라"고 일러주지 않는다. 말하자면, 해당 건물에 법정지상권이 성립한다는 걸 필자는 알고 있지만, 공유자들은 입증 자료나 의지가 없을 것이라고 자신했던 것이다. 게다가 골치 아픈 점유자가 없다는 사실도 추천 사유에 한몫했다. 사람이 살고 있지 않은 건물에 법정지상권이 있다고 주장하기도 어렵고, 무엇보다 법정지상권을 주장해봐야 그 주장자에게 어떠한 이득이 없기 때문에 필자는 아예 법정지상권이 없는 물건으로 간주했다.

그렇게 해서 수강생들에게 이 물건을 추천했다. 문제는 십여 명이 넘는 수강생 중에서 응찰해보겠다고 선뜻 나서는 사람이 없다는 것이다. 권리분석에서 지적한 몇 가지 문제들의 처리 과정이 쉽지 않아 보였기 때문이다. 그렇게 서로 눈치를 보고 있는데 수강생 C씨가 조건부로 응찰해보겠다고 나섰다. 모든 처리를 필자가 맡아주면 해보겠다는 것이다. 그런 조건으로 C씨가 응찰에 나서 절반 가격인 2,300만 원에 단독으로 낙찰받았다.

갑자기 나타난 점유자

그럼 이젠 필자가 이 물건을 어떻게 처리했는지 살펴보기로 하자. C씨로부터 낙찰받았다는 전화를 받고 약속대로 필자가 직접 처리에 나섰다. 이번 물건에서 가장 먼저 해야 할 일은 농지취득자격증명원을 발급받는 일이다(*필자는 농지취득자격증명과 관련해 《이것이 금맥 캐는 농지경매다》라는 책을 발간, 농취증과 농취증에 얽힌 다양한 사례들을 자세히 다루었다). 농취증을 발급받으러 면사 무소에 가서 담당자에게 서울에서 왔다 갔다 하기가 힘드니 빨리 발급해주면 안되겠냐고 부탁했다. 그랬더니 농취증 담당자가 지금 현장에 함께 가 보자며 자신의 차로 나를 현장으로 데려갔다. 그렇게 현장을 둘러보고선 담당자가 별 문제가 없어 보인다며 내일까지 해놓을 테니 찾아가라고 했다.

농취증은 이렇게 해결되었지만 현장에 갔다가 예기치 않은 문제 하나를 목격하고 말았다. 지난번 현장조사 땐 분명히 집이 비어있는 걸로 보았는데 허름한 승용차 한 대가 집 앞에 주차되어 있었던 것이다. 담당자와 헤어지고 나서 다시 현장으로 가서 문을 두드려 보았다. 안에서 나이든 사람의 목소리가 들려왔다.

"누구야? 문 열렸어. 들어와."

문을 열고 들어갔더니 노인 한 분이 방에서 라면을 먹고 있다가 나를 쳐다보며 물었다.

"어떻게 왔어?"

나는 깜짝 놀라 '이 집과 땅을 경매로 낙찰받은 사람'이라고 소개하면서 다시 물었다.

"어르신, 지난번에는 집에 안 계시더니, 이 집엔 어떻게 와 계세요?"

"어? 낙찰받은 사람이라고?"

"네, 그렇습니다."

"나, 여기 원래부터 사는 사람이야. 주인한테 30만 원 주고 얻었어. 죽을 때까지 여기서 살 거야."

거주자가 없다는 점 때문에 응찰했는데 갑자기 점유자가 나타났다. 게다가 명도를 앞둔 낙찰자 입장에서 가장 최악인 "죽을 때까지 살겠다"는 말까지 들었다. 갑자기 일이 꼬이는 분위기였다.

"아니, 지난번에는 안 계셨잖아요?"

나는 놀라서 다시 물었다.

"그랬지. 그때는 몸이 아파서 보건소에 갔었어. 보름동안 입원했다가 다 나았다고 해서 퇴원해서 어제 온 거야."

당초 계획에 없던 장애를 이렇게 만나고 말았다. 그것도 아주 센 장애를.

나는 그 와중에 엄포를 놓아보았다. 명함 하나를 건네주면서 내가 낙찰받았으니 집에서 나갈 준비를 해달라고 말했다. 그랬더니 노인이 더 카랑카랑한 목소리로 힘주어 말했다.

"난 이 집주인한테 30만 원 주고 평생 살기로 했으니까, 절대 못 나가!"

"그럼 30만 원 줬다는 그 집주인은 누구에요? "

"오산 사는 사람이야."

"그 사람 연락처 좀 알려주세요."

"몰라. 이제 그만 가 봐!"

그렇게 점유자의 명도 문제를 새롭게 떠안은 채 집을 빠져 나왔다. 토지 등기부등본을 살펴보니 3남1녀 중 장남이 오산에 거주하는 것으로 나타나 있었다. 서울로 올라가는 길에 오산에 있는 장남 집에 들러 '경매로 물건을 낙찰받은 사람'이라는 메모와 함께 연락처를 남겨놓고 올라 왔다. 서울로 올라오는 중에 전화가 왔다.

"여보세요?"

말이 채 끝나기 전에 저쪽에서 술에 취한 듯한 목소리와 함께 대뜸 욕설이 들려왔다.

"×××, 낙찰받았으면 가져가면 되지, 뭐 좋은 일이라고 전화해 달라고 ××이야?"

이 정도면 더 대화를 나눠보지 않아도 알 수 있다. 상대방은 당초 필자가 짐작한대로 우리 쪽에서 토지와 건물을 함께 낙찰받은 걸로 알고 있는 것이다. 남은 일은 4분의 1 지분을 갖고 있는 공유자를 만나 그 지분을 매입하는 일이다.

서울에 있는 그의 집으로 바로 찾아갔다. 저녁 무렵에 들렀는데 공유자는 마침 부인과 함께 집에 있었다. 부여의 땅을 낙찰받은 사람이라고 소개했더니 들어오라고 했다. 자리에 앉자마자 그가 물었다.

"그런데 무슨 일이십니까?"

"사장님이 갖고 있는 4분의 1 지분을 혹시 저한테 파실 생각이 없는지 의논하러 왔습니다."

필자는 이런 자리에 부인이 함께하면 협상이 훨씬 빠르고 또 유리하다는 걸 경험으로 알고 있다. 왜냐하면 여자들은 시댁의 재산이라면 무조건 팔고 싶어 한다. 오랫동안 경매를 해왔지만, 시댁의 재산을 보전해보겠다고 나서는 여자를 아직은 만나보지 못했다. 남자는 나의 제안에 자신이 나고 자란 고향집을 판다는 게 내키지 않았는지 잠시 머뭇거렸다. 아니나 다를까 그때 여자가 끼어들며 단호하게 말했다.

"팔게요."

예상대로 팔겠다는 답을 얻었다. 남은 건 가격 협상이다. 나는 그 자리에서 가격을 정하지 않았다.

"알겠습니다. 그럼 가격은 나중에 정하기로 하고, 오늘은 연락처만 주고 받읍시다. 그동안 땅 가격도 알아보시고 다음 주에 만나서 가격을 정하는 걸로 하시죠."

남자의 전화번호를 받아서 집을 나오는데 여자가 나를 붙잡으며 말했다.

"잠깐만요. 남편은 일하러 들어가면 핸드폰을 못 갖고 들어가요. 그땐 저한테 전화주세요."

그러면서 자신의 전화번호도 적어주었다. 이쯤되면 지분을 팔겠다는 여자의 의지가 확고하다는 걸 알 수 있다.

우위를 점할 수 있는 협상 방법

약속대로 일주일 뒤에 커피숍에서 그 부부를 다시 만났다. 이런 가격 협상을 할 때는 두 가지 방법이 있다. 하나는 상대방이 어떤 가격을 생각하고 있는지 먼저 들어보는 것이고, 다른 하나는 이쪽에서 먼저 가격을 제안하는 것이다. 이날은 후자를 택했다. 나는 해당 물건 주변의 땅값이 평당 20만 원에도 거래된 적이 있다는 걸 알고 있었다. 하지만 평당 7만 원 조금 넘는 가격에 낙찰받았기 때문에 평당 10만 원 정도를 먼저 제시해보기로 했다.

"제가 주변 땅 값을 조사해보니까 평당 십만 원씩은 하더군요. 사장님 땅 지분이 98평이니까, 평당 10만 원씩 쳐서 1,000만 원은 드려야 되는데, 제가 평당 7만 원 조금 넘게 낙찰받았기 때문에 8만 원씩 쳐서 800만 원을 드릴까 합니다."

이 제안에 남자는 생각보다 쉽게 걸려 들었다.

"아니, 10만 원이라고 조사를 했으면 1,000만 원을 주시는 게 맞지, 800만 원은 또 뭡니까?"

이로써 상한액이 정해졌다. 협상 우위가 굳어지자 나는 명도 문제를 슬쩍 끼워 넣었다.

"제가 그 집에 가봤더니, 노인 한 분이 살고 계시더군요. 그 분을 내보내주시면 1,000만 원을 드리고, 그렇지 않으면 800만 원을 드리겠습니다."

이 말에 남자가 무조건 1,000만 원이 아니면 팔지 않겠다고 나왔다. 나는 다시 말했다.

"그렇잖아도 평당 10만 원밖에 안 가는 땅을 7만 원 넘게 받아서 손해를 보게 생겼는데, 안 파신다니 잘 됐습니다. 그냥 전부 다시 경매에 붙여서 지분대로 나눠 가집시다."

그러고선 내가 협상을 깨고 자리에서 먼저 일어서려는 시늉을 하자, 역시나 여자가 급하게 끼어 들었다.

"800만 원에 팔게요."

지분 매입은 그렇게 마무리가 되었다. 법무사 사무실로 옮겨 계약서를 쓰면서 800만 원을 일시불로 지급하는 대신 건물 지분도 매각한다는 특약 사항을 넣어 거래를 마쳤다. 남은 일은 건물을 점유하고 있는 노인을 명도하는 일이다.

다시 부여로 내려가서 그 노인과 협상을 벌였다. 죽을 때까지 살겠다는 말은 이사 비용을 내놓으라는 의미일 때가 많다. 노인을 만나 이사 비용을 제안했더니 이사갈 의향을 슬쩍 내비쳤다. 이때다 싶어 이사 비용으로 50만 원을 제안한 뒤 한 시간 넘게 입씨름을 벌인 끝에 가까스로 150만 원에 합의를 보았다. 가격은 합의를 보았는데, 날짜를 잡지 못했다. 노인은 150만 원을 먼저 주면 그 돈으로 나갈 곳을 알아보겠다는 것이다. 여기에 넘어가면 점유자에게 끌려 다닐 가능성이 크다. 이사 나가는 날 일시불로 주겠다고 버텼다.

점유자도 돈을 미리 주지 않으면 무조건 못나간다고 버티는 바람에 점유자와 가까운 장애인협회회장과 복지사를 증인으로 세우고 이사대금 150만 원을 선지불했으나 역시 나가지 않아 할 수 없이 보증인으로 세웠던 장애인협회회장에게 전화해 나가게 해달라고 해서 명도하는 데 약 4개월이 소요되었다.

이처럼 점유자를 내보는 일은 경매에서 가장 힘든 분야 중 하나다. 경매 물건의 권리분석과 현장 조사를 벌일 때 누가 어떤 방식으로 건물을 점유하고 있는지 사전에 살펴보고 미리 명도 계획을 세워두는 것이 그만큼 중요하다.

2012 타경 66×× 충청남도 부여군 옥산면 수암리 1××

원기	대전지방법원 논산지원	대법원바로가기	법원안내		가로보기	세로보기	세로보기(2)	세로보기(3)

2012 타경 66■■ (강제)		매각기일 : 2014-03-17 10:00~ (월)		경매1계 041-746-2781	
소재지	(323-872) 충청남도 부여군 옥산면 수암리 1■ 외2필지				
물건종별	전	채권자	농협은행	감정가	44,319,000원
지분토지	975㎡ (294.94평)	채무자	김■완외2명	최저가	(41%) 18,153,000원
건물면적	건물 매각제외	소유자	김■완외3명	보증금	(10%)1,816,000원
제시외면적	제외 : 116.63㎡ (35.28평)	매각대상	토지지분매각	청구금액	8,938,074원
입찰방법	기일입찰	배당종기일	2013-02-01	개시결정	2012-11-08

기일현황 ▽전체보기

회차	매각기일	최저매각금액	결과
신건	2013-09-23	44,319,000원	유찰
4차	2014-01-06	22,691,000원	유찰
5차	2014-03-17	18,153,000원	매각
	낙찰23,150,000원(52%)		
	2014-03-24	매각결정기일	허가
	2014-04-23	대금지급기한	납부
	2014-05-23	배당기일	완료
	2014-05-30	배당기일	완료

⊕ 매각물건 주변 지적도

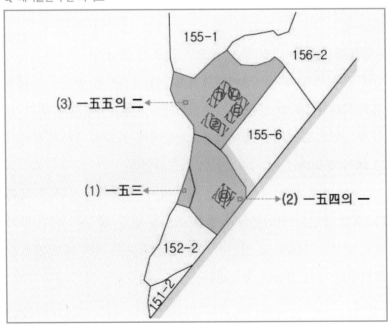

🔍 매각물건 건물사진

🔍 매각물건 주변 항공사진

토지주 = 김ㅇ희에서 대위상속

등기사항전부증명서(말소사항 포함) - 토지

[토지] 충청남도 부여군 옥산면 수암리 1▓

고유번호 1643-1996-519804

【 표　제　부 】 （토지의 표시）

표시번호	접　수	소　재　지　번	지　목	면　적	등기원인 및 기타사항
1 (전 2)	1991년11월4일	충청남도 부여군 옥산면 수암리 1▓	전	60㎡	
					부동산등기법 제177조의 6 제1항의 규정에 의하여 2001년 11월 23일 전산이기

【 갑　　구 】 （소유권에 관한 사항）

순위번호	등 기 목 적	접　수	등 기 원 인	권 리 자 및 기 타 사 항
1 (전 2)	소유권이전	1991년11월4일 제24호	1990년12월16일 매매	소유자 김ㅇ희 421217-1▓▓▓▓▓ 부여군 옥산면 수암리 1▓
				부동산등기법 제177조의 6 제1항의 규정에 의하여 2001년 11월 23일 전산이기
2	가압류	2004년10월8일 제16903호	2004년10월8일 대전지방법원논산지원부 여군법원의 가압류 결정(2004카단6▓)	청구금액 금6,491,029원 채권자 농업협동조합중앙회무수탁기관홍산농업협동조합 서울 중구 충정로1가 75
3	소유권이전	2012년9월18일 제13143호	2001년9월17일 재산상속	공유자 지분 4분의 1

열람일시 : 2012년11월14일 11시53분14초

1/3

[토지] 충청남도 부여군 옥산면 수암리 1▓

고유번호 1643-1996-519804

순위번호	등 기 목 적	접　수	등 기 원 인	권 리 자 및 기 타 사 항
				김ㅇ완 640325-1▓▓▓▓▓ 경기도 오산시 궐동로69번길 19,1▓호(궐동,은하빌) 지분 4분의 1 김ㅇ배 660426-2▓▓▓▓▓ 서울특별시 강서구 초록마을로3길 ▓(화곡동) 지분 4분의 1 김ㅇ렬 671122-1▓▓▓▓▓ 충청남도 아산시 실옥로 2▓(배미동) 지분 4분의 1 김ㅇ덕 740225-1▓▓▓▓▓ 서울특별시 양천구 중앙로51길 67,2동▓▓호(신월동,무강빌라)
				대위신청인(수익자) 농업협동조합중앙회 서울특별시 중구 충정로1가 ▓ 대위원인 대전지방법원2010가소1686▓▓호구상금채권채권
4	3번김ㅇ완지분,김ㅇ배지분,김 ▓렬지분강계경매개시결정(2번 가압류의 본압류로의 이행)	2012년11월8일 제16482호	2012년11월8일 대전지방법원 논산지원의 강계경매개시결정(2012 타경66▓)	채권자 농업협동조합중앙회 110136-0027▓ 서울특별시 중구 충정로1가 75 (충남지역보증센터)

— 이　하　여　백 —

주요 등기사항 요약 (참고용)

───── [주 의 사 항] ─────
본 주요 등기사항 요약은 증명서상에 말소되지 않은 사항을 간략히 요약한 것으로 증명서로서의 기능을 제공하지 않습니다.
실제 권리사항 파악을 위해서는 발급된 증명서를 필히 확인하시기 바랍니다.

[토지] 충청남도 부여군 옥산면 수암리 ▓ 전 50m²

고유번호 1643-1996-519804

1. 소유지분현황 (갑구)

등기명의인	(주민)등록번호	최종지분	주 소	순위번호
김▓혜 (공유자)	660425-2******	4분의 1	서울특별시 강서구 초록마을로3길 3▓(화곡동)	3
김▓여 (공유자)	740225-1******	4분의 1	서울특별시 양천구 중앙로51길 67.2동4▓호(신월동,무장빌라)	3
김▓완 (공유자)	640325-1******	4분의 1	경기도 오산시 궐동로69번길 19.1▓호(궐동,은하빌)	3
김▓분 (공유자)	671122-1******	4분의 1	충청남도 아산시 실옥로 2▓(배미동)	3

2. 소유지분을 제외한 소유권에 관한 사항 (갑구)

순위번호	등기목적	접수정보	주요등기사항	대상소유자
2	가압류	2004년10월8일 제16003호	청구금액 금6,491,029원 채권자 농업협동조합중앙회임무수탁기관동산농업협동조합	김▓완 등
4	강제경매개시결정	2012년11월8일 제16482호	채권자 농업협동조합중앙회	김▓혜 등

건축주 = 김ㅇ희

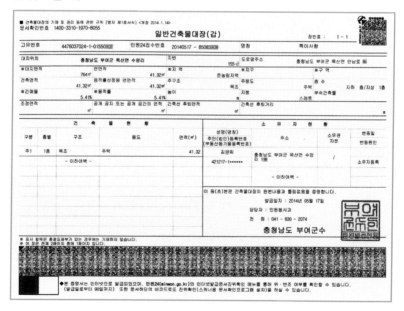

합 의 서

본인 : 이█규
합의인 : 이█실

위 본인은 옥산면 수암█ 15454-█ 의 건물에 거주하고 있으
나 8월30일까지 이사 나가기로 합의하고 합의금을 수령하였
음을 확인합니다.

합의금 : 일백오십만원정

2014년 7월 30일

보증인 :

보증인 : 시각장애인협회 지회장 김██
옥산면 사회복지사 김██

07 | 지분 얼마에 파실래요?

2016 타경 1×× 충주시 봉방동 40×-×(토지/건물 4/19 지분매각)

2016 타경 1█ (임의)		매각기일 : 2016-06-27 10:00~ (월)		경매2계 043-841-9122	
소재지	(27431) 충청북도 충주시 봉방동 40█-█ [도로명] 충청북도 충주시 상방2길 █(봉방동)				
용도	근린주택	채권자	김█화	감정가	29,821,761원
지분토지	31.01㎡ (9.38평)	채무자	이█구	최저가	(64%) 19,086,000원
지분건물	35.26㎡ (10.67평)	소유자	이█구 外	보증금	(10%) 1,909,000원
제시외	7.3263㎡ (2.22평)	매각대상	토지/건물지분매각	청구금액	10,000,000원
입찰방법	기일입찰	배당종기일	2016-03-14	개시결정	2016-01-11

잔금도 내기 전 팔기로 계약하다

이번 물건은 아파트 경매만 쭉 해오던 필자의 수강생이 토지 경매 쪽으로 눈을 돌린 뒤 낙찰받은 건이다. 아파트는 권리분석이 비교적 간단하지만, 가격을 높게 써야 낙찰이 되고 낮게 쓰면 떨어지다 보니 수익을 내기가 쉽지 않다. 그래서 이 수강생은 토지 경매 쪽으로 전향을 하게 된 것이다. 여기서 필자가 말하는 토지 경매는 임야나 농지와 같은 100% 토지를 말하는 게 아니다. 아파트나 연립주택과 같은 집합건물이 아닌 건물로써, 토지와 건물의 등기가 별도로 되어 있는 부동산을 말한다. 그 중에서도 지분 매각, 법정지상권, 유치권, 농취증, 현황 도로 등 관련 법률이 복잡하게 얽힌 '특수한' 매각물건을 말한다. 이 수강생은 필자가 월 단위로 추천하는 이러한 물건 가운데 이미 10여 개를 낙찰받아 토지 경매쪽에 수준급 실력을 갖추고 있다.

이번 물건은 충북 충주시에 경매로 나온 근린주택으로 건물과 토지가 각각 19분의 4만 지분으로 나와 두 번 유찰되어 가격이 많이 떨어졌다. 다섯 명이나 응찰했지만 다행히 최저가에 가까운 가격으로 최고가매수신고인이 되었다. 필자는 추천만 하고 낙찰 이후 모든 협상과 일처리는 그 수강생이 직접 도맡아 진행했다. 낙찰받고 며칠이 지나지 않아 수강생으로부터 식사를 대접하고 싶다면서 연락이 왔다.

"교수님이 말씀하신 대로 낙찰받자마자 채무자의 집으로 찾아갔습니다."

수강생은 식사 자리에서 들뜬 음성으로 협상 뒷얘기를 들려줬다. 주택의 1층 가게로 가서 건물과 토지의 지분을 낙찰받은 사람이라고 소개했더니 자기는 세입자이고 주인은 2층에 살고 있으니 올라가보라는 것이었다. 2층에 가서 문을 두드리니 젊은 여자가 나왔다. 자기 소개를 하자 그 여자는 이 집에 엄마와 함께 살고 있는데, 오빠가 사업을 하다가 경매를 당하게 되었다면서 혹시 지분을 다시 팔 생각이 없냐고 묻더라는 것이다. 감정가에 평당 100만 원만 더 얹어주면 팔겠다고 해서 그 자리에서 바로 계약을 체결하게 되었다는 것이다. 채무자 가족에게 낙찰 사실을 알려주러 갔다가 등기 이전도 하지 않은 물건을 매각해 며칠 만에 1,000만 원 가까운 세전 수익을 올리게 된 것이다.

지분 경매는 이처럼 일이 풀리려면 쉽게 풀린다. 하지만 앞에서 여러 사례를 살펴보았지만, 항상 이런 것은 아니다. 공유자들이 나 몰라라 할 경우 소송을 벌여야 하고, 전체 물건을 경매로 내놓고 공유물을 분할해야 하는 경우도 있다. 공유자가 경제적 능력을 갖추었을 경우 대개 지분을 되사기도 하지만, 관계의 친소에 따라 협상에 응하지 않거나 오히려 공유물 분할을 속으로 은근히 바라는 경우도 여러 차례 목격했다. 지분 경매를 오랫동안 해온 필자로선 공유자의 협상 태도에 일정한 패턴을 읽을 수 있다. 공유자의 경제적 능력이나 주택의 유지 상태 등 몇 가지 체크 포인트만으로도 공유자의 협상 방향을 예측해낼 수 있다는 얘기다. 하지만 늘 그런 것은 아니다. 때로는 공유자의 협상 예측은 럭비공이 어디로 튈지를 예상하는 것만큼이나 어려울 때도 있다. 그래서 지분 경매를 할 때는 소송을 통한 출구 전략을 포함한 최악의 시니리오를 미리 상정해놓고 들어가야 한다.

2016 타경 1×× 충청북도 충주시 봉방동 40×-×

2016 타경 1■ (임의)		매각기일 : 2016-06-27 10:00~ (월)		경매2계 043-841-9122	
소재지	(27431) 충청북도 충주시 봉방동 40■■ [도로명] 충청북도 충주시 상방2길 ■■(봉방동)				
용도	근린주택	채권자	김■화	감정가	29,821,761원
지분토지	31,01㎡ (9,38평)	채무자	이■구	최저가	(64%) 19,086,000원
지분건물	35,26㎡ (10,67평)	소유자	이■구 外	보증금	(10%)1,909,000원
제시외	7,3263㎡ (2,22평)	매각대상	토지/건물지분매각	청구금액	10,000,000원
입찰방법	기일입찰	배당종기일	2016-03-14	개시결정	2016-01-11

기일현황 ▽건물보기

회차	매각기일	최저매각금액	결과
신건	2016-04-25	29,821,761원	유찰
2차	2016-05-23	23,857,000원	유찰
3차	2016-06-27	19,086,000원	매각

천■원/입찰5명/낙찰21,867,000원(73%)
2등 입찰가 : 21,486,000원

2016-07-04	매각결정기일	허가
2016-08-05	대금지급기한 납부 (2016,07,15)	납부
2016-08-24	배당기일	완료

배당종결된 사건입니다.

🔍 매각물건 주변 지적도

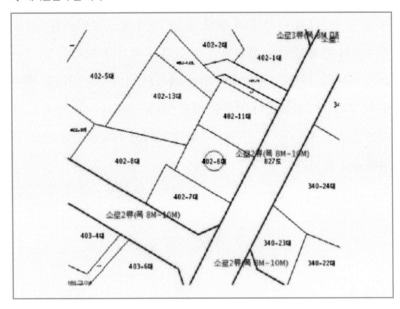

Q 매각물건 주변 항공사진

Q 매각물건 건물사진

주요 등기사항 요약 (참고용)

[주 의 사 항]

본 주요 등기사항 요약은 증명서상에 말소되지 않은 사항을 간략히 요약한 것으로 증명서로서의 기능을 제공하지 않습니다.
실제 권리사항 파악을 위해서는 발급된 증명서를 필히 확인하시기 바랍니다.

[건물] 충청북도 충주시 봉방동 402-6   고유번호 1611-1996-226637

1. 소유지분현황 (갑구)

등기명의인	(주민)등록번호	최종지분	주 소	순위번호
문 순 (공유자)	660421-*******	19분의 2	충청북도 괴산시 미산동 도전리 17	4
문 자 (공유자)	671016-*******	19분의 2	충청북도 충주시 용산동 2102 용산아파트 2-4	4
문 좌 (공유자)	661103-*******	19분의 2	충청북도 충주시 용산동 2102 용산아파트 4-2	4
문 회 (공유자)	721127-*******	19분의 2	충청북도 충주시 금릉동 771 삼성아파트 3-9	4
문 화 (공유자)	691129-*******	19분의 2	강원도 태백시 장성동 167-1 화광아파트 30-3	4
이 구 (공유자)	491027-*******	19분의 4	강원도 원주시 진광길 43- (우산동)	9, 12
지 순 (공유자)	360818-*******	19분의 3	충청북도 충주시 봉방동 402-	4
지 순 (공유자)	360818-*******	19분의 2	충청북도 충주시 상방2길 (봉방동)	15

2. 소유지분을 제외한 소유권에 관한 사항 (갑구)

순위번호	등기목적	접수정보	주요등기사항	대상소유자
2 (전 2)	가압류	1999년12월14일 제42320호	청구금액 금1,239,265원 채권자 충북사과원예농업협동조합	확인불가
2-1	가압류변경	2008년7월29일 제36666호	목적 4번지분순지분-문 순지분-문 좌지분-문 화지분-문 회지분-문 에지분-문,문 화지분-문 회지분-문 회지분가압류	확인불가
2-2	가압류변경	2009년12월22일 제58511호	목적 4번지 순지분-문 순지분-문 좌지분-문 에지분-문 화지분,문 좌지분-문 회지분가압류	확인불가

주요 등기사항 요약 (참고용)

[주 의 사 항]

본 주요 등기사항 요약은 증명서상에 말소되지 않은 사항을 간략히 요약한 것으로 증명서로서의 기능을 제공하지 않습니다.
실제 권리사항 파악을 위해서는 발급된 증명서를 필히 확인하시기 바랍니다.

[토지] 충청북도 충주시 봉방동 402- 대 147.3㎡   고유번호 1611-1996-205607

1. 소유지분현황 (갑구)

등기명의인	(주민)등록번호	최종지분	주 소	순위번호
문 순 (공유자)	660421-*******	19분의 2	충청북도 괴산시 덕산면 도전리 17	4
문 에 (공유자)	630106-*******	19분의 2	경기도 성남시 중원구 금광동 313 -1	4
문 순 (공유자)	671016-*******	19분의 2	충청북도 충주시 용산동 2102 용산아파트 2-4	4
문 좌 (공유자)	661103-*******	19분의 2	충청북도 충주시 용산동 2102 용산아파트 4-2	4
문 회 (공유자)	721127-*******	19분의 2	충청북도 충주시 금릉동 771 삼성아파트 3-9	4
문 화 (공유자)	691129-*******	19분의 2	강원도 태백시 장성동 167-1 화광아파트 30-3	4
이 구 (공유자)	491027-*******	19분의 4	강원도 원주시 진광길 43- (우산동)	10, 13
지 순 (공유자)	360818-*******	19분의 3	충청북도 충주시 봉방동 402-	4

2. 소유지분을 제외한 소유권에 관한 사항 (갑구)

순위번호	등기목적	접수정보	주요등기사항	대상소유자
2 (전 3)	가압류	1999년12월14일 제42320호	청구금액 금1,239,265원 채권자 충북사과원예농업협동조합	확인불가
2-1	가압류변경	2008년7월29일 제36666호	목적 4번지 순지분-문 순지분-문 좌지분-문 화지분-문 에지분-문,문 화지분-문 회지분가압류	확인불가
2-2	가압류변경	2009년12월22일 제58511호	목적 4번지 순지분-문 순지분-문 좌지분-문 에지분-문 화지분,문 좌지분-문 회지분가압류	확인불가

소송 송달 후
합의

"
소송의 제기는
내 권리 주장의 출발점이며,
유리한 합의를 이끄는 지렛대다.
"

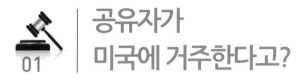

공유자가
미국에 거주한다고?

01

2015 타경 15×× 영동군 계산리 27×-×(토지/건물 5/15 지분 매각)

2015 타경 15█ (강제)		매각기일 : 2016-01-05 10:00~ (화)		경매1계 043-740-4040	
소재지	(29139) 충청북도 영동군 영동읍 계산리 27█ [도로명] 충청북도 영동군 구교1길█(영동읍)				
용도	주택	채권자	█이엔씨	감정가	26,121,330원
지분토지	72.67㎡ (21.98평)	채무자	유█월	최저가	(64%) 16,718,000원
지분건물	41.57㎡ (12.57평)	소유자	유█월 外	보증금	(10%)1,672,000원
제시외	6.13㎡ (1.85평)	매각대상	토지/건물지분매각	청구금액	15,831,570원
입찰방법	기일입찰	배당종기일	2015-09-07	개시결정	2015-06-08

송달 지연으로 재판, 미궁에 빠지다

경매에 갓 입문한 사람들에게 지분 경매는 요술 방망이처럼 보일지도 모르겠다. 3분의 1, 때로는 50분의 1과 같은 아주 미미한 지분을 사서 어디에 쓸 수 있을까 싶기 때문이다. 하지만 공유물 분할 소송이나 부당이득 반환청구 소송과 같은 관련 법률과 처리 절차를 알고 나면 어쩌면 경매에서 가장 쉽게 돈을 벌 수 있는 분야가 지분 경매다. 해당 부동산에 거주하고 있는 공유자나 공유자 가족이 경제적 능력만 갖추고 있다면 소송을 거치지 않고도 간편하고 빠르게 수익을 올릴 수 있기 때문이다.

이번에 소개하는 물건은 2년 전 경남 창원에 있는 필자의 수강생들이 공동 투자로 들어가 낙찰받은 물건이다. 2015년 겨울, 충청북도 영동군 영동읍에 15분의 5짜리 토지 건물 지분이 강제경매로 나왔다. 토지가 72m^2(22평), 건물이 41m^2(12평)다.

현장에 가서 해당 물건을 살펴보았다. 주택이 잘 가꾸어져 있고, 또 집 앞에 널찍한 주차장까지 마련되어 있어 괜찮은 물건으로 보였다. 이번에는 수강생 여러 명이 공동으로 들어가 물건을 낙찰받았다. 잔금을 치르고 나서 공유자와 협상을 위해 그 집을 방문해 연락처를 남겨놓았다. 금방 연락이 와서 통화를 해보니 그 주택의 임차인이었다. 누구와 임대차 계약을 했느냐고 물으니 공유자 중 한 명을 알려주었다. 연락처를 알려주면서 그 사람이 병원에 입원한 걸로 알고 있는데 연락이 닿을지 모르겠다고 했다. 그에게 아무리 전화를 걸어도 세입자 말대로 전화를 받지 않았다. 이렇게 되면 소송을 제기하는 게 빠른 방법이다. 그렇게 해서 공유물을 분할해달라는 소송을 제기했다.

소송을 내고 나니까 법무사에서 생각보다 오래 걸리겠다며 연락을 해왔다. 공유자 중 한 명이 미국에 거주하고 있어 소장 송달이 오래 걸릴 것 같다는 것이다. 그 얘기를 듣고 나니 슬슬 걱정이 되기 시작했다. 사실 지분 경매를 하면서 우리가 주의해야 할 점 가운데 하나가 바로 이 점이다. 지분을 낙찰받은 뒤 협상을 통해 공유자 가족에게 지분을 되팔 수도 있지만, 실제로는 그렇게 풀리지 않는 경우가 더 많다. 이럴 땐 공유물 분할 청구 소송을 거쳐야 한다. 그래서 낙찰 전에 공유자의 숫자와 나이, 주소 등을 미리 파악해두어야 한다. 공유자가 10명 이상 넘어갈 정도로 숫자가 지나치게 많다거나, 공유자 가운데 90세 이상의 고령자가 포함되어 있다거나, 공유자 일부의 주소가 불명확하다거나 할 때는 한번쯤 응찰을 재고해보는 것도 좋다. 왜냐하면 소송을 제기했을 때 이러한 문제로 소장 송달이 제대로 제대로 이루어지지 않아 재판 기일이 속절없이 길어질 수도 있기 때문이다. 이런 경우를 본 적도 있다. 고령의 공유자가 포함된 지분 경매에서 소송을 제기했는데 고령자가 사망한 사실을 뒤늦게 알게 된 경우다. 이럴 땐 일이 복잡해져 그 처리가 힘들어질 수도 있다. 낙찰자가 모든 상속인과 그 주 소를 일일이 찾아내어 법원에 다시 제출해야 하는 까다로운 보정 절차를 거쳐야 하기 때문이다.

바로 앞에서 소개한 몇 사례의 경우 소장이 송달되자마자 재판 기일이 잡혀서 일을 푸는 데 그리 오래 걸리지 않았다. 이번 건처럼 공유자 중 한 명이 미국에 거주하고 있다면 송달을 장담할 수가 없어진다. 혹시라도 그 사람이 빚을 진 상태에서 미국에 들어간 것이라면 행방을 감출 수도 있는 문제다. 이렇게 되면 재판이 자칫 미궁 속으로 빠질 수도 있다. 그렇게 조바심을 내고 있는데 다행히 국내의 공유자 한 명에게서 연락이 왔다. 통화 내용으로 미루어 공유자 가운데 가장 맏형으로 짐작되었다.

"거기 땅 낙찰받은 사람이라고요?"

"네, 그렇습니다."

"그게 제 동생 녀석이 실수를 좀 해가지고 그렇게 된 것 같습니다. 제가 그 녀석한테 알아서 일을 똑바로 처리하라고 단단히 일러두었습니다. 아마 조만간 연락이 갈 겁니다. 그때 잘 좀 협조 부탁드립니다."

어쩌면 송달되지 않아 소송 날짜가 잡히기도 전에 해결될 수 있을 것 같았다. 그런데 그 전화가 있고 나서 일주일이 지났는데도 동생한테서 연락이 오지 않았다. 사실 이번 건은 송달 문제가 불거지면서 갑을 관계가 바뀐 것이나 마찬가지다. 그래서 우리 쪽에서 그 형한테 다시 전화를 걸어야 했다.

"동생 분한테서 아직 연락이 없습니다."

그랬더니 며칠만 기다리면 연락이 갈 거라면서 조금만 더 기다려보라는 것이다. 그 형 말대로 얼마 뒤 동생한테서 전화가 왔다. 알고 보니 미국에 가 있다는 공유자가 형이 말하는 그 동생이었다. 그가 미국에서 막 들어왔다면서 자기가 그 지분을 다시 사고 싶은데 어떻게 하면 좋으냐고 물었다. 이게 웬 떡인가 싶어 감정가에 100만 원만 더 얹어주면 팔겠다고 얼른 답했다. 저쪽에서도 바로 그러자고 나왔다. 물 들어올 때 노 저으라는 말이 있다. 바로 법무사 한 명을 지정해 우리 쪽 서류를 갖다 주고, 돈은 계좌로 송금받는 것으로 마무리 지었다. 오래 끌 것 같았던 물건도 이처럼 예기치 않은 전화 한 통으로 간단히 해결되기도 하는 것이 지분 경매다.

2015 타경 15×× 충청북도 영동군 영동읍 계산리 27×-×

2015 타경 15 (강제)		매각기일 : 2016-01-05 10:00~ (화)		경매1계 043-740-4040	
소재지	(29139) 충청북도 영동군 영동읍 계산리 27 [도로명] 충청북도 영동군 구교1길 (영동읍)				
용도	주택	채권자	이엔씨	감정가	26,121,330원
지분토지	72.67m² (21.98평)	채무자	유 원	최저가	(64%) 16,718,000원
지분건물	41.57m² (12.57평)	소유자	유 원 外	보증금	(10%) 1,672,000원
제시외	6.13m² (1.85평)	매각대상	토지/건물지분매각	청구금액	15,831,570원
입찰방법	기일입찰	배당종기일	2015-09-07	개시결정	2015-06-08

기일현황 ☑ 간략보기

회차	매각기일	최저매각금액	결과
신건	2015-11-10	26,121,330원	유찰
2차	2015-12-08	20,897,000원	유찰
3차	2016-01-05	16,718,000원	매각
신	남외1명/입찰1명/낙찰18,310,000원(70%)		
	2016-01-12	매각결정기일	허가
	2016-02-11	대금지급기한 납부 (2016.02.02)	납부
	2016-02-23	배당기일	완료
배당종결된 사건입니다.			

🔍 매각물건 주변 지적도

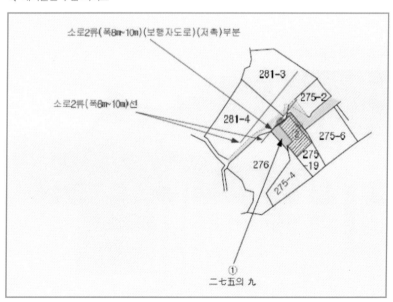

매각물건 주변 항공사진

매각물건 건물사진

Q 주요 등기사항 요약(참고용)

건물 지분 5/15

주요 등기사항 요약 (참고용)

[주 의 사 항]

본 주요 등기사항 요약은 증명서상에 말소되지 않은 사항을 간략히 요약한 것으로 증명서로서의 기능을 제공하지 않습니다.
실제 권리사항 파악을 위해서는 발급된 증명서를 필히 확인하시기 바랍니다.

[건물] 충청북도 영동군 영동읍 계산리 275-9   고유번호 1513-1996-116668

1. 소유지분현황 (갑구)

등기명의인	(주민)등록번호	최종지분	주　　　소	순위번호
백 기 (공유자)	550414-*******	16분의 2	대전광역시 동구 백룡로 138, 202동 9 호 (용운동,주공고층아파트)	2
백 기 (공유자)	630116-*******	16분의 2	서울특별시 용산구 이태원동 226-1	2
백 기 (공유자)	690319-*******	16분의 2	경기도 김포시 대곶면 대곶남로671번길	2
백 기 (공유자)	570302-*******	16분의 2	대전광역시 동구 대전로 935, 103동 10 호 (삼성동,한밭자이아파트)	2
백 기 (공유자)	531004-*******	16분의 2	대전광역시 중구 계백로1616번길 34, 115동 18 호 (유천동,현대아파트)	2
유 월 (공유자)	320823-*******	16분의 5	대전광역시 중구 계백로1616번길 34, 115동 18 호 (유천동,현대아파트)	2

토지 지분 5/15

주요 등기사항 요약 (참고용)

[주 의 사 항]

본 주요 등기사항 요약은 증명서상에 말소되지 않은 사항을 간략히 요약한 것으로 증명서로서의 기능을 제공하지 않습니다.
실제 권리사항 파악을 위해서는 발급된 증명서를 필히 확인하시기 바랍니다.

[토지] 충청북도 영동군 영동읍 계산리 275-9 대 218㎡   고유번호 1513-1996-112972

1. 소유지분현황 (갑구)

등기명의인	(주민)등록번호	최종지분	주　　　소	순위번호
백 기 (공유자)	550414-*******	16분의 2	대전광역시 동구 백룡로 138, 202동 9 호 (용운동,주공고층아파트)	3
백 기 (공유자)	630116-*******	16분의 2	서울특별시 용산구 이태원동 226-1	3
백 기 (공유자)	690319-*******	16분의 2	경기도 김포시 대곶면 대곶남로671번길	3
백 기 (공유자)	570302-*******	16분의 2	대전광역시 동구 대전로 935, 103동 10 호 (삼성동,한밭자이아파트)	3
백 기 (공유자)	531004-*******	16분의 2	대전광역시 중구 계백로1616번길 34, 115동 18 호 (유천동,현대아파트)	3
유 월 (공유자)	320823-*******	16분의 5	대전광역시 중구 계백로1616번길 34, 115동 18 호 (유천동,현대아파트)	3

소 장

원 고 신○남(600327-*******)

창원시 마산회원구 내서읍 숲속로 00, ×××동 60×호
(숲속마을 주공5단지아파트)
송달장소 : 경기도 평택시 평남로 1045, 5××호(동삭동, 손문빌딩)
송달영수인 : 법무사 신돈, 연락처 031-654-38××

피 고 1. 김○숙(601020-*******)

창원시 마산회원구 내서읍 호원로 36×-× 110동 ×××호
(코오롱하늘채1차아파트)

2. 배○자(630319-*******)

창원시 마산회원구 내서읍 광려천동로 2×, ×××호(서광맨션)

3. 백○기(550414-*******)

대전 동구 백룡로 138, 202동 ××호(용운동, 주공고층아파트)

4. 백○기(630115-*******)

서울 용산구 이태원동 ×××-164

5. 백○기(590319-*******)

김포시 대곶면 대곶남로 571번길 53

6. 백○기(570302-*******)

대전 동구 대전로 935, ×××동 ×××호(삼성동, 한밭자이아파트)

7. 백○기(531004-*******)

대전 중구 계백로1615번길 34, ×××동 ××××호(유천동, 현
대아파트)

공유물분할청구의 소

청 구 취 지

1. 별지 목록 기재 부동산을 경매에 붙이고 그 대금에서 경매비용을 공제한 나머지 금액을 각 원고에게 45분의 5, 피고 김○숙에게 45분의 5, 피고 배○자에게 45분의 5, 피고 백○기에게 45분의 6, 피고 백○기에게 45분의 6, 피고 백○기에게 45분의 6, 피고 백○기에게 45분의 6, 피고 백○기에게 45분의 6 지분에 따라 분배한다.
2. 소송비용은 피고들이 부담한다.
라는 판결을 구합니다.

청 구 원 인

1. 원고는 별지목록기재 토지 및 건물(이하 '이 사건 부동산'이라 함)을 청주지방법원 영동지원 2015 타경 15××호 부동산강제경매 사건에서 2016. 2. 2. 강제경매로 인한 매각을 원인으로 45분의 5 지분을 취득하였고, 이 사건 부동산에 대하여 각 피고 김○숙은 45분의 5, 피고 배○자는 45분의 5, 피고 백○기는 45분의 6, 피고 백○기는 45분의 6, 피고 백○기는 45분의 6, 피고 백○기는 45분의 6, 피고 백○기는 45분의 6 지분을 가지고 있는 공유관계에 있습니다.
2. 원고는 피고들과 위 공유물에 관하여 공유자 간에 분할하지 않는다고 특약을 한 사실이 없으며, 현재 8인이 공유하고 있어 재산권 행사에 많은 제약을 받고 있으므로 분할의 필요성이 있습니다.
3. 원·피고들 간의 공유물인 이 사건 부동산은 토지 및 건물로서 현물로 분할하는 것은 거의 불가능하여 위 부동산을 경매에 붙여 그 대금에서 경매비용을 차감한 나머지 금액을 각 원·피고들 간 지

분으로 취득하는 것이 가장 적절한 분할 방법이라 할 것입니다.

4. 따라서 원고는 이 사건 부동산에 대하여 피고들과의 공유관계를 청산하고 청구취지와 같은 형태의 공유물 분할을 청구하기에 이른 것입니다.

입 증 방 법

1. 갑제 1호증 토지 부동산등기사항증명서
1. 갑제 2호증 건물 부동산등기사항증명서
1. 갑제 3호증 토지대장
1. 갑제 4호증 건축물대장

기타 변론 시 필요에 따라 수시 제출하겠습니다.

첨 부 서 류

1. 위 입증방법   각 8통
1. 소장부본   7통

2016. 3.   .

위 원고 신○남(인)

주유소를
허물어달라?

02

2015 타경 30×× 부여군 자왕리(토지 지분 28/147 매각)

2015 타경 30■■ (강제)		매각기일 : 2016-03-07 10:00~ (월)		경매3계 041-746-2783	
소재지	(33128) 충청남도 부여군 부여읍 자왕리 29■■ [도로명] 충청남도 부여군 삼충로■■■(부여읍)				
용도	답	채권자	■■■행복기금	감정가	29,849,040원
지분토지	276.38㎡ (83.6평)	채무자	윤■중	최저가	(64%) 19,103,000원
건물면적		소유자	듐■중 外	보증금	(10%)1,911,000원
제시외	제외 : 300.75㎡ (90.98평)	매각대상	토지지분매각	청구금액	84,872,296원
입찰방법	기일입찰	배당종기일	2015-10-19	개시결정	2015-07-17

지분을 내세워 농취증을 받다

충남 부여군에 2차선 도로에 접한 좋은 땅이 지분으로 나왔다. 148분의 28의 지분이 $276㎡$(83평)이니까 꽤 넓은 필지의 땅이다. 대로변이라 그런지 그 땅 바로 옆에 주유소가 있었다. 지적도를 자세히 살펴보니 주유소 건물이 이 땅의 일부를 침범하고 있었다.

'낙찰만 받으면 꽤 돈이 되겠는데….'

그런 판단이 들었지만, 한 가지 문제가 있었다. 이 땅의 지목이 답이라는 것이다. 경매를 하는 사람들에겐 기본 상식에 속하지만, 농지를 낙찰받을 경우 농지취득자격증명원을 발급받아 제출해야 한다. 이 건의 매각물건명세서에도 농취증 제출을 요구하고 있었다.

그런데 여기서 농취증 발급이 왜 문제가 될까?(*농취증과 관련한 자세한 내용은 필자가 쓴《이것이 금맥 캐는 농지 경매다》책을 참조하길 바란다) 현장에 가보니 이 땅 위에 일부 주유소 건물 외에도 매각에서 제외된 주택 한 채가 세워져 있었다.

또한 대부분의 바닥은 콘크리트로 포장이 되어 일부 주유소 부지로 사용하고 있었다. 이러한 경우 농사를 지을 수 없기 때문에 해당 관청으로부터 농취증 발급이 거절되거나, 발급되더라도 해당 토지를 농지로 원상복구를 하겠다는 각서를 써야 가능하다. 이런 문제 때문인지 경매 가격은 2,900만 원에서 1,900만 원으로 떨어져 있었다. 필자의 수강생들에게 농취증 문제만 해결된다면 바로 수익을 거둘 수 있는 물건이라고 소개했다.

얼마 뒤 수강생 K씨가 경매에 들어가 2,100만 원에 해당 지분을 낙찰받았다. 그리고 나서 곧바로 농취증 문제도 거뜬히 해결했다며 연락을 해왔다. K씨의 얘기를 들어보니 그가 농취증을 발급받을 수 있었던 건 그의 기지와 함께 운도 크게 한몫한 경우였다. 먼저 K씨의 농취증 발급 과정을 들어 보자. K씨가 농취증을 신청하러 읍사무소에 갔더니 농지 담당자가 현장에 함께 가보자고 하더라는 것이다. K씨는 현장을 보고 농취증을 못해주겠다고 하면 어떡하나 하며 속으로 조바심을 내며 현장에 도착했다. 현장을 둘러 본 담당자가 예상대로 이런 땅에 어떻게 농사를 지을 거냐고 따지듯 물었다. 그때 K씨는 담당자를 주유소 뒤쪽으로 데려가며 말했다.

"이 땅 전체가 440평이에요. 나는 그 중에 83평만 낙찰받은 겁니다."

K씨는 주유소 뒤쪽으로 가서 그곳의 농지를 가리키며 말했다.

"여기 농지 보이죠. 이 땅이 100평쯤 되요. 저는 이 땅 83평을 잘라서 여기에다 농사를 지을 겁니다."

K씨는 자신이 낙찰받은 농지가 지분이라는 사실을 들어 현장에서 조리있게 설명했다. 일부 땅이 이미 농지로 쓰고 있는 데다 지분만큼 자른다면 원상복구도 필요 없었다. K씨의 설명을 들은 담당자가 고개를 끄덕이더니 그 자리서 농취증을 발급해주겠다고 했다는 것이다. 농취증은 이처럼 농지에 대한 담당자의 해석, 즉 해당 관청의 유권적 판단이 매우 중요하다. 이번 경우도 사실 담당자가 전체 필지를 놓고 농지 여부를 판단하겠다고 우기면 거절될 수도 있었기 때문이다. 어쨌거나 1차 관문은 거뜬히 통과한 셈이다.

다음 날 주유소로 찾아갔다. 사무실에 들어갔더니 주유소 사장의 부인으로 보이는 여자가 물었다.

"어떻게 오셨어요?"

"저 땅의 지분을 낙찰받은 사람입니다."

"아, 그러세요?"

여자가 대수롭지 않다는 듯 말했다.

"여기 주유소는 잘 되나요?"

"뭐, 시내 주유소처럼 잘 되지는 않지요. 그냥 쏠쏠히 되는 편이에요."

주유소가 그럭저럭 운영된다는 건 협상에 나쁘지 않은 신호다. 나는 곧 본론으로 들어갔다.

"사실은 주유소가 낙찰받은 토지를 침범하고 있거든요. 그래서 찾아왔습니다."

그제서야 여자가 정색을 하고선 말했다.

"뭐라구요? 뭘 잘못 알고 계시는 모양인데, 선생님이 낙찰받은 땅하고 저희 주유소 땅하고는 전혀 상관이 없어요. 그리고 선생님이 받은 땅 주인은 전부 저희 남편의 사촌들이에요. 여기 연락처를 드릴테니 땅 주인들한테 한번 물어보세요."

나는 주유소를 나와 여자가 전해준 연락처로 전화를 걸어보았다. 공유자 중 한 명이 전화를 받았다. 지분을 낙찰받은 사람이라고 소개했더니 대뜸 화부터 내며 몰아붙였다.

"그까짓 지분을 낙찰받아서 어디에 쓸려고 그래요? 하고 싶은 대로 한번 해보세요."

그러고선 전화를 끊어버렸다. 지분 경매를 처리하기 위해 협상을 하다보면 이 정도 대접은 보통이다. 공유자 입장에선 토지나 건물에 대한 권리를 자기네들이 대부분 갖고 있다고 생각하기 때문이다. 주유소에 다시 들어가 이번엔 사장을 만났다. 주유소 건물 일부가 낙찰받은 토지를 침범하고 있다는 사실을 재차 설명했다. 사장의 반응은 방금 전의 부인이나 공유자와 마찬가지였다. 사장은 주유소 허가증까지 보여주며 큰 소리쳤다.

"여기 주유소 영업 허가증 있잖아요? 이 건물은 내 땅에 지은 거예요. 저쪽 땅하고는 아무런 상관이 없어요."

뒤늦게 남의 땅 침범 사실을 알게 되었다

이쯤 되면 협상은 이미 물 건너갔다. 주유소를 나와서 곰곰이 생각해보니 상황이 대략 이러했다. 사촌들이 주유소 부지와 낙찰받은 부지를 포함한 많은 땅을 할아버지로부터 상속받았다. 여기저기 땅이 많다 보니 너는 이 땅을 갖고, 나는 여기다 주유소를 지을게. 뭐, 대충 그런 식으로 정확한 경계 측량 없이 주유소도 짓고, 집도 지었다. 사촌들끼리니까 지금까지 아무런 문제없이 지내오고 있었던 것이다.

그래서 필자는 해당 토지의 공유자를 대상으로 공유물을 분할하자는 소송을 제기했다. 또한 주유소 사장을 포함한 주유소 부지 공유자들에게도 주유소 건물이 우리 토지를 침범하고 있으니 건물을 허물고 토지를 인도해줄 것과 건물을 허물 때까지 지료에 상응하는 부당이득을 지급해달라는 소송을 냈다.

소송을 제기해놓고 시간이 조금 지나면서 나는 이번 건을 깜박 잊고 있었다. 매일같이 수많은 경매 물건을 다루다 보니 벌어진 일이다. 나중에 들어보니 소송이 제기되고 나서 주유소 쪽에서 난리가 난 모양이었다. 소장이 송달되고 나서 자기네들이 혹시나 싶어 조사를 해본 모양이었다. 조사 결과 실제로 주유소 건물이 저쪽 토지를 상당히 침범하고 있다는 사실을 뒤늦게 알게 된 것이다. 여기저기 알아보고 나서는 저쪽에서 얼마를 부르더라도 지분을 사들여야 주유소를 유지할 수 있다는 결론에 이르렀다는 것이다.

그날도 다른 물건을 답사하느라 비지땀을 흘리고 있었다. 그때 전화 한 통이 걸려왔다. 모르는 번호여서 받지 않을까 하다가 받아보았다. 저쪽에서 공인중개사라고 자신을 소개한 뒤 용건을 말했다.

"단도직입적으로 얘기할게요. 부여군 땅 지분 그거 얼마 받으실 거예요?"

앞서 말한 대로 워낙 많은 땅과 소송을 다루다 보니 정확하게 어느 건인지 얼른 기억이 나지 않았다. 하지만 늘 하던 대로 감정가에 100만 원만 더 얹어주면 된다고 대답해주었다. 그랬더니 저쪽에서 반색을 하며 말했다.

"정말이에요?"

그렇다고 했더니 내일 당장 계약하자고 나왔다. 그렇게 하자고 약속하고 선 다음 날 3,000만 원이 조금 넘는 돈을 받고 거래를 마무리 지었다.

나중에 그 공인중개사로부터 저쪽 사정을 전해 들었다. 주유소 쪽에서 그렇게 난리가 나고 나서 그 공인중개사를 내세워 협상에 나섰던 것이다. 주유소 쪽에선 5,000만 원이든, 7,000만 원이든 부르는 대로 지급하려고 단단히 준비를 하고 있었다는 것이다. 그런데 첫 전화에서 감정가 선에서 합의가 됐으니 쾌재를 부를 수밖에.

'이번 건은 감정가보다 최소 2,000만 원 정도는 더 불러도 됐었는데….' 속으로 그런 생각이 들 법도 한 그런 거래였다.

2015 타경 30×× 충청남도 부여군 부여읍 자왕리 29×-×

2015 타경 30▨ (강제)		매각기일 : 2016-03-07 10:00~ (월)			경매3계 041-746-2783	
소재지	(33128) 충청남도 부여군 부여읍 자왕리 29▨ [도로명] 충청남도 부여군 삼충로▨(부여읍)					
용도	답	채권자	▨행복기금	감정가		29,849,040원
지분토지	276.38㎡ (83.6평)	채무자	윤▨중	최저가		(64%) 19,103,000원
건물면적		소유자	등▨중 外	보증금		(10%)1,911,000원
제시외	제외 : 300.75㎡ (90.98평)	매각대상	토지지분매각	청구금액		84,872,296원
입찰방법	기일입찰	배당종기일	2015-10-19	개시결정		2015-07-17

기일현황 ☑간략보기

회차	매각기일	최저매각금액	결과
신건	2015-12-28	29,849,040원	유찰
2차	2016-02-01	23,879,000원	유찰
3차	2016-03-07	19,103,000원	매각
	낙찰21,469,000원(72%)		
	2016-03-14	매각결정기일	허가
	2016-04-21	대금지급기한 납부 (2016.03.31)	납부
	2016-04-22	배당기일	완료
	배당종결된 사건입니다.		

🔍 매각물건 주변 지적도

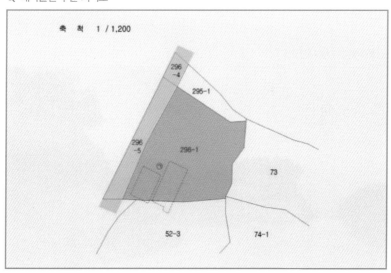

축 척   1 / 1,200

296-4

295-1

296-5

296-1

73

52-3

74-1

Q 매각물건 주변 항공사진

Q 매각물건 건물사진

토지 지분 28/147

주요 등기사항 요약 (참고용)

——— [주 의 사 항] ———

본 주요 등기사항 요약은 증명서상에 말소되지 않은 사항을 간략히 요약한 것으로 증명서로서의 기능을 제공하지 않습니다.
실제 권리사항 파악을 위해서는 발급된 증명서를 필히 확인하시기 바랍니다.

[토지] 충청남도 부여군 부여읍 자왕리 206-1 답 1461㎡   고유번호 1643-1006-051836

1. 소유지분현황 (갑구)

등기명의인	(주민)등록번호	최종지분	주　　　소	순위번호
김■월 (공유자)		147분의 14	부여군 부여읍 구아리 24■-■	1
김■월 (공유자)	280110-*******	147분의 14	부여군 부여읍 구아리 24■-■	2
윤■광 (공유자)		147분의 28	서울 동작구 상도동 16■-■	1
윤■미 (공유자)	840404-*******	147분의 28	경기도 용인시 처인구 모현면 갈담리 46■-■ 현대빌라 3■	8
윤■주 (공유자)	040621-*******	147분의 12	부여군 부여읍 구아리 24■-■	3
윤■자 (공유자)		147분의 7	부여군 부여읍 상록리 60■-■	1
윤■나 (공유자)	810630-*******	147분의 12	부여군 부여읍 구아리 24■-■	3
윤■순 (공유자)		147분의 14	인천시 남구 주안동 14■7-■■	1
경■순 (공유자)	470730-*******	147분의 18	부여군 부여읍 구아리 24■-■	3

소 장

원 고 유○자(630328-*******)
　　　안산시 상록구 감골로 59, 704동 13××호(사동, 월드아파트)
　　　송달장소 : 평택시 평남로 1045, 5××호(동삭동, 손문빌딩)
　　　송달영수인 : 법무사 유○수

피 고 1. 김○월(280110-*******)
　　　　　충남 부여군 부여읍 구아리 24×-×
　　　　2. 윤○미(840404-*******)
　　　　　용인시 처인구 모현면 갈담리 45×-× 현대빌라 3××호
　　　　3. 윤○주(940521-*******)
　　　　　충남 부여군 부여읍 관북리 8×-×
　　　　4. 윤○자
　　　　　충남 부여군 부여읍 쌍북리 60×-×
　　　　5. 윤○나(810630-*******)
　　　　　충남 부여군 부여읍 구아리 24×-×
　　　　6. 윤○순
　　　　　인천 남구 주안동 142×-××
　　　　7. 정○순(470730-*******)
　　　　　충남 부여군 부여읍 관북리 8×-×
　　　　8. 윤○아(810630-*******)

공유물분할 등 청구의 소

청 구 취 지

1. 별지 1 목록 1번 토지를 경매에 붙이고 그 대금에서 경매비용을 공제한 나머지 금액을 각 원고에게 147분의 28, 피고 김○월에게 147분의 28, 피고 윤○미에게 147분의 28, 피고 윤○주에게 147분의 12, 피고 윤○자에게 147분의 7, 피고 윤○나에게 147분의 12, 피고 윤○순에게 147분의 14, 피고 정○순에게 147분의 18 지분에 따라 각 분배한다.

2. 피고 정○순, 윤○아, 윤○주는 공동하여 원고에게 별지 2 도면 1, 2, 3, 4 5, 6, 7, 8, 9, 10, 11, 12, 1의 각점을 순차로 연결한 선 내 (가)부분 별지 1 목록 2번 건물을 철거하고, 별지 1 목록 1번 토지를 인도하라.

3. 피고 정○순, 윤○아, 윤○주는 공동하여 원고에게 2016. 3. 31.부터 제2항 토지인도 완료일까지 월 금500,000원을 지급하라.

4. 소송비용은 피고들이 부담한다.

5. 제2항 및 제3항은 가집행 할 수 있다.
라는 판결을 구합니다.

청 구 원 인

1. 토지의 공유관계

충청남도 부여군 부여읍 자왕리 답 1451m^2(이하 "이 사건토지"라 함)는 원고가 147분의 28, 피고 김○월이 147분의 28, 피고 윤○ 미가 147분의 28, 피고 윤○주가 147분의 12, 피고 윤○자가 147 분의 7, 피고 윤○나가 147분의 12, 피고 윤○순이 147분의 14, 피고 정○순이 147분의 18 각 지분으로 공유하고 있습니다(갑제 1호증의 1호 부동산 등 기사항증명서 참조).

2. 분할의 필요성 및 그 방법

이 사건 토지는 위와 같이 8인의 공동소유로 되어있어 원고와 피 고들 모두가 재산권 행사에 많은 제약을 받고 있는 바, 각 공유지 분에 따라 분할을 할 필요가 있습니다. 위와 같이 이 사건 토지는 8인이 공유하고 있어 현물로 분할하는 것은 거의 불가능 하다 할 것이므로, 경매에 붙여 그 대금에서 경매비용을 차감한 나머지 금전을 가지고 각 공유자의 지분에 따라 현금으로 분할하는 것이 가장 적절한 방법입니다.

3. 건물의 소유 및 토지소유권의 침해

충청남도 부여군 부여읍 자왕리 29×-×, 5×-× 지상의 2층 주유 소 및 주택(이하 "이 사건 건물"이라 함)은 피고 정○순이 7분의 3, 피고 윤○아가 7분의 2, 피고 윤○주가 7분의 2 각 지분으로 공 유하고 있습니다(갑제1호증의 2호 부동산등기사항증명 서 참조). 별지 2 도면과 같이 이 사건 건물은 이사건 토지 및 같은 곳 5×-×번지 지상에 걸쳐 축조되어 있는 바(갑제4호증의 1, 2 항공사진 참조), 원 고의 이 사건 토지 소유권(공유지분)을 침해하고 있다 할 것이므 로 피고 정○순, 윤○아, 윤○주는 원고에게 이 사건 건물을 철거하고 이 사건 토지를 인도할 의무가 있습니다.

4. 지료 상당의 부당이득 청구

위와 같이 피고 정○순, 윤○아, 윤○주는 이 사건 건물을 소유하면서, 이 사건 토지 전체를 주유소영업에 이용하고 있으므로 원고가 소유지분을 취득한 2016. 3. 31.부터 이 사건 건물의 철거 및 이 사건 토지의 인도완료일까지 지료상당의 부당이득을 하고 있다 할 것이므로. 원고는 우선 월 금500,000원을 청구하오며, 향후 소송 진행 중 감정을 통하여 청구취지를 변경하겠습니다.

5. 결어

위와 같은 사유로 원고는 이 사건 건물의 철거 및 이 사건 토지의 인도 및 피고들과의 공유관계를 청산하고 청구취지와 같은 형태의 공유물 분할을 청구하기에 이른 것입니다.

입 증 방 법

1. 갑 제1호증의 1 내지 3   부동산등기사항증명서   각 1통
1. 갑 제2호증   토지대장
1. 갑 제3호증   지적도
1. 갑 제4호증 1 내지 2   항공사진   각 1통

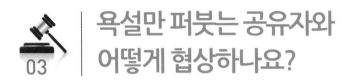

03

욕설만 퍼붓는 공유자와 어떻게 협상하나요?

2015 타경 98×× 목포시 북교동 10×-×(토지/건물 지분 1/6매각)

2015 타경 98■■ (강제)		물번2 [배당종결] ✔	매각기일 : 2016-07-11 10:00~ (월)		경매4계 061-270-6694
2015타경10■■ (병합)					
소재지	(58726) **전라남도 목포시 북교동 10**■■ 외2필지 [도로명] 전라남도 목포시 북교길 ■■(북교동)				
용도	주택	채권자	지■성	감정가	30,300,450원
지분토지	71.1㎡ (21.51평)	채무자	지■혜	최저가	(56%) 16,968,000원
지분건물	28.48㎡ (8.62평)	소유자	지■훈 外	보증금	(10%) 1,697,000원
제시외	4.5㎡ (1.36평)	매각대상	토지/건물지분매각	청구금액	40,367,666원
입찰방법	기일입찰	배당종기일	2015-11-23	개시결정	2015-09-10

정원이 깔끔하게 정돈된 한옥 지분

공유 지분은 권리를 여러 사람이 함께 공유하기 때문에 부동산의 관리, 매각, 소유권 행사에 많은 제약과 불편이 따른다. 공유 부동산의 지분을 매입하기가 꺼려지는 건 이런 권리상의 제약 때문이다. 하지만 경매 경험과 지식을 조금씩 쌓아가다 보면 지분 경매만큼 매력적인 분야가 없다는 걸 알게 된다. 지분 경매의 장점을 꼽으라면 먼저 적은 돈으로 투자가 가능하다는 것이다. 형제나 자녀가 많은 상속 지분의 경우 불과 몇 백만 원으로도 수도권에 소재한 괜찮은 부동산의 지분을 취득할 수 있다. 3,000만 원 안팎만 투자해도 토지와 건물의 지분을 살 수 있을 뿐더러 경우에 따라서는 높은 수익을 올릴 수도 있다. 다음으로는 자금 회수 기간이 비교적 짧다는 것이다. 단일 아파트나 단일 토지의 경우 낙찰받은 후 등기를 거쳐 부동산 중개업소를 통해 팔아야 하는데 내놓는 가격에 따라 오래 걸리기도 한다. 하지만 지분 경매의 경우 다른 공유자의 경제적 여력에 따라 대개 잔금을 치르고 나서 3~6개월 사이에 매각이 이루어진다. 운이 좋을 경우엔 낙찰 당일 경매 법정에서 공유자와 매각 협상이 성사되기도 한다.

2016년 여름, 토지 및 건물의 6분의 1 지분이 경매로 나온 전남 목포시 북교동의 한옥도 전형적인 지분 경매 유형이다. 토지 지분은 71㎡(21평), 건물지분은 28㎡(8평)로, 최초 감정가가 3,000만 원이었으나 두 차례 유찰 끝에 1,690만 원까지 떨어졌다. 게다가 현장을 살펴보니 마당이 여러 화초로 잘 꾸며 깔끔하게 정돈되어 있고, 지붕의 기와도 얼마 전에 새로 씌운 것처럼 깨끗해 보였다. 앞의 여러 사례에서 살펴보았지만, 이런 물건은 공유자인 집주인이 절대 포기하지 않는다. 필자의 수업을 듣던 경남 창원의 수강 생 K양이 응찰해보겠다고 해서 1,900만 원에 물건을 낙찰받았다. 이번 건은 K양이 직접 협상에 나서 집주인과 전화로 먼저 접촉했다. 곧 K양으로부터 전화가 왔다.

"교수님, 일흔은 넘어 보이는 여자한테서 전화가 왔는데, 욕을 얼마나 하던지 협상 얘기는 아예 꺼내지도 못했어요."

그러면서 K양은 갖은 욕설로 도배된 휴대폰 문자까지 보여주었다. 그렇다면 공유물 분할 청구 소송을 내놓고 내가 협상해보겠다고 했다. 소장이 공유자들에게 송달되었을 무렵 내가 그 집으로 전화를 걸었다. K양한테 들은 얘기도 있고 해서 욕 들을 각오를 단단히 하고선 낙찰자라고 소개했다. 그런데 전화의 목소리가 의외로 다소곳했다. 아마도 두 가지 점에서 여자의 태도가 바뀌지 않았을까 짐작됐다. 먼저 전화 상대가 젊은 여자에서 나이 많은 남자로 바뀌어서 그랬을 것이고, 두 번째는 역시 소송의 힘이다. 공유물을 분할하자는 소장을 받게 되면 대개의 경우 처음에 강하게 버티던 공유자도 고개를 숙이고 말기 때문이다.

인사가 끝나자 여자는 아예 신세 한탄부터 늘어놓기 시작했다. 그 집은 자기가 시집 올 때부터 쭉 살고 있는 집이라는 것부터 생활이 방탕해서 자주 빚을 지는 공유자 식구 하나의 버르장머리를 고쳐주려고 돈을 안 갚아줬더니 그렇게 되었다는 등의 얘기를 두서없이 털어놓았다. 그런 한탄 끝에 60년을 넘게 살아온 집인데 그냥 그대로 살게 해주면 안되겠냐고 하소연하기 시작했다.

짐작해보면 공유자 우선매수 제도를 몰랐거나, 아니면 그녀의 말대로 지분을 가진 식구 중 하나의 버릇을 고쳐주려고 그냥 내버려둔 모양이었다. 그래서 설마 6분의 1의 지분으로 집이 어떻게 되겠냐는 생각으로 낙찰받은 K양에게 갖은 욕설을 퍼부었던 것 같았다. 그러다가 우리 쪽에서 공유물 분할 소송을 제기하고 나니까 그때서야 사태의 심각성을 깨달은 것이다.

"정 그러시면 그 집에 사셔야죠."

내가 그렇게 말하자 여자는 한편으론 안심을 하면서도 이제는 돈이 없다면서 엄살을 부리기 시작했다.

"그냥 감정가에다 100만 원만 더 주시면 됩니다."

협상 가격을 알려주자 여자가 깜짝 놀라면서 그게 정말이냐고 다시 확인해왔다. 그렇다고 하니까 연신 고맙다면서 들뜬 목소리로 여러 차례 인사를 해왔다. 목포에 내려오면 맛있는 회를 대접하겠다는 둥, 세상에 이렇게 고마운 사람이 있는 줄 몰랐다는 둥 하면서 고마워했다. 모르긴 해도 아마 주변 사람들로부터 감정가나 시세보다 훨씬 높은 가격을 요구할 것이라고 듣고선 지레 겁을 먹은 모양이었다. 나는 법무사를 정해놓고 날짜를 정해주시면 내려갈 테니 하루 만에 모든 걸 처리하자고 제안했다. 이렇게 해서 K 양은 잔금 치르고 나서 2개월도 지나지 않아 1,900만 원을 투자해 1,000만 원의 수익을 올렸다.

채권액 규모도 유심히 살펴라

이처럼 알고 나면 경매에서 가장 쉽고 간단해 보이는 것이 토지와 건물의 지분 매각이다. 특히 채무자 가족이 이번 건처럼 경제적 여력이 있을 땐 길 가다 현찰 뭉치 줍는 것처럼 쉽게 수익을 실현할 수 있다. 하지만 지분 경매는 양날의 검처럼 약점도 함께 갖고 있다는 사실을 늘 명심해야 한다.

먼저 공유자 우선매수 청구 제도다. 앞장에서 자세하게 설명한 대로 공유자 우선매수 청구권은 지분 경매에서 1인 이상이 응찰해 최고가매수신고인이 결정된 후 채무자 이외의 공유자가 신청할 경우 공유자에게 그 가격으로 낙찰받을 수 있는 기회를 부여하는 제도다. 괜찮은 토지나 건물의 지분이 경매로 나와 열심히 권리분석을 한 뒤 경매에 참여해 최고가매수신고인이 되더라도 우선매수를 하겠다는 공유자가 나타나면 낙찰 권리를 빼앗기고 만다.

또 다른 단점은 지분을 낙찰받은 뒤 공유자와의 협상이 결렬되었을 경우다. 앞에서 잠깐 설명한대로 지분 경매는 대략 세 가지 범주에서 결말이 난다. 먼저 공유자 또는 공유자 가족과 합의해 토지를 지분대로 나눠 갖는 방법이다. 두 번째는 나머지 지분권자들이 낙찰받은 지분을 다시 매입해가는 방법이다. 여기까지는 소송을 거칠 필요가 없다. 하지만 필자의 협상 경험에 의하면 공유자와의 협상이 틀어졌을 땐 지체 없이 소송을 제기하는 것이 좋다. 소송으로 들어가면 짧게는 6개월에서 길게는 1년 이상 걸릴 수 있다. 하지만 소송을 제기하면 협상과정에서 강하게 버티던 공유자가 다시 협상에 나서는 경우도 많아 생각보다 빨리 문제가 해결되기도 한다.

지분 경매(토지와 건물이 분리된 경매 포함)에 임할 땐 채무자의 채권액을 유심히 살펴보는 것도 좋다. 경험에서 나온 팁 하나를 공개하자면 채권액 규모가 큰 물건이 협상하기가 훨씬 용이하다. 대개 6개월 안에 협상이 끝나는 경우가 많다. 문제는 채권액이 적은 경우다. 채권액이 적을 땐 겉으로 보기엔 멀쩡해도 협상이 오래 끄는 경우가 많다. 취하되지 않고 경매로 나왔다는 것 자체가 그 정도 규모의 채권도 해결할 능력이 없다는 걸 보여주기 때문이다. 그래서 협상을 필요로 하는 경매에 응찰할 땐 채권 규모도 놓치지 말고 살펴봐야 한다.

2015 타경 98×× 전라남도 목포시 북교동 10×−×

2015 타경 98▆ (강제)		물번2 [배당종결] ✔		매각기일 : 2016-07-11 10:00~ (월)		경매4계 061-270-6694
2015타경10▆ (병합)						
소재지	(58726) 전라남도 목포시 북교동 10▆ 외2필지					
	[도로명] 전라남도 목포시 북교길 (북교동)					
용도	주택	채권자	지▆성		감정가	30,300,450원
지분토지	71.1㎡ (21.51평)	채무자	지▆혜		최저가	(56%) 16,968,000원
지분건물	28.48㎡ (8.62평)	소유자	지▆준 外		보증금	(10%)1,697,000원
제시외	4.5㎡ (1.36평)	매각대상	토지/건물지분매각		청구금액	40,367,666원
입찰방법	기일입찰	배당종기일	2015-11-23		개시결정	2015-09-10

기일현황

회차	매각기일	최저매각금액	결과
신건	2016-04-18	30,300,450원	유찰
2차	2016-05-30	21,210,000원	유찰
3차	2016-07-11	16,968,000원	매각
	낙찰19,690,000원(65%)		
	2016-07-18	매각결정기일	허가
	2016-08-16	대금지급기한 납부 (2016.07.27)	납부
	배당종결된 사건입니다.		

🔍 매각물건 주변 지적도

⊕ 매각물건 주변 항공사진

⊕ 매각물건 건물사진

소 　 장

원 고　박 ■ 미 (650513-■■■■■■■)

　　　창원시 성산구 창원대로780번길 77, 5■호(외동,광덕미지루아파트)

　　　송달장소 : 평택시 평남로 1029, 2■호(동삭동,쓰리제이타워)

　　　송달영수인 : 법무사 유 ■ 수

피 고　1. 지 ■ 훈 (541205-*******)

　　　　목포시 석현로 18, ■■(석현동,스타팰리스상가)

　　　2. 지 ■ 훈 (480813-*******)

　　　　의정부시 동일로 6■■

　　　　202동 9■호(금오동,금오2차신도브래뉴업아파트)

　　　3. 지 ■ 훈 (441211-*******)

　　　　목포시 북교길 ■■(북교동)

　　　4. 지 ■ 선 (510122-*******)

　　　　논산시 광석면 이사리 2■■

공유물분할 청구의 소

청 구 취 지

1. 별지목록 기재 부동산을 경매에 붙이고 그 대금에서 경매비용을 공제한
   나머지 금액을 원고에게 6분의 1, 피고 지■훈에게 6분의 1, 피고 지■훈
   에게 6분의 1, 피고 지■훈에게 6분의 2, 피고 지■선에게 6분의 1 지분

에 따라 각 분배하라.

2. 소송비용은 피고들이 부담한다.

라는 판결을 구합니다.

청 구 원 인

1. 토지의 공유관계

전라남도 목포시 북교동 101-■ 대 249.3㎡, 같은 곳 101-3 대 144.6㎡, 같은 곳 101-■ 대 32.5㎡, 같은 곳 101-■ 지상 제1동 목조 시멘트기와지붕 단층 단독주택 81.32㎡, 같은 곳 101-■ 지상 제2동 시멘트벽돌적조 슬래브지붕 2층 주택 1층 58.79㎡ 2층 30.86㎡(이하 "이사건부동산들"이라함)는 원고가 6분의 1, 피고 지■훈이 6분의 1, 피고 지■훈이 6분의 1, 피고 지■훈이 6분의 2, 피고 지■선이 6분의 1의 각 지분으로 공유하고 있습니다(갑제1호증의 1 내지 5호 각 부동산등기사항증명서 및 갑제2호증의 1 내지 5호 각 토지대장, 건축물대장 참조).

2. 분할의 필요성 및 그 방법

이사건 부동산들은 위와 같이 각 5인의 공동소유로 되어있어 원고와 피고들 모두가 재산권행사에 많은 제약을 받고 있는 바, 각 공유지분에 따라 분할을 할 필요가 있습니다.

그런데 이사건 부동산 중에는 건물까지 존재하여 현물로 분할하는 것은 거의 불가능하다 할 것이므로, 경매에 붙여 그 대금에서 경매비용을 차감한 나머지 금전을 가지고 각 공유자의 지분에 따라 현금으로 분할하는 것이 가장 적절한 방법이라 할 것입니다.

3. 결어

위와 같은 사유로 원고는 피고들과의 이사건 부동산들의 공유관계를 청산하고자 청구취지와 같은 형태의 공유물 분할 판결을 구하기에 이른 것입니다.

입 증 방 법

1. 갑 제1호증의 1 내지 5   부동산등기사항증명서   각 1통
1. 갑 제2호증의 1 내지 5   토지대장, 건축물대장   각 1통

첨 부 서 류

1. 위 입증방법   각 5통
1. 소장부본   4통

2016. 9. .

위 원고 박 미

광주지방법원 목포지원 귀중

우선매수 권리를 모르는 공유자

2015 타경 55×× 남해군 북변리 47×-×(토지/건물 4/38 지분)

2015 타경 55▨ (강제)		매각기일 : 2015-12-21 10:00~ (월)		경매4계 055-760-3254	
소재지	(52414) 경상남도 남해군 남해읍 북변리 47▨				
	[도로명] 경상남도 남해군 남해읍 화전로122번길 1▨				
용도	주택	채권자	▨ 자산대부	감정가	19,859,260원
지분토지	22.42㎡ (6.78평)	채무자	정▨란	최저가	(64%) 12,710,000원
지분건물	5.39㎡ (1.63평)	소유자	정▨란 外	보증금	(10%) 1,271,000원
제시외	24.2㎡ (7.32평)	매각대상	토지/건물지분매각	청구금액	9,378,262원
입찰방법	기일입찰	배당종기일	2015-09-02	개시결정	2015-06-11

38분의 4 지분으로 수익 실현

이번에도 아주 간단한 지분 경매 하나를 살펴보겠다. 2015년 겨울 경남 남해에 강제경매로 나왔던 토지 건물 지분 물건이다. 38분의 4 지분으로 토지가 $22m^2$(6.7평), 건물이 $5m^2$(1.6평) 경매로 나왔다. 3차까지 떨어졌을 때 필자의 수강생 중 K씨가 69%의 가격인 1,375만 원에 낙찰받았다.

낙찰받고 이 집을 찾아갔을 때 채무자는 돈이 없으니까 법대로 하라는 식이었다. 그래서 바로 공유물 분할 청구 소송을 제기했다. 등기부등본을 보면 이 집은 형제 자매로 보이는 아홉 명이 상속을 받아 공동으로 소유하고 있다. 지분을 살펴보면 맏형으로 보이는 사람이 두 개의 지분을 갖고 있는 것으로 나와 있다. 이는 이전에도 형제 중 누군가가 빚을 져서 경매로 나온 것을 맏형이 대신 매입했다는 걸 의미한다. 맏형의 주소를 보면 인근 혁신도시 아파트에 거주하는 걸로 나와 경제적 여력 또한 충분한 것으로 보인다.

여기서 하나 짚고 넘어가야 할 점은 채무자의 맏형은 지난번에도 경매 지분을 매입한 경험이 있으면서도 공부를 제대로 하지 않았다는 것이다. 공유자 우선매수 제도를 활용했으면 수강생 K씨의 낙찰가에 해당 지분을 인수했을 것이다. 경매를 조금이라도 공부한 사람 입장에서는 상식으로 통하는 이런 제도를 일반인들은 의외로 모르고 있다. 이 사람도 일이 벌어지면 지난번처럼 매입하면 되겠지 하는 생각을 하고 있었을 것이다. 아닌 게 아니라 소송이 제기되자마자 그 맏형으로부터 연락이 왔다. K씨는 최초 감정가보다 약간 높은 금액에 지분을 되팔아 단기간에 수익을 올렸다.

2015 타경 55×× 경상남도 남해군 남해읍 북변리

2015 타경 55██ (강제)		매각기일 : 2015-12-21 10:00~ (월)		경매4계 055-760-3254	
소재지	(52414) 경상남도 남해군 남해읍 북변리 47██				
	[도로명] 경상남도 남해군 남해읍 화전로12번길 1█				
용도	주택	채권자	██자산대부	감정가	19,859,260원
지분토지	22.42㎡ (6.78평)	채무자	정█란	최저가	(64%) 12,710,000원
지분건물	5.39㎡ (1.63평)	소유자	정█란 外	보증금	(10%)1,271,000원
제시외	24.2㎡ (7.32평)	매각대상	토지/건물지분매각	청구금액	9,378,262원
입찰방법	기일입찰	배당종기일	2015-09-02	개시결정	2015-06-11

기일현황 ☑간략보기

회차	매각기일	최저매각금액	결과
신건	2015-10-12	19,859,260원	유찰
2차	2015-11-16	15,887,000원	유찰
3차	2015-12-21	12,710,000원	매각
김█철/입찰2명/낙찰13,750,000원(69%)			
	2015-12-28	매각결정기일	허가
	2016-01-22	대금지급기한 납부 (2016.01.14)	납부
	2016-03-14	배당기일	완료

🔍 매각물건 주변 항공사진

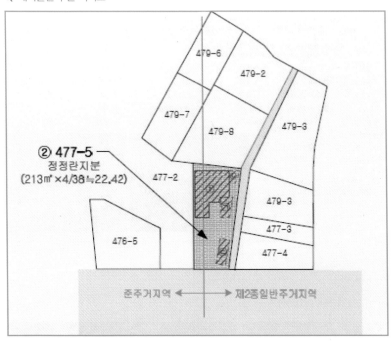

건물 지분 4/38

[건물] 경상남도 남해군 남해읍 북변리 47█-█   고유번호 1946-1996-096093

1. 소유지분현황 (갑구)

등기명의인	(주민)등록번호	최종지분	주　　　소	순위번호
정█도 (공유자)	560415-*******	38분의 6	남해군 남해읍 북변동 47█-█	1
정█도 (공유자)	560415-*******	38분의 4	경상남도 진주시 평거동 29█-█ 평거대화리버트빌 101-13██	6
정█도 (공유자)	590809-*******	38분의 4	남해군 남해읍 북변동 47█-█	1
정█남 (공유자)	620611-*******	38분의 4	진주시 상대동 30█-1█	1
정█란 (공유자)	670830-*******	38분의 4	남해군 남해읍 북변동 47█-█	1
정█순 (공유자)	530809-*******	38분의 4	마산시 양덕동 4██.2█호	1
정█렬 (공유자)	631219-*******	38분의 4	남해군 남해읍 북변동 47█-█	1
정█자 (공유자)	610526-*******	38분의 1	진주시 인사동 14█-█	1
정█희 (공유자)	460327-*******	38분의 1	부산 남구 대연동 89█-█	1
하█순 (공유자)	310104-*******	38분의 6	남해군 남해읍 북변동 47█-█	1

토지 지분 4/38

주요 등기사항 요약 (참고용)

━━━━━━━━ [주 의 사 항] ━━━━━━━━

본 주요 등기사항 요약은 증명서상에 말소되지 않은 사항을 간략히 요약한 것으로 증명서로서의 기능을 제공하지 않습니다.
실제 권리사항 파악을 위해서는 발급된 증명서를 필히 확인하시기 바랍니다.

[토지] 경상남도 남해군 남해읍 북변리 47█-█ 대 213㎡   고유번호 1946-1996-100266

1. 소유지분현황 (갑구)

등기명의인	(주민)등록번호	최종지분	주　　　소	순위번호
정█도 (공유자)	660416-*******	38분의 6	남해군 남해읍 북변동 47█-█	1
정█도 (공유자)	660416-*******	38분의 4	경상남도 진주시 평거동 20█-█ 평거대화리에로빌 101-12██	6
정█도 (공유자)	600809-*******	38분의 4	남해군 남해읍 북변동 47█-█	1
정█남 (공유자)	620611-*******	38분의 4	진주시 상대동 30█-██	1
정█탄 (공유자)	670830-*******	38분의 4	남해군 남해읍 북변동 47█-█	1
정█순 (공유자)	630809-*******	38분의 4	마산시 양덕동 4█-█.2██호	1
정█엽 (공유자)	631219-*******	38분의 4	남해군 남해읍 북변동 47█-█	1
정█자 (공유자)	610626-*******	38분의 1	진주시 인사동 14█-█	1
정█휘 (공유자)	460327-*******	38분의 1	부산 남구 대연동 89█-█	1
하█순 (공유자)	310104-*******	38분의 6	남해군 남해읍 북변동 47█-█	1

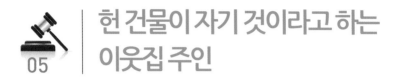

헌 건물이 자기 것이라고 하는 이웃집 주인

2015 타경 20×× 충청남도 공주시 탄천면 안영리(토지만 매각)

2015 타경 20▨▨ (임의)	물번2 [배당종결] ✓		매각기일 : 2016-03-21 10:00~ (월)		경매2계 041)840-5743
소재지	(314-854) 충청남도 공주시 탄천면 안영리 52▨▨				
현황용도	대지	채권자	이▨원	감정가	25,191,000원
토지면적	311㎡ (94.08평)	채무자	정▨영	최저가	(49%) 12,344,000원
건물면적		소유자	정▨영	보증금	(10%)1,235,000원
제시외	제외 : 111㎡ (33.58평)	매각대상	토지만매각	청구금액	19,000,000원
입찰방법	기일입찰	배당종기일	2015-08-12	개시결정	2015-06-01

경매 진행 중 불법 냉장고 설치해 사용 중

현장 답사를 해보니 누군가가 경매 물건의 마당에 냉장창고를 지었다. 현장 사진을 보면 해당 토지가 경매로 나와 감정평가사가 현장을 방문했을 때 누군가가 냉장창고를 지으려고 자재를 갖다 놓은 것을 볼 수 있다. 나중에 알게 된 사실이지만 경매개시기일 등기 후 해당 토지의 맞은 편에 거주하는 사람이 이 토지가 경매로 나온 사실을 알고 경매 가격을 떨어뜨리기 위해 슬쩍 냉장 창고를 지어놓았던 것이다.

낙찰을 받고 현장을 가 보았다. 역시 냉장창고는 그대로 있다. 맞은편 주인이 건축했다는 것을 알지만 모르는 척하고 냉장창고에 경고문을 붙이고 왔다.

며칠 후 연락이 왔다. 한번 만나서 얘기하잔다. 약속을 하고 현장에서 맞은편 건축주와 만났다. 자기가 낙찰받은 토지의 건물 주인이라고 하며 당신은 토지만 받은 것 아니냐며 다 쓰러져가는 건물 주인이라며 말한다.

내가 사전 답사 시 조사한 바로는 현재 주인이 정○○ 씨이며 상속으로 받았지만 정○○ 씨는 여기서 거주하지는 않았다고 한다. 집이 비어있는 지 10여 년이 넘었다는 이야기를 동네 아주머니에게 들었다.

즉, 주인이 없이 오랫동안 비어 있던 집인데 맞은편 집주인이 빈 집을 사용하며 관리했는데 경매로 나오자 건축물 대장이 없는 것을 알고 낙찰자에게 자기가 건물 주인이라며 당신은 토지만 낙찰받았기에 건물 주인인 자기에게서 건물을 사가라는 얘기다. 더 이상 상대를 해서는 곤란한 사람이라는 판단을 했다. 건물을 살 생각도 없을 뿐더러 내 토지에 불법으로 냉장창고까지 지었으니 형사고발할 예정이라고 통보해주고 돌아왔다. 바로 다음 날 맞은 편에 있는 건물의 등기부등본을 떼어 그 사람을 상대로 내 토지에 당신의 건물이 있으니 즉시 허물고 허물 때까지 지료를 내라는 청구소송을 제기했다.

낙찰자에게 본인의 건물이라고 주장하며 돈을 요구하다가 거꾸로 건물을 치워주고 지료까지 물어야 된다는 사실을 나중에 법무사를 통하여 알게된 것 같다.

"여보세요. 여기 ○○법무사인데요, 안영리 토지 낙찰받은 사람인가요?"

"네 그런데요?"

"혹시 낙찰받은 토지 팔지 않으시겠습니까?"

"맞은편에 사시는 분이 본인이 관리하던 토지라 매입을 하고 싶다고 하여 제가 이렇게 대신해 전화드리는 것입니다."

독자 여러분도 이젠 그림이 그려질 것이다. 맞은편 건물주는 혹한번 떼어보려다 오히려 혹을 더 붙이게 된 격이다.

결국은 건물 주인이라고 주장했다가 건물을 허물어주는 비용을 떠안게 되고 그때까지 지료도 내야 된다는 사실을 뒤늦게 깨닫고 이것을 가장 적은 돈으로 해결하기 위해 토지를 다시 매입하려고 한 것이다.

"감정가에 백만 원 더 주신다면 팔겠습니다."

"그렇다면 2,600만 원 정도면 되겠습니까."

"네, 그 정도면 계약하겠습니다."

"제가 사겠다는 사람과 통화해보고 바로 다시 연락하겠습니다" 하고 전화를 끊었다. 두어 시간 지나서 가격협상이 되었다며 언제 계약하겠냐고 해서 삼일 정도 후에 서류 가져갈 테니 돈을 준비해주세요 하고 매도했던 사건이다 !

경매를 하다 보면 이런 말도 안 되는 얕은 꾀를 부려 돈을 벌어보려는 사람을 종종 만나기도 한다. 관련 법률이나 소송 절차를 꿰고 있으면 그런 사람을 상대로 제대로 '한방' 먹이고, 이처럼 '정의'를 실현할 수도 있다. 생각지도 않게 물건까지 떠넘겨 천여만 원의 수익까지 얻었다.

2015 타경 20×× 충청남도 공주시 탄천면 안영리 52×-×

2015 타경 20██ (임의)	물번2 [배당종결] ∨	매각기일 : 2016-03-21 10:00~ (월)	경매2계 041)840-5743
소재지	(314-854) 충청남도 공주시 탄천면 안영리 52██████		
현황용도	대지	채권자	이 █ 원	감정가	25,191,000원
토지면적	311㎡ (94.08평)	채무자	정 █ 영	최저가	(49%) 12,344,000원
건물면적		소유자	정 █ 영	보증금	(10%)1,235,000원
제시외	제외 : 111㎡ (33.58평)	매각대상	토지만매각	청구금액	19,000,000원
입찰방법	기일입찰	배당종기일	2015-08-12	개시결정	2015-06-01

기일현황 ▽간략보기

회차	매각기일	최저매각금액	결과
신건	2015-11-30	25,191,000원	변경
신건	2016-01-04	25,191,000원	유찰
2차	2016-02-15	17,634,000원	유찰
3차	2016-03-21	12,344,000원	매각
	낙찰16,789,000원(67%)		
	2016-03-28	매각결정기일	허가
	2016-04-29	대금지급기한 납부 (2016.04.06)	납부
	2016-07-14	배당기일	완료
	배당종결된 사건입니다.		

매각물건 주변 항공사진

통 고 서

본인은 충청남도 공주시 탄천면 안영리 5××의 토지를 경매로 매입한 사람입니다.

(2015 타경 20××)

위의 토지에 불법건물(냉장고)를 설치한 분은 연락바랍니다. 만약 자진하여 철거하지 않을 경우 경매 방해죄로 형사고발 예정이며 또한 자진 철거하지 않는 경우 대한민국 민법에 의하여 강제 철거 예정이며 모든 비용은 불법 설치한 사람이 책임질 것입니다. 따라서 자진하여 철거할 것을 최종 통고합니다.

2016년 5월 17일

연락처 010-○○○○-○○○○

소 장

원고 : 유○자
피고 : 임○기

토지인도 등 청구의 소

소가 : 금 3,164,425원

인지대 : 15,800원
송달료 : 111,000원

대전지방법원 공주지원 귀중

◈ 소송물가액 산출 내역 ◈

가. 물건가액

충청남도 공주시 탄천면 안영리 52×-× 대 311㎡

(1) 공시지가 : ㎡당 40,700원

(2) 인도청구의 대상면적 : 311 ㎡

(3) 물건가액 : 40,700×311×50% = 6,328,850원

나. 소송물가액

물건가액(6,328,850원)/2(소유권에 기한청구)=금3,164,425원

다. 산정소가 및 첩용인지액

소　가 : 금3,164,425원

인지액 : 3,164,425×50/10,000 = 금15,800원

소 장

원 고 : 유○자(000328-00*****)
　　　　안산시 상록구 감골로 59, 704동 13××호(사동, 월드아파트)
　　　　송달장소 : 평택시 평남로 1045, 5××호(동삭동, 손문빌딩)
　　　　송달영수인 : 법무사 유○수

피 고 : 임○기(000507-1*****)
　　　　공주시 탄천면 안영리 5××

토지인도 등 청구의 소

청 구 취 지

1. 피고는 원고에게
　가. 충청남도 공주시 탄천면 안영리 52×-× 대 311㎡ 중 별지 도
　　　면 표시 1, 2, 3, 4, 1의 각점을 순차로 연결한 선내 (가)부분 목
　　　조 슬레이트지붕 단층(주택) 약 55㎡, 5, 6, 7, 8, 5의 각 점을 순
　　　차로 연결한 선내 (나)부분 조적조 슬레이트지붕 단층(창고) 약
　　　20㎡, 9, 10, 11, 12, 9의 각 점을 순차로 연결한 선내 (다)부분
　　　블록조 슬레이트지붕단층(창고) 약12㎡, 13, 14, 15, 16, 13의
　　　각 점을 순차로 연결한 선내 (라)부분 목조(토담조) 슬레이트지
　　　붕 단층(창고) 약 24㎡를 각 철거하고,
　나. 위 토지 311㎡를 인도하고, 다. 2016. 4. 6.부터 위 토지인도 완
　　　료일까지 연 금 2,519,100원의 비율로 계산한 돈을 지급하라.

2. 소송비용은 피고가 부담한다.

3. 제1항은 가집행할 수 있다.

라는 판결을 구합니다.

<h2 style="text-align:center">청 구 원 인</h2>

1. 원고의 토지소유

충청남도 공주시 탄천면 안영리 52×-× 대 311㎡(이하 "이 사건 토지"라 함)는 원고가 대전지방법원 공주지원의 2015 타경 2050 부동산임의경매 사건에서 2016. 4. 6. 임의경매로 인한 매각을 원인으로 취득하였습니다(갑제1호증의 1호 부동산등기사항증 명서 참조).

2. 피고의 건물 소유 및 토지소유권의 침해

이 사건 토지의 지상에는 별지 도면과 같이 (가)부분 목조 슬레이트지붕 단층(주택) 약 55㎡, (나)부분 조적조 슬레이트지붕 단층(창고) 약 20㎡, (다)부분 블록조 슬레이트지붕 단층(창고) 약 12㎡, (라)부분 목조(토담조) 슬레이트지붕 단층(창고) 약 24㎡의 미등기 무허가 건물(이하 "이 사건 건물"이라 함)이 존재하는 바, 경매사건의 현황조사서 기재에 의하면, 건물 소유자인 피고가 점유 사용하고 있으면서 지료는 지급하지 않고 있음을 알수 있습니다. 결국, 피고는 건물의 소유자로서 아무런 권원 없이 원고의 이 사건 토지 소유권을 침해하고 있으므로 이 사건 건물을 철거하고, 이 사건 토지를 원고에게 인도할 의무가 있습니다.

3. 지료 상당의 부당이득 청구

위와 같이 피고는 원고소유의 이 사건 토지 상에 이 사건 건물을 소유하면서 지료 상당의 부당이득을 하고 있다 할 것입니다. 그러므로 원고는 우선 원고가 이 사건 토지의 소유권을 취득한 2016. 4. 6.부터 이 사건 토지의 인도완료일까지, 경매사건에서 평가한 이 사건 토지의 가액인 금 25,191,000원의 10%인 금 2,519,100원을 1년치 지료로 청구합니다.

4. 결어

위와 같은 사유로 원고는 피고를 상대로 이 사건 청구취지와 같은 판결을 구하기에 이른 것입니다.

입 증 방 법

1. 갑 제1호증   부동산등기사항증명서
1. 갑 제2호증   토지대장
1. 갑 제3호증   지적도
1. 갑 제4호증   현황조사서
1. 갑 제5호증   매각물건명세서
1. 갑 제6호증   감정평가서

첨 부 서 류

1. 위 입증방법   각 2통
1. 소장부본   1통

2016. 6.   .
위 원고 유○자

대전지방법원 공주지원 귀중

조정으로 합의한
실전 사례

"
조금만 양보하면
조정으로 끝나게 된다.
"

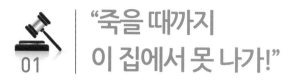

01 | "죽을 때까지 이 집에서 못 나가!"

2009 타경 139×× 안성시 삼죽면 미장리 5×-×(토지만 매각)

2009 타경 139■(임의) 2013타경61■(취하)		물번4 [잔금납부] ▼		매각기일 : 2015-06-15 10:00~ (월)		경매3계 031-650-3167
소재지	(456-881) **경기도 안성시 삼죽면 미장리 5**■ **외1필지** [도로명주소] 경기도 안성시 신미1길 11■(삼죽면)					
물건종별	대지	채권자	김■남외 5명	감정가		245,314,000원
토지면적	1418㎡ (428.94평)	채무자	이■규	최저가		(49%) 120,204,000원
건물면적		소유자	오■수외5명	보증금		(10%)12,021,000원
제시외	제외 : 216.6㎡ (65.52평)	매각대상	토지만매각	청구금액		3,651,000,000원
입찰방법	기일입찰	배당종기일	2010-01-18	개시결정		2009-10-23

80대 노인 부부의 주택을 낙찰받다

경매를 오래 하다 보면 협상하기가 난감한 물건을 종종 만나게 된다. 이런 경우는 아무리 돈이 된다 하더라도 응찰을 피하는 것도 한 방법이다. 하지만 경매 컨설팅을 업으로 삼은 필자는 가급적이면 다양한 사례를 경험해보려고 가끔씩 모험을 하기도 한다. 이번 사례는 말하자면 그런 경우에 속하는 물건이다.

경기도 안성시 삼죽면에 주택을 제외한 토지가 경매로 나왔는데, 이 물건은 여러 가지 면에서 눈길을 끌었다. 먼저 이 물건은 채무자의 여러 물건과 함께 경매에 나왔는데, 물건번호 4번인 이 토지만 유독 변경과 유찰을 거듭하고 있었다. 이 물건은 2010년 6월에 경매에 나왔다가 채무자에 의해 여섯 차례 기일이 변경된 후 두 차례 유찰을 겪고 나서 2015년 6월에 와서야 낙찰이 이루어졌다. 5년 전의 최초 감정가가 2억 4,500만 원이었는데, 1억 2,000만 원까지 떨어진 다음이었다.

대지는 두 필지를 합쳐 1,418㎡(429평)로 건물은 매각에서 제외되어 있었다. 면적만 봤을 때 430평이면 시골 집터로는 상당히 넓은 편에 속한다. 현장에 가서 살펴보니 전통 양식의 기와집이 세워져 있는데, 100년은 족히 되어 보이는 것이 과거의 영화가 느껴지는 그런 집이었다. 이 물건이 거듭 유찰된 이유는 그 기와집에 80대 노인 부부가 살고 있었기 때문이다.

경매를 통해 인도명령이나 명도소송을 경험해본 사람은 알겠지만 가장 난감한 명도가 바로 이런 경우다. 먼저 인도 명령을 신청해서 강제로 명도를 집행한다 해도 노인들이 아프다고 드러누워버리면 강제 집행이 거의 불가능하다. 집행관들이 강제로 명도를 시도하다가 노인들이 더 아프게 되거나 다치기라도 하면 책임 져야 하기 때문이다. 이런 경우 집행관들은 집행 불능 판정을 내리고 손을 뗄 확률이 높다.

게다가 이번 경우는 건물은 매각에서 제외되어 있어 인도명령 신청 대상에 해당하지도 않는다. 명도를 하려고 해도 건물 철거를 요청하는 소송을 벌여 그 판결문을 갖고 집행에 들어가야 하기 때문에 시일이 오래 걸리기 십상이다. 이런 경우 그 집의 자녀들과 협상을 벌여야 한다. 경매 격언에 '자녀 중에 효자 하나는 있다'는 말이 있다. 부모를 위해 땅을 다시 사들이는 자녀가 나올 수도 있기 때문이다. 그렇지 않으면 최악의 경우를 대비해 명도를 염두에 두어야 한다. 필자의 경험상 명도 비용으로 1,000만 원 정도를 제시하면 명도에 응할 가능성이 높다. 1억 3,000만 원 정도에 낙찰을 받아도 감정가보다 여전히 1억 원가량 저렴하게 매입하기 때문에 명도 비용을 충분히 책정한다면 한번 해볼 만하다고 수강생들에게 소개했다. 그렇게 해서 수강생 H씨가 1억 3,300만 원에 낙찰받은 것이다.

H씨로부터 잔금을 냈다는 연락을 받고선 그 집으로 찾아갔다. 문을 두드리며 집 안으로 들어가니 80대 부인이 안방에서 대청마루로 걸어 나왔다.

"어떻게 오셨습니까?"

80대 노인이지만 옷차림이나 말투에 기품이 어려 있었다.

"이번에 이 땅을 경매로 낙찰받은 사람입니다."

그 말을 들은 노인이 갑자기 대청마루에 털썩 주저앉아버렸다. 얼굴엔 올 것이 왔다는 표정이 역력했다. 이어 깊은 한숨을 내쉬며 말했다.

"어휴, 어쩌다가 우리 집이 이 지경이 되어버렸을꼬…."

모르긴 해도 안성 인근에서 천석꾼이나 만석꾼 소리를 들었을 만큼 과거엔 가세가 대단했던 것 같았다. 이 집 말고도 여러 땅을 소유하고 있었는데, 만 평이 넘는 문전옥답에 채석장까지 해서 몇십억 원 규모를 이미 6건의 경매를 통해 날려버렸다. 몇 만 평 되는 땅 다 날리고 남은 게 겨우 이 기와집이었던 것이다. 노인이 멍하니 마루에 앉아 하소연하듯 말했다.

"우리가 살아봐야 얼마나 더 살겠어? 미안하지만 우리가 죽을 때까지만 이 집에서 그대로 살게 해줘요."

앞서 말한 난감한 경우가 바로 이런 경우다. 경매를 하면서 인정에 치우치면 결국 본인이 손해를 입게 된다. 수익을 위해 경매를 한다면 잦은 인정은 잦은 무자비만큼 악덕임을 새겨둘 필요가 있다. 필자는 노인의 하소연에 이렇게 대꾸했다.

"그렇게 해드릴 수도 있는데, 그렇다고 무조건 그렇게만 할 수는 없습니다. 서로 약조를 해야 합니다. 아드님한테 저에게 전화하게끔 해주세요."

그랬더니 노인이 앉은걸음으로 벽에 걸려 있는 달력을 북 찢더니 전화번호를 적어달라고 했다. 그렇게 전화번호를 적어주고 그 집을 나왔다. 차를 몰고 서울로 올라오는데 큰아들한테서 전화가 걸려왔다. 나중에 알고 보니 이 아들이 그 집의 전 재산을 날려먹은 장본인이었다. 전화를 걸어 나한테 한다는 첫 말이 가관이었다.

"어머님 집에 왜 가셨어요? 앞으론 그 집에 가지 마십시오. 그리고 왜 그리 머리 아픈 걸 낙찰받았어요?"

'이것 봐라. 그 많은 재산 왜 날려 먹었는지 알겠군! 그리고 내 머리 아플 걸 지가 왜 걱정을 해?'

속으로 울화가 치밀었다. 건물이 매각에서 제외되어 있고, 노인 부부가 실제 거주하고 있으니 명도가 어려울 것이라는 소리를 주변에서 들은 모양이었다. 그래서 그런 걸 왜 받았냐고 따지는 것이다. 그런 생각을 뒤로하고 큰아들에게 제안했다.

"어머니가 그 집에 살고 싶다고 하시니까 나랑 만나서 얘기합시다. 내가 합리적으로 얘기할 테니까 일단 만나서 얘기합시다."

그렇게 차분하게 대응하자 큰아들도 반응이 조금 달라졌다.

"합리적으로 말씀하신다고 하니 만나보겠습니다. 어머님 집으론 가지 마시고 안성 시내에서 보는 걸로 하시죠."

그럼 안성시청 민원실에서 보는 걸로 하고 내일 출발할 때 전화하겠다고 하고 전화를 끊었다. 다음 날 아침 약속 장소로 출발하면서 전화를 걸었더니 그때부터 전화를 받지 않았다.

소송을 두려워하지 말라

'이것 봐라!'

협상 상대가 속내를 빨리 드러내주는 게 일을 처리하는 데 때론 도움이 된다. 나는 바로 법무사 사무실로 차를 돌려 주택을 철거하고 토지를 인도해달라는 소송을 제기했다. 몇 차례의 답변서가 오간 끝에 재판 기일이 잡혔다. 재판 당일 낙찰자 H씨와 함께 법원 갔더니 그 노인과 아들이 나와 있었다. 판사가 피고 쪽을 보더니 바로 사건을 조정으로 넘겼다.

지난 번 사례에서 소개했던 조정과는 달리 이곳 법원은 조정 물건이 넘쳐나 조정을 시작하는 데도 시간이 꽤 오래 걸렸다. 몇 시간을 기다린 끝에 드디어 우리 사건이 조정에 들어갔다. 이곳에선 조정위원으로 남자 여자 두 명이 나왔다. 모르긴 해도 한 명은 윽박지르고 한 명은 양보를 유도하는 '롤 플레이'를 하는 것처럼 보였다. 아니나 다를까 '윽박' 역할을 맡은 여자 조정위원이 먼저 말했다.

"아니, 하고 많은 땅 중에 왜 하필 이런 땅을 낙찰받았어요?"

윽박지르려면 좀 합리적인 트집을 준비해야 하는데 전혀 사전 공부가 되어 있지 않은 듯했다. 내가 어이없어 하는 표정을 짓자, '양보' 역할을 맡은 남자 조정위원이 잠깐만 얘기하자고 나섰다. 건물 주인하고 얘기를 나눠보았다면서 먼저 저쪽 사정을 쭉 설명했다. 80대 노인이 결혼할 때부터 살던 집이어서 무조건 거기서 살아야겠다는 억지주장부터 토지를 사용하는 대가로 1년에 쌀 두말을 주면 어떻겠냐는 하소연까지 들은 얘기를 늘어놓은 뒤, 우리 쪽에서 1억 3,300만 원에 토지를 매입했으니 1억 6,500만 원쯤에서 조정을 하면 어떻겠냐고 제안해왔다.

이 제안에 옆에 있던 H씨가 펄쩍 뛰었다. 6년 전 감정가격이 2억 4,500만 원이었고, 지금은 시세가 더 올랐다면서 최소한 2억 1,000만 원은 받아야 한다고 맞섰다. 그러자 조정위원이 감정가격이 그렇게 높았냐면서 조금 기다려보라고 했다. 한 20분 정도 지나 다시 들어오라고 해서 들어갔더니 이번 사건은 1억 9,000만 원에 강제조정하겠다고 통보했다.

여기서 잠깐 민사소송의 조정 제도를 살펴보고 넘어가자. 경매 물건을 해결하는 과정에서 이번 물건처럼 어쩔 수 없이 소송을 제기해야 하는 경우가 많다. 이러한 민사상의 분쟁은 거의 대부분 조정이라는 과정을 거치게 된다. 민사조정은 원고와 피고 양 당사자의 합의에 의한 임의조정이 원칙이다. 조정 기일에 판사 혹은 판사가 지정한 조정위원이 분쟁당사자들로부터 의견을 들은 후 양 당사자 모두가 만족할 만한 조정안을 제시해 양쪽이 수긍하면 임의조정이 성립한다. 이 조정안에 양 당사자가 서명 날인을 하게 되면 곧바로 판결과 같은 효력이 발생하는 것이다. 하지만 양 당사자의 한쪽 또는 양쪽 모두 조정 내용에 수긍하지 않을 경우 재판의 신속성과 효율성을 위해 법원이 도입하고 있는 제도가 바로 강제조정이다. 강제조정을 받게 되면 조정결정문을 송달받은 날로부터 14일 안에 이의신청을 제기해야 하며, 이의를 제기하지 않을 경우 조정이 성립된 것으로 간주된다. 하지만 어느 한쪽으로부터 이의신청이 있을 경우 조정은 불성립된 것으로 간주되어 다시 재판을 계속하게 된다.

법원의 강제조정안에 우리 쪽에선 별 불만이 없었지만, 역시 저쪽에서 이의를 제기해오는 바람에 재판이 다시 열리게 되었다. 재판에서 합의가 이루어지지 않아 다시 조정으로 넘어갔다. 재판과 조정을 두 차례 거친 후 결국 이번 건은 작은아들이 나서서 1억 7,500만 원에 땅을 매입하는 것으로 합의가 이루어졌다.

재판과 조정을 여러 차례 거치면서 시간이 오래 걸리긴 했지만 이렇게 남들이 기피하는 물건도 노력하면 반드시 길이 있음을 새삼 깨닫게 된다.

자녀 중에 효자 하나는 있다는 속설이 입증되어 이번 건도 건물주에게 땅을 되팔 수 있었다. 하지만 이런 과정에 이르는 데까지는 소송이 핵심 역할을 한다는 점을 잊어선 안 된다. 경매 물건을 낙찰받은 사람이 그 권리를 확보하기 위해선 결국 소송을 거쳐야 한다는 걸 잘 보여준 사례다. 앞에서도 얘기했지만, 법은 권리 위에 잠자는 자의 권리를 보호하지 않는다는 말을 잊지 말아야 한다. 소송을 알고, 소송을 두려워하지 말아야 주어진 권리를 온전하게 찾을 수 있다는 점을 다시 한 번 명심하자.

2009 타경 139×× 경기도 안성시 삼죽면 미장리 5×-×

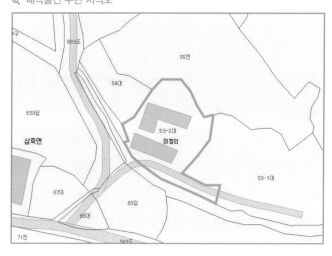

2009 타경 139█ (임의)		물번4 [잔금납부] ▼		매각기일 : 2015-06-15 10:00~ (월)		경매3계 031-650-3167
2013타경61█ (취하)						
소재지	(456-881) 경기도 안성시 삼죽면 미장리 5█ 외1필지					
	[도로명주소] 경기도 안성시 신미1길 11█(삼죽면)					
물건종별	대지	채권자	김█남외 5명	감정가		245,314,000원
토지면적	1418㎡ (428.94평)	채무자	이█규	최저가		(49%) 120,204,000원
건물면적		소유자	오█수외5명	보증금		(10%)12,021,000원
제시외	제외 : 216.6㎡ (65.52평)	매각대상	토지만매각	청구금액		3,651,000,000원
입찰방법	기일입찰	배당종기일	2010-01-18	개시결정		2009-10-23

기일현황

회차	매각기일	최저매각금액	결과
신건	2010-06-14	245,314,000원	변경
신건	2012-08-27	245,314,000원	변경
신건	2012-10-08	245,314,000원	변경
신건	2012-11-12	245,314,000원	변경
신건	2014-04-07	245,314,000원	변경
신건	2014-09-29	245,314,000원	변경
신건	2015-03-30	245,314,000원	유찰
2차	2015-05-04	171,720,000원	유찰
3차	2015-06-15	120,204,000원	매각
홍█우/입찰1명/낙찰133,500,000원(54%)			
	2015-06-22	매각결정기일	허가
	2015-07-28	대금지급기한	납부

🔍 매각물건 주변 지적도

⊕ 매각물건 건물사진

⊕ 매각물건 주변 항공사진

소 장

원 고 : 한○우(000000-******)
　　　　서울시 강남구 삼성로 000, 3동 0××호
　　　　송달장소 및 영수인
　　　　평택시 평남로 104×-×, 2층(동삭동)
　　　　양권식 법무사

피 고 : 1. 이○술(330901-1******)
　　　　2. 이○규(630311-1******)
　　　　위 피고들의 주소 경기도 안성시 삼죽면 신미1길11×-×
　　　　(미장리 5×-×)

건물철거 및 토지인도청구의 소

청 구 취 지

1. 피고들은 원고에게 별지목록 1 기재의 건물들을 각 철거하고 별지 목록 2 기재의 토지를 인도하라.
2. 피고들은 연대하여 원고에게 2015. 7. 23일부터 별지목록 2 기재 토지 인도 시까지 월 1,430,000원의 비율에 의한 금원을 지급하라.
3. 소송비용은 피고들의 부담으로 한다.
4. 위 제1, 2항은 가집행할 수 있다.
라는 판결을 구합니다.

청 구 원 인

1. 원고의 토지 소유권 취득

원고는 별지목록 2 기재 토지를 2009년 10월 23일 수원지방법원 평택지원에서 진행된 임의경매사건에서 최고가 매수신고하여 2015년 7월 22일 잔금을 납부하고 소유권이전등기를 마친 소유자입니다.

2. 피고들의 불법점유사실

가. 무단토지사용

피고들은 부자지간으로 원고가 별지목록2 기재 토지의 소유권 이전등기를 하기 이전부터 위 토지상에 별지목록1 기재의 주택 목조세멘와즙 단층 199m² 및 세멘장 부럭조스레트 지붕단층 8m², 저온창고 판넬조판넬 지붕단층 9.6m², 비닐지붕의 비닐하우스 100m² 등을 각각 건축하여 무허가, 미등록의 상태로 피고들이 공동으로 거주 및 가축 등을 기르는데 사용하여 왔습니다.

나. 피고들의 반환거부

원고가 적법한 절차에 따라 별지목록2 기재 토지의 소유권을 이전등기를 마치고, 피고들을 찾아가 별지목록1 기재 건물들의 처리방안에 대하여 협의를 하려고 하였으나, 피고들은 원고가 도저히 받아들일 수 없는 조건인 "사망 시까지 거주하게 해 달라"는 요구를 하고 있습니다. 그러나 현재 상황에서 볼 때 해당 건물들은 원고에게는 아무런 효용가치도 없는 50년 이상 되어 보이는 노후한 건물 과 비닐하우스로 지은 축사, 그리고 닭과 개를 기르는 창고라고도 볼 수도 없는 차양들뿐인 건물이므로, 원고에게는 아무런 효용가치가 없는 상태일 뿐이기에, 쌍방간에 원만한 협의가 불가능하여 원고는 위 토지를 인도받지 못하고 있는 상황입니다.

3. 부당이득반환

위와 같은 사정으로 보아, 피고들은 별지목록2 기재 토지에 대한 임료 상당의 부당 이득을 하고 있습니다. 이에 원고는 소유권을 취득한 2015. 7. 22. 다음날부터 건물철거 및 토지 인도시까지 임료 월 143만 원을 부당이득으로 청구하고(감정가 245,314,000×연 7%÷12=1,430,998원) 향후 구체적인 임료에 대해 감정신청을 하겠습니다.

4. 결론

그러므로 원고는 위 토지의 소유권에 기한 방해배제청구권 등을 행사하여 피고들에 대해 별지목록1 기재의 건물을 철거하고, 별지목록2 기재 토지의 인도를 청구하고자 이 사건 소를 제기하기에 이르렀습니다.

입 증 방 법

1. 갑 제1호증   토지등기부등본
1. 갑 제2호증   토지대장등본
1. 갑 제3호증   지적도
1. 갑 제4호증   경매진행 시 토지, 건물 평가명세표
1. 갑 제5호증   지적 및 건물개황도

첨 부 서 류

1. 위 입증방법 각 1통
1. 소장부본   1통
1. 송달료납부서 1통

2015. 8. .

위 원고 한 ○ 우 (인)

※ 강제조정으로 조정되었으나 이의신청으로 조정은 결렬되고 외부에서 원고와 피고가 커피숍
에서 1억 7,500만 원에 합의한 사례

수원지방법원 평택지원

화해권고결정

사 건	2015가단112▨▨ 건물철거 및 토지인도
원 고	한▨우
	서울 강남구 삼성로 6▨, 3동 1▨호 (삼성동, 상아아파트)
	송달장소 평택시 평남로 104-▨, 2층(동삭동)
피 고	1. 이▨술
	안성시 삼죽면 신미1길 11-▨ (미장리)
	피고1 대리인 이▨규
	2. 이▨규
	안성시 삼죽면 신미1길 11-▨ (미장리)

위 사건의 공평한 해결을 위하여 당사자의 이익, 그 밖의 모든 사정을 참작하여 다음과 같이 결정한다.

결정사항

1. 원고와 피고 이▨술 사이에 별지2 '부동산의 표시' 기재 각 부동산에 관하여 이 사건 화해권고결정 확정일에 대금을 일억 구천만 (190,000,000)원으로 하는 매매계약이 성립한다.

2. 위 매매계약 성립에 따른 쌍방의 권리와 의무는 일반적인 법리에 따른다.

3. 원고는 나머지 청구를 포기한다.

4. 소송비용 및 조정비용은 각자 부담한다.

청구의 표시

청 구 취 지

피고들은 연대하여 원고에게 별지1 목록 기재 각 건물을 철거하고, 별지2 목록 기재 토지를 인도하며, 2015. 7. 23.부터 위 토지의 인도완료일까지 월 1,430,000원의 비율로 계산한 돈을 지급하라.

청 구 원 인

원고의 별지2 목록 기재 토지의 소유권에 기한 방해배제 및 위 토지의 무단점유로 인한 임료 상당의 부당이득반환청구

2015. 11. 26.

판사 안   철

※ 이 결정서 정본을 송달받은 날부터 2주일 이내에 이의를 신청하지 아니하면 이 결정은 재판상 화해와 같은 효력을 가지며, 재판상 화해는 확정판결과 동일한 효력이 있습니다.

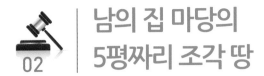

남의 집 마당의 5평짜리 조각 땅

2015 타경 2×× 사천시 동동 48×-×(토지만 매각)

2015 타경 2█ (강제)	물번3 [매각] ▼	매각기일 : 2015-09-07 10:00~ (월)		경매5계 055-760-3255
소재지	(664-020) 경상남도 사천시 동동 48██████			
물건종별	대지	채권자	███████아이대부	감정가	6,800,000원
토지면적	17㎡ (5.14평)	채무자	천█효	최저가	(64%) 4,352,000원
건물면적		소유자	천█효외12명	보증금	(10%)436,000원
제시외		매각대상	토지매각	청구금액	100,000,000원
입찰방법	기일입찰	배당종기일	2015-03-25	개시결정	2015-01-08

어쩔 수 없이 '갑질'을 하다

앞에서도 몇 차례 강조했지만, 내가 경매를 하면서 원칙으로 삼고 있는 것 중 하나가 '갑질'을 하지 말아야겠다는 것이다. 경매인을 바라보는 사회적 시선이 따가운데는 이런 '갑질'이 톡톡히 한몫하고 있다. 하지만 협상을 하다 보면 어쩔 수 없이 '갑질'을 하게 되는 경우가 생기기도 한다. 이번에 소개하는 물건이 바로 그런 경우다. 사실 이번 물건은 수익을 그다지 크게 기대하지 않았던 물건이다. 앞에서 소개했던 진주 공인중개사 특강 때 추천해서 낙찰받았던 두 개의 물건 중 나머지 하나가 바로 이것이다. 경매 공부를 위해 일주일 만에 급히 고르면서 수익성을 크게 고려하지 않았다.

2015년 가을 경남 사천시에 강제경매로 나왔던 대지 5.14평이 바로 그 물건이다. 주택이 자리하고 있는 대지 $272m^2$(82평) 안마당에 막대 모양으로 박혀 있는 자투리 땅이다. 최초 매각 가격은 680만 원이었는데 두 차례 유찰되어 435만 원까지 떨어졌다. 여기에 공인중개사 여섯 명이 함께 들어가 540만 원에 낙찰받았다. 어떤 과정을 거쳐 수익이 실현되는지를 보여주기 위해 추천했던 물건이라 투자액은 크게 신경 쓰지 않았다.

나중에 알고 보니 사연이 있는 물건이었다. 채무자가 경매가 열리기 전에 아는 공인중개사에게 딸 명의로 낙찰받아달라고 미리 돈까지 줘서 부탁해두었던 물건이었다. 그런데 그 공인중개사가 이런 물건은 쓸데가 없어서 아무도 들어오지 않는다면서 최저가로 떨어졌을 때 받아주겠다면서 더 떨어질 때까지 기다렸던 모양이었다. 그런데 필자가 진주 공인중개사들에게 추천해 덜컥 낙찰받아버린 것이다. 여기에는 필자가 항상 강조하는 원칙 하나가 등장한다. 경매에서 돈을 벌겠다는 사람은 좋은 물건보다는 돈이 되는 물건을 골라야 한다는 것이다. 이 물건은 그 공인중개사 말대로 한눈에 쓸모없는 땅처럼 보인다. 남의 집 안마당에 박혀 있는 5평짜리 자투리땅을 어디에 쓰겠는가? 이런 땅을 낙찰받으면 이상한 사람 취급당하기 딱 좋다. 하지만 이 땅도 반드시 사야 할 사람이 정해져 있는 땅이다. 이 땅에 집을 가진 사람이 반드시 사야 할 땅인 것이다.

물건을 낙찰받은 뒤 공인중개사들과 함께 그 집을 찾아갔다. 집 안에서 70대로 보이는 여자가 나오면서 무슨 일로 왔느냐고 묻길래 이 땅을 낙찰받은 사람이라고 했더니 대뜸 화부터 내기 시작했다. 이런 일로 찾아오려면 낮에 와야지 일이 다 끝난 저녁 7시 지나서 오면 어떡하느냐며 큰소리를 쳤다. 좀 있다 필자가 이 물건을 우리가 낙찰받았는데 어떻게 하겠느냐고 물었다.

"어떻게 하긴 어떻게 해? 앞으로 우리가 이 땅은 피해 다닐 테니까, 당신네들은 그 땅에 금만 그어놔. 이까짓 땅이 왜 필요해? 마음대로 해."

사실 이 집에 오면서 우리끼리 한 약속이 있었다. 채무자 쪽에서 감정가에 100만 원만 더 얹어 800만 원 정도 준다고 하면 파는 걸로 하자고 공인중개사들에게 얘기했고, 그들 또한 그러자고 했던 것이다. 그런데 협상은커녕 욕만 얻어먹고 만 것이다. 여자는 화가 덜 풀렸는지 앞서 언급했던 그 공인중개사까지 들먹여가며 투덜댔다.

"그 미친놈이 낙찰받아달라고 했더니 20만 원이나 처먹고 이거 누가 들어오냐고 하더니 결국 일을 냈네. 어떤 미친놈이 이런 땅을 사냐고 하더니만…."

우리는 하는 수 없이 그 집을 나와 플랜 B를 가동했다. 그 자투리 땅에 그 집의 대문과 창고가 일부 걸쳐 있었다. 우리는 법원에 대문과 창고를 철거해달라는 소송을 제기했다. 나중에 안 일이지만 채무자의 남편이 빚이 많아 채무자의 주택은 서울에 사는 딸 명의로 되어 있었다. 당연히 대문과 창고의 철거 소송은 채무자의 딸을 상대로 제기할 수밖에 없었다. 그제서야 채무자는 왜 딸을 이런 소송에 끌어들이냐면서 깜짝 놀라 먼저 합의하자고 나섰다. 법원에서 오랜 기간 답변과 재답변을 주고받다가 조정을 거친 끝에 당초 우리가 예상했던 금액보다 훨씬 많은 1,100만 원에 강제 조정되었다. 어차피 해야 할 협상을 뒤로 하고 화를 앞세우는 바람에 채무자는 내야 할 비용보다 더 많은 비용을 들여야 했다.

2015 타경 2×× 경상남도 사천시 동동 40×-×

2015 타경 2■ (강제)		물번3 [매각] ▼		매각기일 : 2015-09-07 10:00~ (월)		경매5계 055-760-3255	
소재지	(664-020) 경상남도 사천시 동동 48■■■						
물건종별	대지	채권자	■■■■■■아이대부	감정가		6,800,000원	
토지면적	17㎡ (5.14평)	채무자	천■효	최저가		(64%) 4,352,000원	
건물면적		소유자	천■효외12명	보증금		(10%)436,000원	
제시외		매각대상	토지매각	청구금액		100,000,000원	
입찰방법	기일입찰	배당종기일	2015-03-25	개시결정		2015-01-08	

기일현황

회차	매각기일	최저매각금액	결과
신건	2015-06-29	6,800,000원	유찰
2차	2015-08-03	5,440,000원	유찰
3차	2015-09-07	4,352,000원	매각
박■재/입찰2명/낙찰5,400,000원(79%)			
	2015-09-14	매각결정기일	

🔍 매각물건 주변 지적도

🔍 매각물건 건물사진

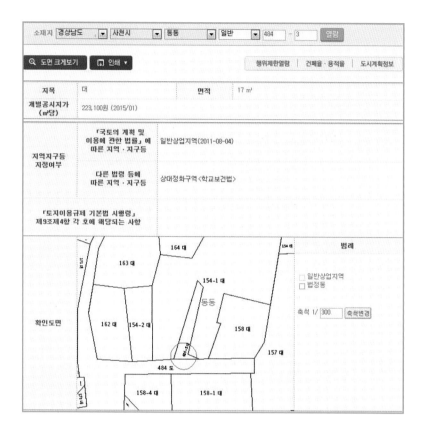

| 소재지 | 경상남도 ▼ | 사천시 ▼ | 동동 ▼ | 일반 ▼ | 484 | – | 3 | 열람 |

🔍 도면 크게보기   🖨 인쇄 ▼   행위제한열람 ｜ 건폐율·용적율 ｜ 도시계획정보

| 지목 | 대 | | 면적 | 17 ㎡ |
| 개별공시지가
(㎡당) | 223,100원 (2015/01) | | | |

지역지구등 지정여부	「국토의 계획 및 이용에 관한 법률」에 따른 지역·지구등	일반상업지역(2011-08-04)
	다른 법령 등에 따른 지역·지구등	상대정화구역〈학교보건법〉
「토지이용규제 기본법 시행령」 제9조제4항 각 호에 해당되는 사항		

확인도면

범례

☐ 일반상업지역
☐ 법정동

축척 1/ 300 축척변경

소 장

원 고 : 1. 박○제(441208-*******)
　　　　진주시 평거로 39번길 9, 106동 15××호(평거동, 들말한보타운)
　　　2. 이○훈(801123-*******)
　　　　진주시 순환로 573번길 21, 9××호(평거동,대경평거그린파크)

위 원고들의
송달장소 : 평택시 평남로 1045, 5××호(동삭동,손문빌딩)
송달영수인 : 법무사 신○

피 고 : 1. 천○주(750215-*******)
　　　　고양시 덕양구 화정동 986-8 화정대우마이빌 6××
　　　2. 천○효(370227-*******)
　　　　사천시 동동 15×-×

토지인도 등 청구의 소

청 구 취 지

1. 피고 천○주는 원고들에게,

   가.별지1 목록 기재 토지 지상 별지2 도면 1, 2, 3, 1의 각 점을 순차로 연결한 선내 (가)부분 건물 약 $3m^2$ 및 4, 5, 6, 4의 각 점을 순차로 연결한 선내 (나)부분 건물 약 $2m^2$를 철거하고,

   나. 위 토지를 인도하고,

   다. 2015. 10. 16.부터 위 토지인도 완료일까지 연 금 800,000원의 비율에 의한 금원을 지급하라.

2. 피고 천○효는 위 제1항 기재 건물에서 퇴거하라.

3. 소송비용은 피고들이 부담한다.

4. 제1항 및 제2항은 가집행할 수 있다.

라는 판결을 구합니다.

청 구 원 인

1. 원고들의 토지소유권 취득

원고들은 2015. 10. 16.에 경상남도 사천시 동동 48×-× 대 17 m^2(이하 "이 사건 토지"라 함)를 창원지방법원 진주지원 2015 타경 2××호 부동산강제경매 사건에서 각 2분의 1 지분으로 공동, 경락 취득하였습니다.

2. 피고 천○주에 대한 청구

가. 건물의 소유

한편 피고 천○주는 이 사건 토지의 인접한 같은곳 15×-×번지 지상 건물(이하 "이 사건 건물"이라 함)을 소유하고 있는 바,

피고 천○주 소유의 이 사건 건물은 별지 2 도면 1, 2, 3, 1의 각 점을 순차로 연결한 선내 (가)부분 및 4, 5, 6, 4의 각 점을 순차로 연결한 선내 (나)부분이 원고들 소유의 이 사건 토지의 경계를 침범하고 있습니다.

또한 이 사건 토지는 이 사건 건물의 경계침범 부분뿐만이 아니라 전체 토지를 피고 천○주가 이 사건 건물의 출입문 및 마당으로 사용하고 있습니다.

나. 건물철거 및 토지인도 청구

따라서 피고 천○주는 이 사건 건물을 소유함으로서 원고들의 소유권을 침해하고 있는 바, 피고 천○주는 이 사건 건물을 철거하고 이 사건 토지를 원고들에게 인도할 의무가 있다 할 것입니다. 한편 철거할 이 사건 건물의 현황은 창원지방법원 진주지원 2015 타경 2××호 부동산강제경매 사건의 감정평가시 현황을 조사한 바 있으므로 그대로 원용하여 주시기 바랍니다.

다. 차임상당 부당이득의 청구

피고 천○주는 건물소유를 통하여 원고들에 대하여 차임상당의 부당 이득을 하고 있다 할 것이므로 우선 대략적으로 원고들 각자에게 1년에 40만 원씩 총 80만 원을 청구합니다. 차임상당 부당이득금은 소송 진행 중 지료감정을 통하여 정확한 금액으로 청구취지를 변경하겠습니다.

3. 피고 천○효에 대한 청구

피고 천○효는 피고 천○주의 부친인 바, 피고 천○주 소유의 이 사건 건물을 실제점유 사용하고 있습니다.

따라서 피고 천○효에 대하여는 원고들의 피고 천○주에 대한 건물철거 및 토지인도 청구의 집행을 위하여 이 사건 건물에서의 퇴거를 청구합니다.

4. 결어

이상과 같이 피고 천○주는 이 사건 건물의 소유를 통하여 원고들의 이 사건 토지 소유권을 침해하고 있으며, 차임상당액을 부당이득하고 있다 할 것이므로 원고들에게 이 사건 건물을 철거하고 이 사건 토지를 인도하며, 원고들이 토지의 소유권을 취득한 시점부터 토지 인도완료 시까지 차임상당의 부당이득금을 반환할 의무가 있다 할 것이고, 피고 천○효는 이 사건 건물에서 퇴거할 의무가 있으므로 원고들은 청구취지와 같은 판결을 구하기에 이른 것입니다.

입 증 방 법

1. 갑 제1호증의 1, 2   부동산등기사항증명서 각 1통
1. 갑 제2호증   토지대장 1통
1. 갑 제3호증   건축물대장 1통
1. 갑 제4호증   감정평가서 1통
1. 갑 제5호증의 1,2   토지이용계획확인서(열람용) 각 1통
1. 갑 제6호증   내용증명 1통

첨 부 서 류

1. 위 입증방법 각 3통
1. 소장부본 2통

답 변 서

원고: 박■제 (441208-■■■■■■)
　　　진주시 평거로 3P번길 9 106동 15■호
　　　　　　(평거동, 들말한보타운)
　　　이■훈 (801123-■■■■■■)
　　　진주시 순환로 173번길 21. 9■호
　　　　　　(평거동, 대경평거그린타운)

피고: 천■주 (740625-■■■■■■)
　　　고양시 덕양구 화전동 986 화정 대우마이빌 ■■
　　　천■호 (370227-■■■■■■)
　　　서천시 용동 14■■■

위 당사자 간의 창원지방법원 진주지원 2014 가단
12■■ 토지인도 등 사건에 대하여 피고는 다음과 같이

답변 합니다.

　　　　　청 구 취지에 대한 답변
　　원고의 청구를 기각한다.
　　소송비용은 원고의 부담으로 한다.
　　라는 답변을 구합니다.

청구원인에 대한 답변

1. 피고의 부친이 일찍이 이곳 ○삼천포시 동동 11○-○번지에서 살아왔고, 그 자녀들이 상속을 받아 본인 명의로 1985.10.7 부터 지금까지 50여년이 지나도록 살아왔던 주택이 피고가 하던 사업이 실패되어 살던집이 2002년 ○월14일 경매에 부쳐져 (창원지방법원 진주지원, 사건번호2002타경1○) 대대로 지켜오던 집이 경매로 재산을 잃게되어 사정을 바라본 저의 ○(피고 천○주)이 힘을 다하여 이 집을 경매낙찰 받아 다시금 저희들이 살아오고 있습니다.

2. 그리고 사건이 된 사천시 동동 4○-○ 대지 13㎡는 사천시 동동 11○-○번지 내에 (피고가 살고 있는 주택) 있는 부지로서 자○부터 21년전인 1994년 11월 28일자 구삼천포시로 부터 불하를 받아 (본건목이 있는 사천시 동동 11○ 대지82○ 안에 있는 사유지이었슴) 지금까지 50년 무사하게 사용하여온 땅인데 저희들은 이 땅 50평 정도중 본건물과 다름이 일부 (약1평 정도)가 점유된 사실을 모른채 살아왔는데 원고들은 교묘히 이 내용을 알아내 이 땅을 취득하려고 경매전에 저희들 집에 찾아왔는데 분명히 저희들이 경매에 응찰하겠다고 했는데도 불구하고 2015. 9.7자 창원지방법원 진주지원 경매에 같이 응찰

하게 되어 원고들이 540만원에 낙찰 받게 되었습니다.
이것은 분명히 원고들이 악의적으로 부당이득을 취하려고
(일명 악박이) 한것으로 볼수 밖에 없습니다.
또한 것붙여 말씀드리면 이 땅 1평정도 (폭 1.5m,
길이 1m 정도)에는 건물을 전혀 건축할수도 없고
피고의 본건물 마당안에 위치하고 있는 땅입니다.

3. 피고 천○호는 급성 심근 경색과 알쯔하이머 (치매)
앓고 있고, 고혈압과 당뇨병과 더불어 노병으로 겨우
생명을 유지하는데 급급한 심정이며
피고 천○주의 모친 역시 폐암 말기로 투병중이며, 병원
신세를 지고 있는데 딸(천○주)이 노부모의 병원비.
생계비를 돌보고 있는 와중에 또 경매가 진행되고 있다
해서 금회 경매에 응찰하였는데 원고들은 집을 잘수
없는 땅임을 알면서도 부당이득을 취하려고 이 사건에
응찰한것으로 볼수 밖에 없습니다.

4. 또한 원고들은 이 땅에 피고의 본건물과 담문이 일부
(약 1평 정도) 점유한 사실을 교묘히 알고서는 아는
악의적으로 취득하고서 피고들에게 점유부분을 철거하라
대대로 평생 살아온 집에서 퇴거하라, 언제 세상을
떠날지도 모르는 경각에 매여 있는 사람에게 고액

인간으로서는 도저히 생각할수 없는 일을 자행하고
있습니다. 딸에게 부모로서 체면이 아님은 물론 사
신다는것이 괴스럽고 심히 괴로울 뿐인 저희들에게 다시
한번 선처를 바랄뿐입니다.
결국은 이 땅을 매입해야 하는데 시간적인 여유와
실제값으로 매입할수 있도록 도와주시기를 간곡히

부탁드립니다.

2016. 1. 13

위 피고 천 ▮주◉
· 위 피고 천 ▮효◉

창원지방법원 진주지원 귀중

준 비 서 면

사 건 : 2015 가단 12297 토지인도 등
원 고 : 박○제 외 1
피 고 : 천○주 외 1

위 사건과 관련하여 원고들은 피고들의 2016. 01. 14. 자 답변서에
대하여 다음과 같이 변론을 준비합니다.

- 다 음 -

1. 피고들의 주장요지
피고들은 원고들의 경매취득은 부당이득(일명 알박기)을 취하기
위한 권리남용에 해당한다는 주장과 함께 실제 거래되는 적정한
가격에 매입할 의사가 있다고 주장합니다.

2. 부당이득, 권리남용 주장에 관하여
원고들은 경매절차를 통하여 정당하게 토지의 소유권을 취득하
였으므로 피고들이 토지를 점유, 사용할 정당한 권원이 없는 이
상, 건물 등을 철거하고 토지를 인도할 의무가 있다할 것입니다.
따라서 피고들의 주장은 배척되어야 합니다.

3. 매수할 의사가 있다는 주장에 관하여
피고들은 자신들이 원고들의 토지를 매도할 의사가 있다고 합
니다.

원고들도 이 사건 토지의 주변상황이나 이용가치를 생각하더라도 피고들이 토지를 매수하는 것이 가장 적당하다고 생각합니다. 단, 서로 간에 매매가격에 대해 협의가 되지 않고 있으므로 감정평가를 통해 적정가액에 매도할 의사가 있음을 밝힙니다.

4. 결어

위와 같이 당사자 간에 원만히 적정한 가격에 매매가 성사될 수 있도록 이 사건을 조정에 붙여주시기를 청하오며 아울러 매매가격은 감정평가를 통해 결정할 수 있도록 해주시기 바랍니다.

2016. 01. .

위 원고 박○제 (인)
이○훈 (인)

창원지방법원 진주지원 귀중

창원지방법원 진주지원
조 정 조 서

사   건   2016머▨▨ 토지인도 등

원   고   1. 박▨제 (441208-▨▨▨▨▨▨▨)
                  진주시 평거로39번길 9, 106동 15▨▨호(평거동, 들말한보타운)
                  송달장소 평택시 평남로 1045, 5▨▨호(동삭동, 손문빌딩)

               2. 이▨훈 (801123-▨▨▨▨▨▨▨)
                  진주시 순환로573번길 21, 9▨▨호(평거동, 대경평거그린파크)
                  송달장소 평택시 평남로 1045, 5▨▨호(동삭동, 손문빌딩)

피   고   1. 천▨주 (750215-▨▨▨▨▨▨▨)
                  사천시 동동 154▨▨

               2. 천▨효 (370227-▨▨▨▨▨▨▨)
                  사천시 동동 154▨▨

               피고들 소송대리인 천▨조

조정장 판사   최   ▨   경   기   일 : 2016. 5. 18.   14:00
조 정 위 원   최   ▨   명   장   소 : 205호 조정실
조 정 위 원   김   ▨   섭   공개 여부 : 공   개
조 정 위 원   박   ▨   식
법 원 주 사   이   ▨   권

원고   1.박▨제 2.이▨훈   각 출석

피고들 대리인 천▨조   출석

다음과 같이 조정성립

조 정 조 항

1. 원고들은 사천시 동동 48▨▨ 대 17㎡ 중 각 원고들의 지분을 피고 천▨주에게 매도

하고, 피고 천▌주는 원고들로부터 이를 매수한다.

2. 피고 천▌주는 2016. 8. 18. 원고들로부터 제1항 기재 토지에 관하여 소유권이전등 기를 이전받음과 동시에 원고 이▌훈에게 550만원, 원고 박▌제에게 550만원을 각 지급한다.

3. 원고들은 2016. 8. 18. 천▌주로부터 위 2항 기재 금원을 지급받음과 동시에 피고 천명주에게 위 2항 기재 소유권이전등기절차를 이행한다.

4. 원고들의 나머지 청구를 포기한다.

5. 소송비용 및 조정비용은 각자 부담한다.

청 구 의 표 시

청구취지

1. 피고 천▌주는 원고들에게, 경상남도 사천시 동동 48▌-▌ 대 17㎡ 지상 별지 도면 1, 2, 3, 1의 각 점을 순차로 연결한 선내 (가)부분 건물 약 3㎡, 4, 5, 6, 4의 각 점을 순차로 연결한 선내 (나)부분 건물 약 2㎡, 7, 8, 9, 5, 4, 7의 각 점을 순차로 연결한 선내 (다)부분 대문을 각 철거하고, 위 토지를 인도하며, 2015. 10. 16.부터 위 토지인 도 완료일까지 연 800,000원의 비율에 의한 금원을 지급하라.

2. 피고 천▌효는 위 제1의 가항 기재 건물에서 퇴거하라.

청구원인

1. 원고들은 2015. 10. 16.에 경상남도 사천시 동동 48▌-▌ 대 17㎡(이하 "이 사건 토 지"라 함)를 창원지방법원 진주지원 2015타경 2▌호 부동산강제경매 사건에서 각 2분 의 1 지분으로 공동, 경락 취득하였다.

2. 피고 천▌주는 이 사건 토지의 인접한 같은 곳 15▌번지 지상 건물(이하 "이 사 건 건물"이라 함)을 소유하고 있는 바, 피고 천▌주 소유의 이 사건 건물은 별지 도면 1, 2, 3, 1의 각 점을 순차로 연결한 선내 (가)부분, 같은 도면 4, 5, 6, 4의 각 점을 순 차로 연결한 선내 (나)부분 각 건물과 같은 도면 7, 8, 9, 5, 4의 각 점을 순차로 연결 한 선내 (다)부분 대문이 원고들 소유의 이 사건 토지의 경계를 침범하고 있다. 따라서 피고 천명주는 이 사건 건물을 소유함으로써 원고들의 소유권을 침해하고 있는 바, 피

고 천▮주는 이 사건 건물 중 원고들의 토지를 침범한 부분과 대문을 철거하고 이 사건 토지를 원고들에게 인도할 의무가 있다. 피고 천▮주는 원고들 소유의 토지를 무단으로 사용하고 있어 원고들에 대하여 차임상당의 부당이득을 하고 있다고 할 것이므로 대략 원고들 각자에게 1년에 총 80만원을 우선 청구한다.

3. 피고 천▮효는 피고 천▮주의 부친인 바, 피고 천▮주 소유의 이 사건 건물을 실제 점유·사용하고 있다. 따라서 천▮효에 대하여는 원고들의 피고 천▮주에 대한 건물 철거 및 토지인도 청구의 집행을 위하여 이 사건 건물에서의 퇴거를 청구한다.

4. 이상과 같이 피고 천▮주는 이 사건 건물의 소유를 통하여 원고들의 이 사건 토지 소유권을 침해하고 있으며, 차임상당액을 부당이득하고 있다 할 것이므로 원고들에게 이 사건 건물을 철거하고 이 사건 토지를 인도하며, 원고들이 토지의 소유권을 취득한 시점부터 토지 인도완료시까지 차임상당의 부당이득금을 반환할 의무가 있다 할 것이고, 피고 천▮효는 이 사건 건물에서 퇴거할 의무가 있으므로 원고들은 청구취지와 같은 판결을 구하기에 이른 것이다.

법 원 주 사   이   ▮   권

조정장 판사   최   ▮   경

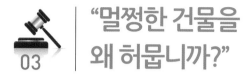

03 "멀쩡한 건물을 왜 허뭅니까?"

2014 타경 62×× 음성군 한벌리 3××(토지만 매각)

2014 타경 62▓▓ (임의)		물번2 [배당종결] ▼	매각기일 : 2015-02-16 10:00~ (월)		경매3계 043)841-9123
소재지	(369-803) 충청북도 음성군 음성읍 한벌리 3▓▓ [도로명주소] 충청북도 음성군 한벌길 ▓▓번길 ▓▓(음성읍)				
물건종별	대지	채권자	홍▓자	감정가	51,060,000원
토지면적	740㎡ (223.85평)	채무자	현▓환	최저가	(64%) 32,678,000원
건물면적		소유자	현▓환	보증금	(10%)3,268,000원
제시외		매각대상	토지만매각	청구금액	39,987,945원
입찰방법	기일입찰	배당종기일	2014-10-07	개시결정	2014-08-06

현장의 정보는 곧 돈이다

이번에 소개하는 물건은 필자가 고른 것이 아니라 서울에 있는 사무실에서 필자 일을 도와주고 있는 여직원 K씨가 고른 것이다. 몇 년째 필자의 강의를 듣고 현장에도 함께 찾아다니면서 경매 경험을 쌓다 보니 자연스럽게 물건을 보는 안목이 생겨난 것이다. 하루는 강의를 끝내고 사무실에 들어왔더니 그녀가 물건 하나를 보여주며 물었다.

"교수님, 물건 하나를 찾았는데 한번 봐주세요."

그래서 봤더니 충북 음성군에 지목이 대지인 740㎡(223평)의 토지가 임의경매로 나왔는데, 감정가 5,100만 원이 두 차례 유찰을 겪어 3,200만까지 떨어져 있었다. 먼저 경매 정보 사이트에서 관련 정보를 대충 훑어보니 수익이 될 만한 물건처럼 보였다. 대지 위에 쓸 만한 주택이 지어져 있는데 매각에서 제외되어 있었다. 등기부등본을 대조해보았더니 법정지상권이 성립하지 않아 조건이 더 좋아 보였다. 물건을 잘 고른 것 같다고 말해주고선 함께 현장을 가보기로 했다.

현장을 갈 때 당시 필자 강의를 듣고 있던 여자 수강생 L씨도 공부 삼아 함께 동행했다. 여기서 L씨 얘기를 덧붙이는 이유는 그날 현장 조사에 임하는 L씨한테서 몇 가지 배울 점이 있었기 때문이다. 먼저 현장을 둘러보고 필자가 파악한 점은 이랬다. 건축물 관리대장을 갖춘 합법적 건축물이 지어져 있긴 하지만, 이 토지는 지적도상 도로가 없는 맹지였다. 하지만 그 대지까지 현황 도로가 연결되어 있어 현황 도로에 의해 건축 허가가 난 것으로 보였다. 주택도 외관상 수리가 되어 깨끗한 편이고, 냉장고도 갖추어져 있으며, 또 마당 한 켠에 창고도 지어져 있고, 태양열 패널까지 설치되어 있었다. 토지를 낙찰받은 뒤 집을 철거하라는 소송을 내면 허물기가 아까울 정도로 거주 조건을 제대로 갖추고 있었다. 그런대로 수익이 될 만하겠다는 판단을 하고 막 출발하려는데, L씨가 보이지 않았다.

L씨는 성격이 활달하고 사교성이 많아 지난번 현장 조사에서도 이웃들을 상대로 이런저런 정보를 얻어오는 걸 본 적이 있다. 이번에도 그런가 보다 싶어 한 5분 기다리니 L씨가 옆집에서 나오는 게 보였다. 대체 어떻게 된 거냐고 물었더니 서울로 올라오는 차 안에서 자초지종을 들려주었다.

"좀 전에 어떤 아주머니가 지나가길래 저 집에 누가 사냐고 물어봤지요. 그랬더니 자기는 옆집에 산다면서 집에 가서 얘기하자고 해서 커피 한 잔 얻어먹으면서 얘기를 들었어요. 저 집은 아들이 둘인데, 큰아들은 서울에 있는 신문사에서 일한다고 그래요. 모친은 얼마 전에 중풍에 걸려서 병원에 입원해 있고, 저 집엔 현재 올해 일흔 여덟되는 노인 혼자 살고 있대요. 그리고 저 집이 동네 밖에 사과 밭 3천 평을 갖고 있는데, 거기서 사과 농사를 짓고 있대요."

L씨가 얻어온 정보는 얼핏 여자들끼리 나누는 수다거리 정도로 생각하기 쉽지만, 사실은 이번 물건의 수익성 여부를 판단하는 데 매우 유용한 정보들이다. 왜냐하면 이번 물건은 토지만 매각 대상이어서 낙찰 후 건물 주인한테 땅을 되팔 수 있는지 여부가 관건이다. 그 점을 판단하는 데 L씨의 정보가 큰 도움이 된다. 아들이 둘인데다 큰아들이 서울의 신문사에 다니고 있고, 사과 밭 3,000평에 사과 농사를 짓고 있다면 땅을 매입할 경제적 능력을 두루 갖추고 있다는 걸 뒷받침해주기 때문이다. 권리 분석과 현장 조사를 모두 끝낸 뒤 여직원 K씨가 입찰에 들어가 2등을 100만 원가량의 아슬아슬한 차이로 따돌리고 3,570만 원에 낙찰받았다.

다음 순서는 계획했던 대로 물건을 처리해 수익을 실현하는 일이다. 이번 건은 당초 계획대로 순조롭게 풀릴 수 있을까? 잔금을 치르고 소유권 이전등기를 마친 뒤 K와 L씨를 데리고 그 집을 다시 찾아갔다. 필자의 경험상 이런 이유로 시골집을 찾아갈 때는 해 떨어지기 직전이 가장 좋다. 낮에 가면 집주인이 대개 밭일을 가거나 마실을 나가 집을 비우기 일쑤여서 허탕칠 확률이 매우 높다. 해질 무렵 그 집에 도착해 "계십니까?" 하고 큰 소리로 불렀더니 L씨가 말한 그 노인이 방에서 저녁밥을 먹다가 나왔다.

"어떻게 왔어요?"

"아, 네. 이 땅 경매로 낙찰받은 사람인데요. 여기 사시는 집주인에게 얘기를 하러 왔습니다."

그랬더니 노인은 자기 땅이 경매로 넘어간 사실을 알고 있었다. 그러면서 이렇게 말했다.

"그런데 땅만 샀지? 건물은 내 거야. 그런데, 뭐 어떡하라고? 건물은 내거라고."

그래서 내가 다시 말했다.

"건물이 어르신 거라는 걸 저도 알고 있습니다. 하지만 제가 땅주인이기 때문에 저하고 협상을 하셔야 됩니다. 아들한테 저한테 연락을 하라고 해주십시오."

그랬더니 알았다고 해서 연락처를 남겨두고 올라왔다. 그 노인도 걱정이 되었는지 아들한테 금방 연락을 한 모양이었다. 얼마 지나지 않아 신문사에 다니는 큰아들한테서 연락이 왔다.

"아버님한테 말씀 들었는데, 땅만 낙찰받은 사람이라고요?"

"네, 그렇습니다."

"저희 아버님 이름으로 건물 등기부등본도 있고, 건축물 관리대장도 다 있습니다. 그런데 땅만 낙찰받아서 어떻게 하시려고요?"

경매를 하다 보면 경매에 대해 모르는 사람이 의외로 많다는 사실에 깜짝 놀라곤 한다. 특히 경매를 당하는 사람 입장에선 자신의 권리 보호를 위해 법률 서적을 뒤져보거나 전문가들에게 물어볼 법도 한데 그렇지 않은 경우가 생각보다 많다. 법정지상권까지는 그렇다 치더라도 토지 지분 경매에 대해 인터넷만 뒤져봐도 집주인의 법률적 권리와 그 범위에 대해 금방 알 수 있을 텐데도 말이다. 큰아들처럼 저렇게 막무가내로 나오면 얘기가 길어질 공산이 크다. 그에게 건물 등기부등본을 갖추고 있다 하더라도 토지 주인이 나가라고 하면 나가야 한다고 먼저 알려주었다. 그런 처분이 이해가 안 가면 가까운 법무사나 변호사한테 한번 문의해보면 왜 그런지 알 수 있을 것이라고 설명해주었다.

"뭐, 알긴 알겠는데요. 알아보기는 하겠지만, 글쎄 제가 보기에는 별로 문제가 될 것 같지 않은데요."

"그래도 한번 알아보시고 다시 연락주세요."

큰아들은 그렇게 하겠다고 하고선 전화를 끊었다. 그런데 며칠이 지나도 그로부터 연락이 없었다. 필자가 짐작컨대 그는 건물 등기부등본만 있으면 절대로 건물을 허물 일 없다고 철석같이 믿고 있는 것 같았다. 한 일주일쯤 기다렸다가 내가 먼저 연락했다.

"한번 알아보셨습니까?"

"알아봤는데, 별일 없다고 그러던데요. 이제 어떻게 하실 건데요? 저희한테 원하는 게 뭡니까?"

지난번보다 나아진 게 하나도 없었다. 나는 할 수 없이 그쪽에서 건물을 가졌으니 땅을 다시 사든지, 아니면 건물을 허물고 나가달라고 소송을 하는 수밖에 없다고 설명했다. 그렇게 얘기했더니 그럼 자기가 다음주 현충일에 동생과 만나서 의논해보고 연락하겠다며 전화를 끊었다. 이번에도 현충일이 지나고, 그로부터 열흘이 더 지나도 연락이 오지 않았다. 이쯤 되면 우리더러 낙찰받은 토지를 갖고 마음대로 해보라는 것이다.

과연 법정지상권은 성립할까?

이런 경우는 소송으로 문제를 해결하는 수밖에 없다. 소송에 들어가기 전에 먼저 법정지상권이 성립하는지 살펴보기로 하자. 법정지상권은 앞에서 자세히 설명한 대로 토지와 건물을 같은 사람이 소유하고 있다가 토지 또는 건물의 한 쪽에 저당권이 설정된 후, 경매를 포함한 어떤 사정에 의해 토지와 건물의 소유자가 달라지게 되었을 때 주어진다고 했다. 그러면서 네 가지 성립 조건을 설명했었다. 그중 하나가 저당권 설정 당시 토지와 건물의 소유자가 반드시 동일해야 한다는 점이다. 이번 물건의 토지와 건물 등기부등본을 보면 근저당 설정 당시 이미 건물주와 토지주가 다른 사람으로 되어 있음을 확인할 수 있다. 따라서 이 건물은 법정지상권이 성립하지 않는다. 그런데도 큰아들은 건물 등기가 되어 있고, 건축물 관리대장을 갖추고 있다는 이유로 건물을 유지할 수 있는 권리, 즉 법정지상권을 갖고 있는 것으로 착각하고 있는 것이다.

그래서 우리 쪽에서 건물의 철거를 요청하는 소송을 제기했다 (이때는 유○수 법무사가 아닌 다른 법무사에서 처리했으며 지료청구를 빠트렸으나 그대로 조정에 회부되었다). 이렇게 소송을 제기하면 대개는 연락을 해오기 마련인데, 저쪽에서 아무런 연락이 없었다. 첫 재판 기일이 잡혀 K씨와 함께 법원에 나갔더니 큰아들과 부친이 나와 있었다. 우리 재판 차례가 되어 원고와 피고가 판사 앞에 섰다. 원고가 건물을 허물고 땅을 인도하라고 하는 데 피고는 어떻게 하겠느냐고 판사가 물었다. 큰아들은 그 자리에서도 나한테 했던 답변을 그대로 되풀이하고 있었다.

"아무리 땅 주인이라고 해도 건물이 등기되어 있고 건축물 관리대장까지 갖추고 있는데, 멀쩡한 건물을 허물고 나가라고 하는 건 말이 안 되지 않습니까?"

그러자 판사가 큰아들에게 꾸짖듯 말했다. 원고 쪽에서 법률에 의거해 주장을 해왔으면 피고도 법리에 맞게 권리를 주장해야지 무조건 안 된다고 주장하면 어떻게 하느냐고 말했다. 그래놓고선 판사는 이 사건을 조정으로 결정하겠다고 통보하고선 재판을 끝냈다. 이런 소송은 거의 90% 이상이 조정을 거치게 된다. 재판을 끝내고 법원을 나오면서도 피고들은 우리 쪽으로 눈길 한번 주지 않았다. 대개 이런 경우 법원을 나서면서 협상에 대한 운을 떼보기도 하는데, 그러지 않은 걸로 봐서 자기네들이 조정에 들어가도 질리가 없다고 판단하고 있는 것 같았다.

조정일자에 다시 법원에 나갔다. 필자는 원고 K씨가 낙찰받을 때 일부 돈을 투자한 관계라고 설명하고선 조정실에 함께 들어갔다.

큰아들은 이 번엔 부친 대신 부인과 함께 나와 있었다. 판사가 원고와 피고를 확인한 후 조정위원에게 조정을 맡기고선 조정실을 나갔다. 이어 조정위원이 자기소개를 한 뒤 조정을 시작했다. 조정위원은 자신이 판단하기에 건물 주인이 땅을 사든지, 땅 주인이 건물을 사든지 하면 원만히 해결될 것 같다면서 피고와 원고를 따로 번갈아 만나가며 설득했다. 조정위원은 피고와 얘기를 나눌 땐 주로 피고에게 불리한 점을 부각시켜 양보를 이끌어내고, 원고에게도 같은 방법으로 양보를 끌어내 원만하게 협상이 이루어질 수 있도록 중재한다.

조정위원이 먼저 피고와 얘기를 나눈 뒤에 우리 쪽을 불렀다. 조정위원은 어느 정도 이쪽 분야에 전문적인 식견을 갖춘 것으로 보였다. 짐작컨대 피고에게 법정지상권이 성립하지 않기 때문에 원고가 건물을 철거하라고 하면 철거해야 된다는 점과 버티면 버틸수록 지료 부담 때문에 비용이 더 올라간다는 사실을 충분히 고지한 것 같았다. 조정위원은 우리 쪽과 얘기를 나눌 때 우리가 불리하다고 여겨지는 대목을 먼저 짚었다.

"좋은 땅을 사시긴 했는데, 제가 조사한 바로는 이 땅이 지적도상 맹지예요. 도로가 없잖아요? 지금 당장은 원고 쪽이 갑처럼 보이지만, 맹지에 건물이 지어져 있기 때문에 건물 주인이 건물을 허물어 버리고 나면 여기엔 다시 새 건물을 지을 수가 없습니다. 가치 없는 땅이 되어버리는 거죠. 그러니까 원고 쪽에서도 억지로 건물을 허물라고 몰아붙이지 말고 웬만하면 이 자리에서 합의를 보시는 것이 좋겠습니다."

"맹지라도 건축이 가능하다"

얘기를 듣고 보니 조정위원이 합의를 위해 준비를 많이 해온 것 같았다. 조정위원의 지적이 얼핏 핵심을 꿰뚫고 있는 것처럼 보이지만, 건축을 전공한 데다 오랫동안 관련 사례들을 축적해온 필자로선 그 자리에서 조정위원이 말하는 논리의 허점을 지적하지 않을 수 없었다.

"조정위원님 말씀은 이해하겠습니다. 하지만 건축법은 물론, 이곳 음성군 도시계획 조례를 보면 현황 도로를 이용해 이미 건물이 지어진 적이 있을 때에는 다른 토지주의 사용 승인 없이 건축을 할 수 있다고 정하고 있습니다. 그 땅엔 현황 도로가 연결되어 있기 때문에 지적도상 맹지 여부는 걱정 안 하셔도 됩니다. 만일 합의가 되지 않아 건물을 허물게 되면 저희들은 더 좋습니다. 대지 평탄 작업만 해주면 인근 공인중개사가 평당 60만 원에 팔아주겠다고 하고 있거든요."

그렇게 말하고 나서 다만 우리의 목적은 이번 경매를 통해 일정 정도의 수익을 실현하는 것이기 때문에 무턱대고 멀쩡한 건물을 허물려 하진 않는다는 점을 강조했다. 건물 주인이 적정한 금액에 우리 땅을 산다고 하면 팔 의향이 있다고 말했다. 그랬더니 그럼 가격은 얼마나 받으려고 하느냐고 조정위원이 물었다.

"공인중개사가 평당 60만 원 준다고 했지만 그 금액을 요구하는 건 협상에 임하는 도리가 아닌 것 같고, 가장 공정한 가격은 경매로 나왔을 때 해당 토지를 감정한 금액이라고 봅니다. 그 금액에 우리가 소송에 쓴 비용 100만 원 정도만 더 얹어준다면 합리적인 금액이라고 생각하고 있습니다."

그랬더니 조정위원이 우리더러 잠시 나가 있으라고 하고선 피고 측과 다시 얘기를 나누었다. 좀 있다가 우리더러 들어오라고 해서 가보니 피고 측도 그대로 앉아 있었다. 피고 쪽 표정이 종전보다 더 굳어져 있었다. 이번엔 조정위원이 양쪽을 다 앉혀놓고 말했다.

"건물 주인이 토지의 감정 가격인 5,100만 원에 100만 원을 얹어 5,200만 원에 해당 토지를 매입하는 것으로 조정하겠습니다. 양쪽 이의 없습니까?"

조정위원이 우리가 제시한 방법과 금액으로 조정 결론을 발표했다. 결론을 놓고 보면 우리쪽 보다는 거의 대부분 피고 쪽이 양보를 하게 되었다. 그 동안 완강하게 버텨오던 피고가 잠시 떨떠름한 표정을 짓더니 "이의 없다"고 말했다. 이로써 조정이 마무리되었다.

여직원 K씨는 소송을 거치긴 했지만 이번 건을 통해 세전 금액으로 1,500만 원가량의 수익을 올렸다. 물론 소송까지 가면서 피고 쪽도 마찬가지겠지만, 우리 쪽도 감정이 많이 상했던 건 사실이다. 법리적으로 피고를 완벽하게 이길 수 있는 건이라 하더라도 감정가보다 터무니없이 높은 가격을 요구하는 건 요즘 말로 '갑질'이나 '갑의 횡포'에 해당할 수 있다. 경매를 하면서 완벽한 권리분석과 꼼꼼한 현장 조사를 통해 '갑'의 입장이 되는 건 더 할 나위 없이 좋은 일이지만, 과도한 금액을 요구하는 '갑질'은 옳지 않다고 생각한다. '갑'이 나쁜 게 아니라, '갑질'이 나쁜 것이다. 조정이나 협상을 그르치는 경우를 보면 대부분 '갑'이 아니라 '갑질' 때문이다. 그래서 이런 물건에 응찰할 때는 감정가에 되팔 경우 얼마의 수익을 올릴 수 있을지 미리 가늠해보는 것이 중요하다.

2014 타경 62×× 충청북도 음성군 음성읍 한벌리 3××

2014 타경 62■■ (임의)		물번2 [배당종결] ▼		매각기일 : 2015-02-16 10:00~ (월)		경매3계 043)841-9123
소재지	(369-803) 충청북도 음성군 음성읍 한벌리 3■■ [도로명주소] 충청북도 음성군 한벌길2■번길 ■(음성읍)					
물건종별	대지	채권자	홍■자	감정가	51,060,000원	
토지면적	740㎡ (223.85평)	채무자	현■환	최저가	(64%) 32,678,000원	
건물면적		소유자	현■환	보증금	(10%)3,268,000원	
제시외		매각대상	토지만매각	청구금액	39,987,945원	
입찰방법	기일입찰	배당종기일	2014-10-07	개시결정	2014-08-06	

기일현황 ▼전체보기

회차	매각기일	최저매각금액	결과
신건	2014-12-15	51,060,000원	유찰
2차	2015-01-19	40,848,000원	유찰
3차	2015-02-16	32,678,000원	매각
김■주/입찰2명/낙찰35,780,000원(70%) 2등 입찰가 : 34,660,000원			
	2015-02-23	매각결정기일	허가
	2015-04-02	대금지급기한	납부
	2015-07-15	배당기일	완료
배당종결된 사건입니다.			

🔍 매각물건 건물사진

Q 주요 등기사항 요약(참고용)

토지 = 현○환

주요 등기사항 요약 (참고용)

[주 의 사 항]

본 주요 등기사항 요약은 증명서상에 말소되지 않은 사항을 간략히 요약한 것으로 증명서로서의 기능을 제공하지 않습니다.
실제 권리사항 파악을 위해서는 발급된 증명서를 필히 확인하시기 바랍니다.

[토지] 충청북도 음성군 음성읍 한벌리 3▨ 대 740㎡

고유번호. 1545-1996-246030

1. 소유지분현황 (갑구)

등기명의인	(주민)등록번호	최종지분	주 소	순위번호
현▨환 (소유자)	690821-*******	단독소유	서울특별시 양천구 월경로13길 22-3, 4▨호 (신월동,에스케이그룹빌8차)	1

2. 소유지분을 제외한 소유권에 관한 사항 (갑구)

순위번호	등기목적	접수정보	주요등기사항	대상소유자
2	임의경매개시결정	2014년8월6일 제24473호	채권자 홍▨자	현▨환

3. (근)저당권 및 전세권 등 (을구)

순위번호	등기목적	접수정보	주요등기사항	대상소유자
1	근저당권설정	2010년2월22일 제3427호	채권최고액 금45,000,000원 근저당권자 홍▨자	현▨환
2	근저당권설정	2014년2월12일 제3761호	채권최고액 금120,000,000원 근저당권자 메트로종합건설주식회사	현▨환

건물 = 이ㅇ기

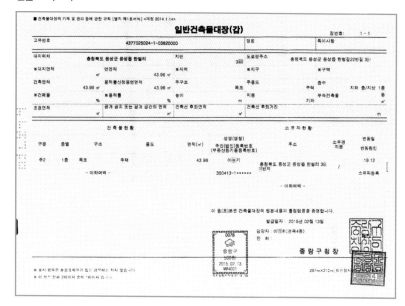

소 　 장

원 고 　 김 ▮ 주 (　　　　　　) (우편번호: 　　　 전화:

010 　　　　　)

　서울특별시

피 고 　 이 ▮ 기 (350413-1********) (우편번호: 369-803)

　충청북도 음성군 음성읍 한벌리 3▮

건물철거 등 청구의 소

청 구 취 지

1. 피고는 원고에게 별지목록기재 부동산(건물)을 철거하고, 위 토지를
   인도하라.
2. 소송비용은 피고의 부담으로 한다.
3. 위 제1항은 가집행할수있다.
   　라는 판결을 구함.

청 구 원 인

1. 원고는 2015. 2월경 소외 현█환 소유의 토지인 충청북도 음성군 음성읍 한벌리 대 740㎡ (이하 "이사건 토지"라 칭함.)을 청주지방법원 충주지원 2014 타경 62██호 부동산임의경매신청 및 동 결정 (2014. 8. 6.)에 의한 부동산임의경매사건의 매각기일서 매각을 받고 2015. 3.26. 잔금 납부와 2015. 3.31. 청주지방법원 음성등기소 접수 제9665호로 소유권이전등기를 필하였습니다.

2. 피고 소유인 별지목록기재 부동산 (이하 "이사건 건물"이라 칭함)은 건축한 지가 100년된 오래된 목조 주택 및 경량철골조 조립식건물, 경량철골조 단층창고이며 내용연수가 이미 경과한 건물입니다. (1912년 건축)

   피고는 이사건 토지를 점유 사용할 아무런 권한이 없는 데도 불구하고 이를 점유사용하고 있는 바, 피고는 원고에게 별지목록기재 건물을 철거하고 토지를 인도할 책임과 의무가 있습니다.

3. 원고는 피고가 이사건 건물을 임의철거 하지 않고 불법점유 사용하고 있음으로 인하여 재산권행사를 못하는 등으로 이루 말 할수 없을 정도로 재산적 손해를 보고 있습니다.

4. 그러므로 원고는 피고에게 건물 철거 및 토지 인도를 받기 위하여 본소 청구에 이른 것 입니다.

입 증 방 법

1. 갑 제 1호증 등기사항전부증명서
1. 갑 제 2호증 폐쇄등기부 증명서
1. 갑 제 3호증 주민등록초본
1. 갑 제 4호증 사진
1. 갑 제 5호증 일반건축물대장(갑)
1. 갑 제 6호증 토지대장등본
1. 나머지는 구두 변론시 수시로 입증코져 합니다.

첨 부 서 류

1. 위 입증서류   각 1통
1. 위임장   1통

2015. 4.13.

원 고 김 ▌ 주

청주지방법원 충주지원 귀중

청주지방법원 충주지원
조 정 조 서

사　　건　　2015가단22█　　　　건물철거 등
원　　고　　김█주
　　　　　　서울 █████████████████████████
피　　고　　이█기
　　　　　　충북 음성군 음성읍 한벌리 3█
　　　　　　피고 대리인 이█필

조정장 판사　이　█　걸　　　　기　　일 : 2015. 7. 23.　15:30
조 정 위 원　이　█　용　　　　장　　소 : 제3조정실
법 원 주 사　나　█　태　　　　공개 여부 : 공　개

원고 김█주　　　　　　　　　　　　　　　　　　　출석

피고 대리인 이█필　　　　　　　　　　　　　　　出석

- -

다음과 같이 조정성립

조 정 조 항

1. 원고는 이 사건 소를 취하하고, 피고는 이에 동의한다.
　　원고와 피고는 피고가 원고로부터 이 사건 토지(충북 음성군 음성읍 한벌리 3█ 대
　　740㎡)를 매수하는 방안을 추후 협의하기로 한다.
2. 소송비용 및 조정비용은 각자부담으로 한다.

청 구 의 표 시

청구취지 및 청구원인은 별지 기재와 같다.

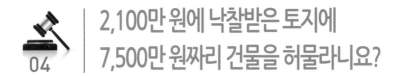

04 | 2,100만 원에 낙찰받은 토지에 7,500만 원짜리 건물을 허물라니요?

2016 타경 502×× 영암군 삼호읍 삼포리 10×-×(토지만 매각)

2016 타경 502■ (임의)		매각기일 : 2017-01-02 10:00~ (월)		경매3계 061-270-6693	
소재지	(58463) 전라남도 영암군 삼호읍 삼포리 101■ [도로명] 전라남도 영암군 대불로 99■(삼호읍)				
용도	대지	채권자	권■수	감정가	38,560,000원
토지면적	241㎡ (72.9평)	채무자	강■성	최저가	(45%) 17,275,000원
건물면적		소유자	강■원	보증금	(10%) 1,728,000원
제시외		매각대상	토지만매각	청구금액	59,204,265원
입찰방법	기일입찰	배당종기일	2016-04-14	개시결정	2016-01-29

토지사용 승낙받았어요, 법정지상권 있어요

이 건물은 건축물 대장은 있으나 주택은 박○○, 창고는 박○○ 소유로 되어 있으며, 토지는 강○○으로 되어 토지만 경매로 진행된 물건이다. 따라서 법정지상권 없는 건물로 언덕 위에 남향으로 건축되어 있으며, 마당 밑에는 조선소에서 사용하는 주차장이 몇 천 평 되어 보이는 곳에 있는 주택이다.

낙찰 후 집에 찾아가 토지를 경매로 낙찰받은 사람이라고 하자 건물주인은 나며 당신은 토지만 받은 것이 아니냐며 낙찰자인 나를 소 닭 쳐다보듯 했다. 싸게 준다면 토지를 살 테니 얼마에 팔겠느냐고 물어온다. 낙찰자인 수강생이 시골에 노인이 돈이 없다고 생각해 감정가가 아닌 낙찰가에 1,000만 원을 더 달라고 하자 깜짝 놀라기에 그러면 500만 원만 더 주면 팔겠다고 하자 그 돈도 없다며 건물주인이 본인인데 싫으면 관두라는 식이다. 더 이상 협상을 안 하기로 결정했다.

'네, 알겠습니다' 하고 영감님에게 인사하고 나온 후 법무사에게 전화해 건물철거 및 철거할 때까지의 지료 소송을 제기하라고 했다.

얼마 후 답변서가 도착했다며 메일로 나에게 보냈다고 했다.

평택지원 앞에 있는 유○수 법무사를 몇 달 전 소송을 맡기러 갔다가 알게 되었다. 성격이 꼼꼼하고 내가 무었을 원하는지를 잘 듣고 난 후 그 내용을 법적으로 풀어서 항상 필자에게 이렇게 소장을 작성했다고 보내준다. 필자가 본 후 그대로 가자고 할 때도 있지만, 건축을 잘 아는 필자가 건축법에 관한 사항을 넣어달라고 해 항상 합작으로 소송문구를 작성하며 송달장소도 유○수 법무사로 한다. 아마도 이제는 유○수 법무사와 100여 건 이상을 소송한 것으로 생각된다.

송달장소를 유○수 법무사로 지정했기에 답변서는 유○수 법무사에 송달되며 항상 스캔해 나에게 메일로 보내주며 같이 재답변서를 작성한다.

이번 경우도 답변서가 오자 스캔해 메일로 왔다. 답변서의 내용은 토지사용승낙서에 의해 건축물을 축조했기에 법정지상권이 있다는 주장이고 또한 이 토지에 7,500만 원 정도의 가액인 건축물을 어떻게 허무느냐며 토지매입의사를 보이고 있다. 결국 건물을 철거하라는 소송을 접하고 나서야 전화가 와서 500만 원을 더 줄 테니 팔라고 하기에 이제는 소송도 진행하며 시간도 지났기에 500만 원만 더 받고 팔 수 없어서 안 된다고 하며 1,000만 원을 요구하자 답변서를 법원에 제출해 조정에 이르게 되었다.

조정에서 할아버지가 돈이 없다고 엄청 사정한 것 같다. 조정 판사가 낙찰자인 수강생에게 조금 깎아주면 안되냐고 한다.

낙찰자 대신 필자가 조정 판사에게 말했다 1월에 낙찰받아 7월까지 왔으며 소송까지 하게 되었는데 처음 낙찰받아 갔을 때 500만 원 더 주면 팔겠다고 했을 때 왜 안 사고 소송해서 법정에 오고 나서야 500만 원만 더 주고 사겠다고 하니 이제 와서 할아버지말대로 2,500만 원을 받으면 우리에게 이익이 무었입니까? 등기비에 차비에 양도소득세에 제가 무었을 더 양보하라는 것입니까? 라며 완곡하게 거절하자 조정관께서 할아버지가 원하는 대로 토지는 2,500만 원에 양도하고 그동안 소송비에 차비에 위로금으로 400만 원만 받으시오 하면서 강제조정에 들어갔다.

할아버지도 불만이지만 할 수 없이 승낙하기에 우리도 그 정도에 만족하고 물러설 수밖에는 없었다. 내가 생각해봐도 현금은 없는 할아버지다. 다른 경우는 자식들이 나서서 도와준 경우에는 쉽게 풀리지만 도와줄 자식이 없는 것 같아 이대로 끝내기로 했다!

2016 타경 502×× 전라남도 영암군 삼포읍 삼포리 101×-×

2016 타경 502▨ (임의)		매각기일 : 2017-01-02 10:00~ (월)			경매3계 061-270-6693	
소재지	(58463) **전라남도 영암군 삼호읍 삼포리 101**▨▨ [도로명] 전라남도 영암군 대불로 96-▨▨(삼호읍)					
용도	대지	채권자	권▨수	감정가		38,560,000원
토지면적	241㎡ (72.9평)	채무자	강▨성	최저가		(45%) 17,275,000원
건물면적		소유자	강▨원	보증금		(10%)1,728,000원
제시외		매각대상	토지만매각	청구금액		59,204,265원
입찰방법	기일입찰	배당종기일	2016-04-14	개시결정		2016-01-29

기일현황 ☑ 간략보기

회차	매각기일	최저매각금액	결과
신건	2016-08-29	38,560,000원	유찰
2차	2016-10-17	26,992,000원	유찰
3차	2016-11-28	21,594,000원	유찰
4차	2017-01-02	17,275,000원	매각
	낙찰21,690,000원(56%)		
	2017-01-09	매각결정기일	허가
	2017-02-07	기한후납부	
	2017-03-08	배당기일	완료
	배당종결된 사건입니다.		

⊕ 매각물건 주변 항공사진

⊕ 매각물건 건물사진

⊕ 매각물건 주변 지적도

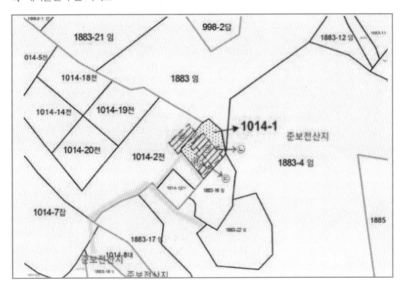

소 장

원 고 1. 백■현 (601227-■■■■■■)

경남 거창군 거창읍 죽전5길 52-■

송달장소 : 평택시 평남로 1029, 2■호(동삭동,쓰리제이타워)

송달영수인 : 법무사 유■수

2. 황■정 (640405-■■■■■■)

대구 달서구 월배로 280, 302동 14■호(상인동,주공아파트)

송달장소 : 평택시 평남로 1029, 2■호(동삭동,쓰리제이타워)

송달영수인 : 법무사 유■수

피 고 1. 박■원 (770319-*******)

전남 영암군 삼호읍 대불로 96-■■

2. 정■호

전남 영암군 삼호읍 대불로 96-■■

토지인도 등 청구의 소

청 구 취 지

1. 피고 박■원은 원고들에게,

가. 전라남도 영암군 삼호읍 삼포리 101■■ 대 241㎡ 지상의 별지 도
면 표시 1, 2, 3, 4, 5, 6, 1의 각점을 순차로 연결한 선내 (가)부분
시멘트블럭조 기와형강판지붕 단층 주택 약 68.4㎡, 7, 8, 3, 2, 7

의 각점을 순차로 연결한 선내 (나)부분 시멘트블럭조 강판지붕 단층 보일러실 약 4㎡, 6, 5, 10, 9, 6의 각점을 순차로 연결한 선내 (다)부분 철파이프조 강판지붕 단층 가추 약 23.1㎡, 11, 12, 13, 14, 11의 각점을 순차로 연결한 선내 (라)부분 목조 함석지붕 단층 창고 약 12.1㎡, 15, 16, 17, 18, 19, 20, 21, 22, 15의 각점을 순차로 연결한 선내 (마)부분 시멘트블럭조 함석지붕 단층 부속사 약 59.4㎡를 각 철거하고,

나. 위 토지를 인도하고,

다. 2017. 2. 14.부터 위 토지인도 완료일까지 연 금3,850,000원의 비율로 계산한 돈을 지급하라.

2. 피고 정 ■호는 위 제1의 가항 건물에서 퇴거하라.

3. 소송비용은 피고들이 부담한다.

4. 제1항, 제2항은 가집행할 수 있다.

라는 판결을 구합니다.

청 구 원 인

1. 원고들의 토지소유권 취득

원고들은 전라남도 영암군 삼호읍 삼포리 101■ 대 241㎡(이하 "이 사건 토지"라 함)를 2017 . 2. 14. 임의경매로 인한 매각을 원인으로 취득하였습니다.(갑제1호증의 1 부동산등기사항증명서 및 갑제2호증의 1 토지대장 참조).

2. 피고 박■원의 건물소유와 건물철거 및 토지인도 청구

이사건 토지의 지상에는 피고 박■원 소유의 건물(이하 "이사건 건물"이라 함)이 존재하는 바, 등기부상의 건물표시는 시멘트블럭조 스레이트지붕 단층 단독주택 68.4㎡, 부속건물 시멘트블럭조 스레이트지붕 단층 창고 41.9㎡이고, 실제 건물은 경매사건의 감정평가서 건물개황도와 같이 시멘트블럭조 기와형강판지붕 단층 주택 68.3㎡, 시멘트블럭조 강판지붕 단층 보일러실 약 4㎡, 철파이프조 강판지붕 단층 가추 약 23.1㎡, 목조 함석지붕 단층 창고 약 12.1㎡, 시멘트블럭조 함석지붕 단층 부속사 약 59.4㎡(갑제3호증의 3 감정평가서 참조)입니다.

피고 박■원은 이사건 건물을 소유하면서 원고들의 이사건 토지 소유권을 침해하고 있으므로 이사건 건물을 철거하고, 원고들에게 이사건 토지를 인도할 의무가 있습니다.

3. 차임상당 부당이득의 청구

피고 박■원은 이사건 건물의 소유를 통하여 원고들이 이사건 토지를 취득한 2017. 2. 14. 부터 이사건 토지를 원고들에게 인도할 때까지 차임상당의 부당이득을 하고 있다 할 것이므로 우선 인도대상 토지의 경매사건에서의 감정평가액인 금38,560,000원의 약 10%인 연 금3,850,000원을 청구합니다(갑제3호증의 3 감정평가서 참조).
소송 진행결과에 따라 추후 감정평가를 통하여 지료상당 부당이득액에 대하여는 청구취지를 변경하도록 하겠습니다.

4. 피고 정■호의 건물점유 및 퇴거청구

한편, 피고 박■원 소유의 이사건 건물에는 피고 정■호가 임차인으로 주민등록을 마치고 거주하고 있으므로 피고 정■호는 이사건 건물에서 퇴거할 의무가 있습니다(갑제3호증의 1 현황조사서 및 갑제3호증의 2 매각물건명세서 참조).

5. 결어

이상과 같이 피고 박██원은 이사건 건물의 소유를 통해 원고들의 이사건 토지 소유권을 침해하고 있으며, 지료 상당액을 부당이득하고 있다 할 것이므로 피고 박██원은 이사건 건물을 철거하고 원고들에게 이사건 토지를 인도하며, **지료 상당의 부당이득금을 반환할 의무가 있다 할 것이고**, 피고 정██호는 이사건 건물에서 퇴거할 의무가 있으므로 청구취지와 같은 판결을 구하기에 이른 것입니다.

입 증 방 법

1. 갑 제1호증의 1, 2   부동산등기사항증명서   각 1통
1. 갑 제2호증의 1   토지대장
1. 갑 제2호증의 2   건축물대장
1. 갑 제3호증의 1   현황조사서
1. 갑 제3호증의 2   매각물건명세서
1. 갑 제3호증의 3   감정평가서

첨 부 서 류

1. 위 입증방법   각 3통
1. 소장부본   2통

답 변 서

사　건　2017가단2487 토지인도 등
원　고　'맥**현** 외 1
피　고　박**원**
　　　　전화 010-36**-****

답변의 취지

1. 원고들의 청구을 기각한다.
2. 소송비용은 원고들의 부담으로 한다.
　라는 판결을 구함.

답변의 사실

1. 피고 박**원**의 지위.

　가. 피고는 이 사건 토지가 원래 강**원**의 소유로서 피고의 부친 망 박**
　　상이· 1993. 9. 25. 처 오빠인 강**원**의 토지사용승낙을 받고 이 토지
　　지상에 이 사건 건물을 신축하여 소유 및 거주해 오고 있다가 동 박**
　　상이 사망함으로서 피고가 이를 상속 받아 소유하며 거주하고 있습니
　　다.(을제1호증 : 토지사용승낙서)

　나. 이후 피고는 2016. 2. 24. 위 건물에 관하여 협의분할 상속에 인한 소
　　유권보존등가를 마친 자입니다.(을제2호증 : 건물등기부등본)

2. 원고 청구의 부당성.

가. 원고는 이 사건 토지를 대금 21,690,000원에 낙찰 받고 나서 청구취지의 건물 철거를 구하고 있습니다.

나. 그런데 토지 지상에는 무려 5개동의 건물 166.9㎡가 신축되어 있어 이를 시가로 환산한다면 평당 150만원의 가액으로 볼 때 × 50평 = 약 7,500만원 정도가 건물 가액으로 볼 것입니다.(감가상각 후 시산)

다. 위와 같은 사정에 비추어 볼 때·토지경매 낙찰대금 2,169만원을 가지고 이 가격에 무려 3.5배에 달하는 7,500만원 상당의 건물을 철거하라 함은 경제적 손실이 커 사회 이익에 반하는 것으로 일응 원고의 권리남용이라 할 것입니다.

라. 한편 피고는 위와 같이 토지사용승낙을 받고 신축한 건물인 점 등에서 법정 지상권이 이미 성립되었음을 주장한 바, 이에 따른 법리적 근거는 차후 변론에서 밝히겠습니다.
(법정 지상권 성립은 이미 원고에게 내용증명으로 통지한 바 있다)

3. 조정희망.
　가. 이 사건에서 기왕에 이렇게 된 이상 피고로서는 토지에 관하여 원고로부터 매수할 의향이 있습니다.

　나. 그런데 피고가 매수할 뜻을 비치자 원고는 무리하게도 경락받은 금 2,169만원에 1,000만원을 더 달라 하고 있어 피고로서는 너무 과하다고 생각되어 현재까지 이르게 된 것입니다.

　다. 한편 원고가 당초에는 매각 받은 금액에 금 500만원만 더 달라 하였으나 피고가 돈이 없어 곧바로 매수치 못하고 있습니다.

라. 따라서 피고로서는 현재 이 집을 철거하고 타 처로 옮긴다는 것은 현실에 있어 너무 가혹하여 은행대출이라도 받아 매수하고자 하오니 위 낙찰가격 2,169만원에 원고 이전비를 감안하여 총 2,500만원에 매수할 의사가 있으므로 재판장님이 강제조정결정하여 주시면 따르겠습니다.

4. 결어.

  가. 원고들은 소장 기재에서 나타난 바와 같이 경상도에서 각기 거주하고 있어 피고가 거주한 토지는 매각 받을 이유가 없을 것입니다.

  나. 따라서 원고들은 경매상 제시 외 건물은 타인 소유 임대로 건축 철거 등의 약점을 이용해 부를 얻으려는 수법으로 법을 악용하고 있다고 사료되는 바입니다.

  다. 이러한 점에서 사회적 약자의 침탈적 이 건 소송은 철거로 인한 부동산을 필요해 의해 취득이 아니라는 점, 차후에 밝혀질 법정 지상권 문제의 점 등에서 조정으로 마무리 짓거나 그렇지 아니하면 청구 기각 판결이 선고되어야 할 것입니다.

첨부서류 및 서증

1. 을제1호증 : 토지사용승낙서

2. 을제2호증 : 건물등기부등본

2017. 5.   .

위 피고 박 ██ 원

광주지방법원 목포지원 민사2단독 귀 중

1. 토지이용계획

토지소재지		지목		지적		토지소유자		비고
번리	지번	공부상	사실상	공부상	신청	주 소	성명	
산호	삼호리 1014					서울시은평구 회기동2걸	장 원	

2. 토지 사용자.
- 주 소: 병암군 삼호면 삼호리 10■
- 주민등록번호: 401205 ~ ■■■
- 성 명: 박 ■ 상 ■

3. 토지 사용목적

4. 토지 사용기간: 년 월 일부터 년 월 일

상세와 같이 본인의 토지를 사용으록

토지소유자   199 년

주소 서울 등

주민등록번호 440507 ~ ■■■

삼 호 면 장 귀하

을제 1 호증

광주지방법원 목포지원

조 정 조 서

사　　건	2017가단24■■　토지인도 등	
원　　고	1. 백■현 (601227-■■■■■■■)	
	경남 거창군 거창읍 죽전5길 52-■(중앙리)	
	송달장소　평택시 평남로 1029, 2■호(동삭동, 쓰리제이타워)	
	2. 황■영 (640405-■■■■■■■)	
	대구 달서구 월배로 280, 302동 14■호(상인동, 송현주공3단지아파트)	
	송달장소　평택시 평남로 1029, 2■호(동삭동, 쓰리제이타워)	
피　　고	박■원 (1977. 3. 19. 생)	
	전남 영암군 삼호읍 대불로 96-■■(삼포리)	

조 정 장 판 사	류　■■　근	기　　일 :	2017. 7. 18.　14:00
조 정 위 원	김　■■　상	장　　소 :	제219호 조정실
조 정 위 원	임　■■　일	공개 여부 :	공　　개
법 원 주 사	김　■■　회		

원고　1.백■현　2.황■영		각 출석
피고　박■원		출석

다음과 같이 조정성립

조 정 조 항

1. 피고는 원고들로부터 전남 영암군 삼호읍 삼포리 101■■ 대 241㎡에 관하여 2017.
7. 18. 매매를 원인으로 한 소유권이전등기절차를 이행받음과 동시에 원고들에게
25,000,000원을 지급한다.

2017-0098503432-5D7E1　　　　　　　　■■■ ■■■■ ■■■■ ■■■(I■)　　　　　　　　1/6

2. 원고들은 피고로부터 25,000,000원을 지급받음과 동시에 피고에게 제1항 기재 토지에
   관하여 2017. 7. 18. 매매를 원인으로 한 소유권이전등기절차를 이행한다.

3. 피고는 원고들에게 4,000,000원을 2017. 9. 20.까지 지급한다. 만일 피고가 위 지급
   기일까지 원고들에게 위 돈을 전부 지급하지 아니하는 경우, 원고들에게 미지급금 전액
   과 이에 대하여 지체일 다음 날부터 다 갚는 날까지 연 15%의 비율로 계산한 돈을 더
   하여 지급한다.

4. 원고들은 나머지 청구를 포기한다.

5. 소송비용은 각자 부담한다.

청 구 의 표 시

청구취지

피고는 원고들에게 조정조항 제1항 기재 토지(이하 이를 '이 사건 토지'라 한다) 지상
별지1 도면 표시 1, 2, 3, 4, 5, 6, 1의 각 점을 차례로 연결한 선내 (가) 부분 시멘트블
럭조 기와형강판지붕 단층 주택 약 68.4㎡, 별지1 도면 표시 7, 8, 3, 2, 7의 각 점을
차례로 연결한 선내 (나) 부분 시멘트블럭조 강판지붕 단층 보일러실 약 4㎡, 별지1 도면
표시 6, 5, 10, 9, 6의 각 점을 차례로 연결한 선내 (다) 부분 철파이프조 강판지붕 단층
가추 약 23.1㎡, 별지1 도면 표시 11, 12, 13, 14, 11의 각 점을 차례로 연결한 선내
(라) 부분 목조 함석지붕 단층 창고 약 12.1㎡, 별지1 도면 표시 15, 16, 17, 18, 19, 20,
21, 22, 15의 각 점을 차례로 연결한 선내 (마) 부분 시멘트블럭조 함석지붕 단층 부속사
약 59.4㎡를 각각 철거하고, 이 사건 토지를 인도하며, 2017. 2. 14.부터 이 사건 토지의
인도를 완료하는 날까지 연 3,850,000원의 비율로 계산한 돈을 지급하라.

청구원인

별지2 기재와 같다.

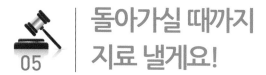

돌아가실 때까지 지료 낼게요!

2015 타경 148×× 괴산군 장연면 조곡리 33×-×(토지만 매각)

2015 타경 148 (강제)		매각기일 : 2017-01-11 10:00~ (수)		경매7계 043-249-7307	
소재지	(28008) 충청북도 괴산군 장연면 조곡리 33 외1필지				
용도	대지	채권자	장연신용협동조합	감정가	23,946,200원
토지면적	465.6㎡ (140.84평)	채무자	이 민	최저가	(33%) 7,847,000원
건물면적		소유자	이 민 外	보증금	(10%)785,000원
제시외	제외 : 107.2㎡ (32.43평)	매각대상	토지만매각	청구금액	50,175,760원
입찰방법	기일입찰	배당종기일	2016-01-22	개시결정	2015-11-16

무반응이더니

낙찰 후 현장에 갔으나 아무도 만날 수 없어 전화번호만 적어놓고 토지 낙찰자라며 연락바란다고 했으나 전혀 소식이 없었다. 하는 수 없이 건물 철거 및 지료 소송을 해 송달되었으나 답변을 하지 않아 무변론 판결 날짜가 잡히자 답변서를 제출해 소송이 진행된 사건이다. 결론만 얘기하자면 이 사건 피고가 노인이며 돌아가실 때까지 현 주택에 거주하게 해주는 조건으로 자식들이 보증금 50만 원에 매월 12만 원에 임대료를 지불하고 그동안 점유 비용으로 60만 원을 현금으로 지급하며 피고가 돌아가시면 토지를 되찾아온다는 조정이다.

이 사건은 조정에 필자는 참여하지 않아 정확한 내용은 알 수 없으나 조정결정문이 유○수 법무사를 통해 왔으며 낙찰받은 수강생에게 전화로 물어본즉 이렇게 합의 하에 조정되었으며 만족한다고 해서 끝난 사건이다.

결국은 자식들이 피고 노인을 모시기 싫으니 임대료를 주면서 그곳에서 돌아가시든지 요양병원에 갈 때까지 지료를 주겠다고 해 조정에 합의된 것이다.

결론은 1,000만 원을 투자해 매월 12만 원의 자료를 받는 것이다.

2015 타경 148×× 충청북도 괴산군 장연면 조곡리 33×-×

2015 타경 148 (강제)		매각기일 : 2017-01-11 10:00~ (수)		경매7계 043-249-7307	
소재지	(28008) 충청북도 괴산군 장연면 조곡리 33 외1필지				
용도	대지	채권자	장연신용협동조합	감정가	23,946,200원
토지면적	465.6㎡ (140.84평)	채무자	이 민	최저가	(33%) 7,847,000원
건물면적		소유자	이 민 外	보증금	(10%)785,000원
제시외	제외 : 107.2㎡ (32.43평)	매각대상	토지만매각	청구금액	50,175,760원
입찰방법	기일입찰	배당종기일	2016-01-22	개시결정	2015-11-16

기일현황 ☑간략보기

회차	매각기일	최저매각금액	결과
신건	2016-04-06	23,946,200원	유찰
2차	2016-05-11	19,157,000원	유찰
3차	2016-06-15	15,326,000원	매각
	백 훈/입찰2명/낙찰18,788,800원(78%)		
	2016-06-22	매각결정기일	허가
	2016-07-29	대금지급기한	미납
3차	2016-09-28	15,326,000원	유찰
4차	2016-11-02	12,261,000원	유찰
5차	2016-12-07	9,809,000원	유찰
6차	2017-01-11	7,847,000원	매각
	양 순외2명/입찰5명/낙찰10,380,000원(43%)		
	2017-01-18	매각결정기일	허가
	2017-02-27	대금지급기한 납부(2017.02.16)	납부
	2017-03-09	배당기일	완료
	배당종결된 사건입니다.		

🔍 매각물건 주변 지적도

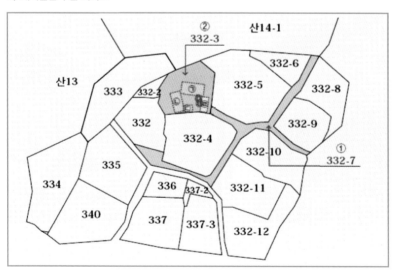

⊕ 매각물건 주변 항공사진

⊕ 매각물건 건물사진

소 장

원 고 1. 정■영 (751223-■■■■■■)

　　　창원시 성산구 창이대로881번길 ■■

　　　109동 15■호(대방동,대방대동황토방아파트)

　　2. 양■순 (600505-*******)

　　　김해시 가야로 60,

　　　312동 13■호(삼계동,분성마을3단지동원로얄듀크)

　　3. 이■영 (550117-*******)

　　　창원시 마산합포구 동서남1길 25, 5■호(신포동2가,경남신포맨션.

위 원고들의 송달장소 : 평택시 평남로 1029, 2■호(동삭동,쓰리제이타워)

　　　송달영수인 : 법무사 유■수

피 고 이■규 (330113-*******)

　　　충북 괴산군 장연면 조곡5길 1■■ (조곡리 3■)

토지인도 등 청구의 소

청 구 취 지

1. 피고는 원고들에게,

　　　가. 충청북도 괴산군 장연면 조곡리 33■■ 대 391㎡ 지상의 별지 도1
　　　　표시 1, 2, 3, 4, 5, 6, 1의 각점을 순차로 연결한 선내 (가)부분 :
　　　　구조 스레트지붕 주택 약 43.2㎡, 같은 도면 표시 7, 8, 9, 10, 1
　　　　7의 각점을 순차로 연결한 선내 (나)부분 목구조 스레트지붕 주!

약 32㎡, 같은 도면 표시 9, 12, 13, 14, 10, 9의 각점을 순차로 연결한 선내 (다)부분 목구조 스레트지붕 축사 약 8.8㎡, 같은 도면 표시 15, 16, 17, 18, 22, 21, 15의 각점을 순차로 연결한 선내 (라)부분 목구조 스레트지붕 대문 및 창고 약 16.8㎡, 같은 도면 표시 5, 4, 20, 19, 5의 각점을 순차로 연결한 선내 (마)부분 목구조 스레트지붕 가추 약 4㎡, 같은 도면 표시 21, 22, 23, 24, 21를 각점을 순차로 연결한 선내 (바)부분 목구조 철판지붕 가추 약 204m를 각 철거하고,

　나. 위 토지를 인도하고,

　다. 2017. 2. 16.부터 위 토지인도 완료일 또는 원고들의 토지소유권 상실일까지 연 금2,260,000원의 비율로 계산한 돈을 지급하라.

2. 소송비용은 피고가 부담한다.

3. 제1항은 가집행할 수 있다.

라는 판결을 구합니다.

청 구 원 인

1. 원고들의 토지소유권 취득

원고들은 충청북도 괴산군 장안면 조곡리 33■■■ 대 391㎡(이하 "이 사건 토지"라 함)에 대하여 2017. 2. 16. 강제경매로 인한 매각을 원인으로 각 3분의 1지분을 취득하여 공유하고 있습니다(갑제1호증 부동산등기사항증명서 및 갑제2호증 토지대장 참조).

2. 피고의 건물소유와 건물철거 및 토지인도 청구

이사건 토지의 지상에는 피고 소유의 미등기 건물(이하 "이사건 건물"이라

함)이 존재하는 바, 건축물대장상의 건물표시는 흙벽조 스레이트지붕 단층 주택 45.46㎡, 부속건물 돌담구조 초가지붕 창고 15㎡이고(갑제3호증 건축물대장 참조), 실제 건물은 경매사건의 감정평가서 건물개황도와 같이 목구조 스레트지붕 주택 약 43.2㎡, 목구조 스레트지붕 주택 약 32㎡, 목구조 스레트지붕 축사 약 8.8㎡, 목구조 스레트지붕 대문 및 창고 약 16.8㎡, 목구조 스레트지붕 가추 약 4㎡, 목구조 철판지붕 가추 약 2.4㎡ (갑제4호증 현황조사서 및 갑제5호증 감정평가서 참조)입니다.

피고는 이사건 건물을 소유하면서 원고들의 이사건 토지 소유권을 침해하고 있으므로 이사건 건물을 철거하고, 원고들에게 이사건 토지를 인도할 의무가 있습니다.

3. 차임상당 부당이득의 청구

피고는 이사건 건물의 소유를 통하여 원고들이 이사건 토지를 취득한 2017. 2. 16. 부터 이사건 토지를 원고들에게 인도할 때까지 또는 원고들의 토지소유권 상실일까지 차임상당의 부당이득을 하고 있다 할 것이므로 우선 인도대상 토지의 경매사건에서의 감정평가액인 금22,678,000원의 약 10%인 연 금 2,260,000원을 청구합니다(갑제5호증 감정평가서 참조).

4. 결어

이상과 같이 피고는 이사건 건물의 소유를 통해 원고들의 이사건 토지 소유권을 침해하고 있으며, 지료 상당액을 부당이득하고 있다 할 것이므로 피고는 이사건 건물을 철거하고 원고들에게 이사건 토지를 인도하며, 지료 상당의 부당이득금을 반환할 의무가 있다 할 것이므로 청구취지와 같은 판결을 구하기에 이른 것입니다.

답 변 서

*① 번지성립구
― 만불 있 ?
② 지료 ?*

사 건　2017가단 31 █호　　토지인도 등

원 고　정 █영 외 2명

피 고　이 █규

이 사건에 관하여 피고 이성규 는 다음과 같이 답변서를 제출 합니다.

- 다 음 -

1. 원고들의 청구취지에 대한 피고의　답변

1.원고의 청구를 모두 기각한다.
2.소송비용은 원고의 부담으로 한다.
라는 판결을 구합니다.

2. 원고들의　청구원인에 대한 피고의 답변

가. 원고의 주장

원고 는 괴산군 장안면 조곡리 33 █ 대 391㎡(이하 '이 사건 토지'라고 합니다) 이 사건 토지부동산에 대하여 2017. 2. 16. 강제경매로 인하여 소유권을 취득한 자 들로 이 사건 토지부동산의 지상에 존재하는 피고의 건물로 인하여 원고들은 소유권 및 재산권 침해를 당하고 있다며, 이에 피고는 토지감정평가금액 의 10%인 226만원을 지급내지, 건물을 철거하여야 한다고 주장을 합니다.

나. 원고의 주장에 대한 피고의 답변

 위 원고들의 주장은 부당 합니다. 즉,

1) 피고는 이 사건 토지부동산 지상물 의 소유자로 수십여년 간에 걸쳐 건물을 소유하 였던 자로 피고소유의 건물부동산은 지상권이 존재하는 것으로 원고들의 건물철거어 응할 하등의 이유가 없습니다.

2) 또한 원고들은 이사건 토지 감정평가액인 2,267만원의 약 10%인 226만원을 피고어 게 청구를 하나 이는 법률상 과다한 금원으로 피고가 응할 수가 없고, 나아가 원고들 의 과다한 지료청구금원은 추후 변론에서 이를 입증하고자 합니다.

3. 결어

원고들은 지상권성립 여지가 충분히 있는 피고의 건물을 철거하라고 주장을 하지만 이 는 억지에 불과하고, 또한 지료금 또한 과다하게 청구하는 것으로 이에 원고가 응힐 하등의 이유가 없고, 추후 변론과정에서 이를 입증하고자 피고는 답변서를 제출 하거 된 것입니다.

입증자료는 추후 제출하도록 하겠습니다.

2017. 5. .

위 피고 이 규

청주지방법원   귀중

준 비 서 면

사 건 : 2017 가단 31×× 토지인도 등
원 고 : 정○영 외2
피 고 : 이○규

위 당사자 간 귀원에 계류중인 위 사건과 관련하여 원고들은 피고의 2017. 6. 1. 자 답변서에 대하여 다음과 같이 변론을 준비합니다.

- 다 음 -

1. 피고주장의 요지

피고의 주장은 ① 법정지상권이 성립하므로 철거의무가 없다, ② 지료상당 부당이득액으로 감정평가액의 10%는 과다하는 두가지 입니다.

2. 법정지상권 주장에 관하여

관습상 법정지상권이 인정되기 위하여는 ① 처분 당시 토지와 건물이 동일인의 소유에 속하였을 것, ② 매매 기타 적법한 원인에 의해 소유자가 달라졌을 것, ③ 당사자 사이에 건물을 철거하기로 특약한 사실이 없을 것 등의 요건을 필요로 합니다. 피고의 주장에 의하면 이 사건 건물을 피고가 수십 년간 소유하였으므로 지상권이 존재하기 때문에 원고들의 철거 청구에 응할 하등의 이유가 없다고 주장하고 있으나, 관습상법정지상권의 성립요건 중 제일먼저 검토되어야 할 토지와 건물의 소유자가 동일해야 한다는 부분에서 이미 요건 탈락입니다. 피고는 관습상 법정지상권이 성립한다고 주장하고 있는 이상, 법정지상권의 요건 사실에 대하여 신빙성 있는 입증자료를 제시하며 구체적으로 주장을 하여야 할 것 입니다. 그렇지 않다면 피고의 주장은 억지주장에 불과하여 배척되어야 마땅합니다.

3. 지료상당 부당이득액에 관하여

지료상당의 부당이득금에 대하여는 원고는 처음 소제기 시 잠정적으로 경매 감정평가액의 10%를 우선 청구하였던 것으로, 소송 진행 중 피고와 적정한 지료에 대하여 조정, 화해가 가능하고, 조정이나 화해가 되지 않을 경우라면 감정평가를 통하여 평가금액대로 청구취지를 변경하겠습니다.

4. 피고의 소송지연 의도

피고는 이 사건 소장부본을 2017. 4. 10. 송달받고도 1개월 이상 아무런 반응도 보이지 않다가 귀원에서 무변론 판결선고 기일을 지정하자, 성립여지가 전혀 없는 법정지상권을 운운하면서 소송을 지연하려 획책하고 있습니다. 따라서 이 사건의 경우 피고가 주장하는 법정지상권이 성립되지 않음이 명백하므로, 조속한 시일 내에 변론기일을 열어 당사자간에 지료상당 부당이득금에 대하여 조율을 시도하고 그것이 불발될 경우 감정평가를 통하여 부당이득액을 정하고 사건을 종결하여야 할 것입니다.

5. 결어

위와 같이 피고의 법정지상권 주장은 이유 없으므로 배척하여 주시고, 지료상당 부 당이득액에 관하여는 변론기일에 조정을 하거나 감정평가 명령을 발하여 주시기 바랍니다.

첨 부 서 류

1. 준비서면 부본 1통

2017. 6. .

위 원고   정○영
         양○순
         이○영

청주지방법원 귀중

청 주 지 방 법 원

결   정

사   건   2017가단31■ 토지인도 등

원   고   정■영 외 2명

피   고   이■규

주   문

이 사건을 조정에 회부한다.

이   유

이 사건은 조정이 필요하다고 인정되므로 민사조정법 제 6 조의 규정에 의하여 주문과 같이 결정한다. ▪

2017. 6. 7.

판사   강 ■ 연

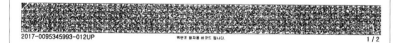

2017-0095345993-012UP   막면조 왕지용 바코드 합니다.   1 / 2

2 호 (농약동, 쓰리제이타워)
정 영(송달영수인 : 법무사 유 수)

17849

2060652-164196 ↓
(민사과 민사조정)
2017-021-870-17-07-11-16-30

청주지방법원
조정기일통지서

사 건   2017머8   토지인도 등

원 고   정.영 외 2명

피 고   이 규

위 사건의 조정기일이 다음과 같이 지정되었으니 출석하시기 바랍니다.

일시 : 2017. 7. 11.   16:30
장소 : 제528호조정실

2017. 6. 24.

법 원 사 무 관   이   훈

◇ 유 의 사 항 ◇

1. 출석할 때에는 신분증과 도장을 가져오시고, 이 사건에 관하여 제출할 서면이 있는 경우에는 사건번호
   (2017머8   )를 기재하시기 바랍니다.
2. 소송대리인이 선임되어 있더라도 되도록 당사자 본인(당사자가 회사 등 법인 또는 단체인 경우에는 대표자
   또는 실무책임자, 당사자가 여러 명인 경우에는 의사결정을 할 수 있는 주된 당사자)도 함께 출석하시기
   바랍니다.
* 주차시설이 협소하오니 대중교통을 이용하여 주시기 바랍니다.

   ※ 재판기일 등 각종 정보 열람 : 대법원 홈페이지(www.scourt.go.kr)
   ※ 사건진행에 관한 안내 자동응답전화(ARS) : 지역번호 없이 1588-9100
     ☞ 연결 후 '1' + '9' + [000270 2017 021 870] + '*'를 차례로 누르시면 곧바로 안내를
       받을 수 있습니다.
   ※ 그 밖의 문의사항 연락처 : 청주지방법원 민사조정 법원사무관 이 훈

   전화 : 043)249-7242
   패스 : 043-249-7269   e-mail :

청 주 지 방 법 원

결 정

사 건 2017머8▓▓▓ 토지인도 등

원 고 1. 정▓영

　　　　창원시 성산구 창이대로881번길 19, 109동 15▓호 (대방동,

　　　　대방대동황토방아파트)

　　　2. 양▓순

　　　　김해시 가야로 60, 312동 13▓호 (삼계동,

　　　　분성마을3단지동원로얄듀크)

　　　3. 이▓영

　　　　창원시 마산합포구 동서남1길 25, 5▓▓호 (신포동2가,

　　　　경남신포맨션)

　　　　원고들 송달장소 평택시 평남로 1029, 2▓▓호 (동삭동,

　　　　　　　　　쓰리제이타워)

피 고 이▓규

　　　　충북 괴산군 장연면 조곡5길 1▓▓▓ (조곡리)

　　　　송달장소 충청북도 청주시 서원구 분평로 49, 905동 6▓▓호

　　　　　　(분평동, 대원아파트)

　　　　피고 대리인 신▓훈

위 사건의 공평한 해결을 위하여 당사자의 이익, 그 밖의 모든 사정을 참작하여 다음
과 같이 결정한다.

결정사항

1. 원고들은 피고에게 별지 목록 기재 토지의 표시란 기재 토지를 아래와 같은 조건으

로 임대한다.

  가. 임대차기간(이 사건 강제조정결정일부터 아래 조건 중 가장 먼저 도래하는 날까지)

    1) 2021. 6. 30.

    2) 피고가 요양병원에 입원하는 날 또는 사망하는 날

  나. 임대차보증금 : 50만 원(2017. 8. 1.에 원고들 중 1인에게 지급함)

  다. 임료

    1) 2017. 8. 1.부터 매월 1일에 월 12만 원(원고들 중 1인에게 지급함)

    2) 2017. 2. 23.부터 2017. 7. 31.까지 부당이득금 60만 원(2017. 8. 1.에 원고들 중 1인에게 지급함)

  라. 해지특약 : 피고가 2기 이상의 차임을 연체하는 경우 별도의 의사표시 없이 임대차계약은 해지되어 종료함.

  마. 임대차종료시의 법률관계

    1) 피고는 원고들에게 별지 목록 철거할 건물의 표시 기재 각 건물에 관하여 임대차종료일에 증여하고, 위 증여를 원인으로 한 소유권이전등기절차를 이행한다.

    2) 피고는 원고들에게 별지 목록 기재 각 건물 및 토지를 임대차종료일에 인도한다.

    3) 원고들은 미지급차임 등을 정산하고 남은 임대차보증금을 2)항의 인도완료일로부터 10일 이내에 피고에게 반환한다(위 2), 3)항은 동시이행관계가 아니라 2)항이 3)항보다 선이행임을 확인함)

2. 원고들의 나머지 청구를 포기한다.

3. 소송비용 및 조정비용은 각자 부담한다.

청구의 표시

청구취지 및 청구원인

별지 소장 각 해당란 기재와 같다.

결 정 이 유

기록을 통하여 알 수 있는 아래 사정을 참작함.

① 원고들은 이 사건 토지의 소유자이고 피고는 이 사건 건물의 소유자인바, 피고에게 이 사건 토지를 정당하게 사용할 수 있는 권원이 없는 이상(피고는 법정지상권이 존재한다는 취지로 주장하나 이를 인정할 증거가 없다) 피고는 이 사건 건물을 철거하고 이 사건 토지를 원고들에게 인도할 의무가 있는 것이 원칙이다.

② 다만 피고의 장남의 사업상의 문제 등으로 인하여 이 사건 토지를 원고들이 경락받게 되었는바, 이 사건 건물에 거주하고 있는 원고가 고령이고, 경제적으로도 매우 곤궁한 처지인 점, 이 사건 건물을 강제로 철거할 경우 인도적이지 못하게 되는 점 등을 참작하여 원고들로 하여금 결정사항에서 정한 기간 동안 이 사건 토지를 피고에게 임대하도록 하여 쌍방이 극심한 피해를 면하도록 결정사항과 같이 정한다.

2017. 7. 24.

판사 김 ■■■ 우

※ 이 결정서 정본을 송달받은 날부터 2주일 이내에 이의를 신청하지 아니하면 이 결정은 재판상 화해와 같은 효력을 가지며, 재판상 화해는 확정판결과 동일한 효력이 있습니다.

부동산 점유 취득시효란?

민법 제245조(점유로 인한 부동산소유권의 취득기간)

① 20년간 소유의 의사로 평온, 공연하게 부동산을 점유하는 자는 등기함으로써 그 소유권을 취득한다.

② 부동산의 소유자로 등기한 자가 10년간 소유의 의사로 평온, 공연하게 선의이며 과실없이 그 부동산을 점유한 때에는 소유권을 취득한다.

생각지도 않았던 점유 취득시효를 주장하며 명도를 거부하는 사람도 있었다.

민법에 다음과 같은 부동산 점유 취득에 관한 법규가 제245조에 있다. 이 내용만으로는 부동산 점유 취득에 관한 내용을 정확히 알 수 없어 박종현 변호사가 법률신문에 기고한 것을 그대로 옮긴다. 독자들이 변호사가 기고한 글을 읽어보고 부동산 점유 취득에 대하여 스스로 깨달아보자. 민법내용을 그대로 해석하자면 20년간 소유의 의사로 점유 후 등기이전을 하고 나서야 점유취득이 인정된다는 것이다. 예를 들어 소유의 의사로 토지를 이십년을 점유하고 있었지만 경매로 인해 주인이 바뀌었다면 그때부터 다시 20년이 지나야 점유취득으로 등기할 수 있다는 해석이다. 즉, 20년간 점유했어도 주인이 바뀌면 취득시효는 인정되지 않는다는 것이다. 필자는 전문적인 법조인이 아니기에 잘못 해석을 할 수도 있지만 그렇게 이해가 된다. 박종현 변호사도 판례가 바뀌어야 된다고 주장한다. 필자가 잘 이해하지 못하는 것은 10년 점유하다 아들이 대를 이어 점유해 20년이 넘은 경우 20년 점유 취득시효를 인정하느냐이고 두 번째는 20년을 평온, 공연하게 부동산을 점유하고 있었다는 것의 입증을 어떻게 해야 되느냐이다. 필자는 법률 전문가가 아니어서 자세히는 알 수 없다. 다음의 두 사건은 점유 취득시효를 주장했지만, 인정되지 않은 사례다.

법률신문

부동산 점유취득시효 판례 바뀌어야

박종연 변호사(진주)

인터넷 open@lawtimes.co.kr 입력 : 2009-07-27 오후 6:47:40

얼마 전 대법원은 전원합의체 판결로서 "점유자가 20년간 점유취득시효 완성 후 소유권이전등기를 하지 않는 사이 땅이 제3자에게 이전된 후 새로 20년간의 2차 취득시효기간이 경과한 경우"에 종전 판례를 변경하여 "제2차 취득시효기간 중 명의자가 또 바뀌더라도 20년 후 취득시효가 다시 완성된다"고 판시하였다. 새 판례는 종전의 부당한 판례를 바로 잡은 것으로서 매우 타당하다고 본다.

▲ 박종연 변호사

그러나, 필자는 나아가 점유취득시효에 관한 대법원판례가 근본적으로 변경되어야 한다고 본다.

즉, 현재의 수십년간 일관된 대법원판례는 부동산 점유자가 점유시효기간 20년이 완성되었더라도, 위 기간 도중에 등기를 이전받은 제3자에게는 대항할 수 있으나, 위 기간 완성 후 등기를 취득한 제3자에게는 대항할 수 없다는 태도를 유지하고 있다. 또 이러한 분쟁사례가 점유취득시효분쟁의 거의 대부분을 차지하는 관계로 위 판례가 점유취득시효와 관련한 국민의 분쟁사례에 미치는 영향은 절대적이다.

그러나, 이 판례는 법논리에는 더 맞을지 모르나, 국민의 보편적 법감정, 즉 상식과는 크게 동떨어진다고 본다(졸고, '점유취득시효판례의 문제점 고찰' 참조, 법조 1998년 12월호).

즉, 위 판례로 인한 우리 현실의 문제상황을 보면, 20년을 빠듯이 점유한 자는 시효취득이 인정되나, 그보다 훨씬 장기간, 예를 들어 대를 이어 수십년-백여년간 점유한 자는 대개 최초의 시효기간 20년이 경과 후 한번은 등기부상 소유자가 변동된 경우가 많아 계속 점유 중임에도 시효취득을 인정받지 못하고 있는 것이다.

아마 이러한 대법원판례에 대하여 일반 국민들의 상식은 대부분 동의하지 않으리라 본다. 관련사건으로 상담하러 온 의뢰인에게 변호사가 위 판례를 설명하여 주면 대부분 고개를 갸웃갸웃한다. 대개 사람들은 점유기간 중이나 점유기간 완성이후에 등기부상 소유권자가 바뀌는지에 관하여 별다른 관심이 없고, 제3취득자의 소유권등기시점이 20년의 점유시효기간 완성 전이냐 후이냐 하는 우연한 사정에 의하여 점유자의 소유권취득여부가 갈린다는 것을 수긍하지 못한다. 더더욱 20년보다 몇배 이상 훨씬 장기간 토지를 점유한 사람이 오히려 시효취득을 인정받지 못하는 법현실을 일반국민들은 도저히 수긍하지 못한다.

위 대법원판례의 논리적 이유는 아마도 취득시효에 기한 점유자의 소유권이전등기청구권은 제3자에게 대항할 수 없는 채권적 청구권에 불과하므로, 취득시효가 완성된 후에 이전 등기에 의하여 배타적 지배권인 물권인 소유권을 취득한 제3취득자에게 대항할 수 없다는 법리에 기한 것으로 생각된다. 물론 위 판례가 법논리에 더 부합하는 것은 맞다.

그러나, 판례, 즉 법의 운용은 논리에 크게 어긋나지 않으면 가능한 한 상식에 맞추어 운용되어야 한다고 본다. 논리라는 것도 진실과 정의에 다가가기 위한 하나의 수단이 아닌가. 우리 민주사회의 헌법과 법률도 따지고 보면 국민의 상식을 구현한 것이 아닌가.

필자 생각으로 법논리를 잘 구성하면 현재 시점에서 20년 경과여부만 따지는 역산설(逆算說)을 취한다면, 최초 20년 점유기간 완성 후에 소유권등기변동이 있더라도 장기간 점유해온 사람의 시효취득권리를 우선하여 인정하는 것이 가능하므로 논리적으로 불가능한 것도 아니다. 점유취득시효를 규정한 우리 민법 제245조 제1항도 "20년간 소유의 의사로 평온, 공연하게 부동산을 점유하는 자는 등기함으로써 그 소유권을 취득한다"고만 규정하고 있지, 점유기간의 기산점에 관해서는 따로 규정하고 있지 않아 현재 시점에서 20년 경과여부만 따지는 역산설을 배제하고 있지 않다. 또 대개 제3자는 점유자가 점유하는 사실을 알고 부동산을 취득하기 때문에 보호할 필요성도 비교적 작다.

또 경직된 위 판례가 오래 유지된 결과, 현재는 타인이 20년 이상 점유한 토지가 있으면 편법으로 소유권등기를 제3자 앞으로 넘겨 토지인도소송을 하는 방식으로 점유취득시효를 무력화시키는 경우도 많다고 한다. 결국 형식논리적인 대법원 판례가 법 운용에 빈틈을 보임으로써, 법을 악용하는 사람이 법을 모르는 사람을 울리는 현실에까지 이르게 된 것이다.

그래서 이번에 위 대법원판례가 변경된 것을 계기로 이번 기회에 더 나아가, 부동산 점유자가 점유시효기간 20년 완성 후 등기를 취득한 제3자에게도 대항할 수 있도록 판례의 근본적인 부분을 변경할 것을 다시금 제안하고자 한다.

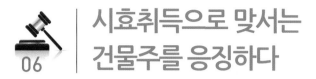

06 | 시효취득으로 맞서는 건물주를 응징하다

2015 타경 40×× 충청남도 서산시 장동 26×-×(토지만 매각)

2015 타경 40▓▓ (강제) 2015타경1218(중복)		매각기일 : 2015-12-01 10:00~ (화)		경매1계 041-660-0691	
소재지	(32011) 충청남도 서산시 장동 26▓▓ [도로명] 충청남도 서산시 장동1길 8▓▓ (장동)				
용도	대지	채권자	김▓수외1명	감정가	55,596,000원
토지면적	678㎡ (205.09평)	채무자	유▓정	최저가	(49%) 27,242,000원
건물면적		소유자	유▓정	보증금	(10%)2,725,000원
제시외	제외 : 194.2㎡ (58.75평)	매각대상	토지만매각	청구금액	11,066,301원
입찰방법	기일입찰	배당종기일	2015-06-03	개시결정	2015-03-27

협상 중 갑자기 태도 돌변

이번에는 법정지상권과 시효취득 같은 다소 전문적이고 복잡한 문제가 소송으로 얽힌 사례를 소개하고자 한다. 쉽게 풀릴 것 같아 낙찰받은 물건도 협상 대상을 잘못 만나면 소송을 벌여야 하고, 소송 과정에서 전문 지식이나 경험 부족으로 패하는 경우도 종종 일어난다. 이럴 땐 시간적 손실 뿐아니라 금전적으로도 큰 손해를 입을 수 있어 매각이 완료될 때까지 긴장을 늦추지 말아야 한다.

2015년 겨울, 충남 서산시 장동에 미등기 주택이 세워져 있는 대지 678㎡(205평)가 경매로 나왔다. 5,500만 원의 최초 감정 가격이 두 차례 유찰을 겪으면서 49%인 2,700만 원으로 떨어졌을 때 수강생 C씨가 응찰해 낙찰받았다. 주택은 미등기 상태여서 매각에서 제외되어 있었고, 법정지상권은 성립하지 않는 건물이다. 낙찰 전에 살펴본 바로는 농가 주택이긴 해도 깔끔하게 수리가 되어 있어 어느 정도의 수익 실현이 기대되는 물건이었다.

낙찰받은 후 잔금까지 다 치르고 나서 C씨에게 연락이 왔다. C씨와 함께 그 집을 찾아가 보니 집에는 모친이 거주하고 있고, 아들은 서울에서 자영업을 하고 있었다. 아들에게 연락해서 서울에서 만나 첫 협상을 벌였다. 우리는 땅을 갖고 있고 저쪽은 건물을 갖고 있으니 건물주가 땅을 사야 하지 않겠냐고 제안했다. 그랬더니 아들이 얼마에 팔 수 있냐고 해서 늘 하던 대로 감정가에 100만 원만 더 주면 바로 팔겠다고 했다. 그랬더니 선뜻 그렇게 하겠다고 아들이 답했다. 대신 지금 당장은 돈이 없으니 일정 기간을 두고 매입하는 것으로 계약서를 써주면 좋겠다고 해서 그렇게 하자고 합의하고 헤어졌다. 일이 쉽게 풀리려나 했는데 연락하겠다는 아들로부터 연락이 오지 않았다. 결국은 모친이 거주하고 있는 주택의 철거와 철거 때까지 임료에 해당하는 손해 배상금을 요구하는 소송을 제기했다.

소송을 제기하자 그쪽에서 보내온 답변서가 가관이었다. 토지에 대한 시효취득을 주장하면서 소송의 부당성을 강변하고 나왔다.

"시아버지인 소외 한○○, 시어머니 장한○○, 그 자손들이 거주해왔고, 큰아들인 소외 한한○○과 그 처인 피고가 지금까지 평온, 공연하게 승계 점유해 거주해오고 있으니, 설령 이 사건 토지가 위와 같은 사정으로 여러 경로를 통해 원고에게 소유권 이전등기가 경료되었다 하더라도, 이미 20년간 취득시효가 완성되었다 하겠으므로 원고가 이제 와서 피고에게 청구 취지와 같은 판결을 구한다는 것은 부당하다 하겠습니다."

답변서를 읽고 나니 그날 헤어지고 나서 왜 연락이 없었는지 알 수 있을 것 같았다. 누군가로부터 이런 식으로 응대하라는 조언을 들은 모양이었다. 토지 점유 취득시효를 주장해서 소송에 맞서보겠다는 얕은 술수가 한눈에 들어왔다. 여기서 잠깐 점유 취득시효에 대해 살펴보고 가자.

점유 취득시효는 민법 제245조 제1항 '20년간 소유의 의사로 평온, 공연하게 부동산을 점유하는 자는 등기함으로써 그 소유권을 취득한다'는 규정에 근거한 것이다. 민법에서 보장하고 있다 하더라도 점유 취득시효는 타인의 소유권을 침해할 소지가 있으므로 20년간 토지나 건물을 점유해왔다고 해서 쉽게 인정되는 게 아니다. 법원에서도 점유의 권원에서부터 시효취득 입증 여부를 매우 엄격하게 해석하고 있다.

필자가 오랫동안 경매를 진행하면서 수많은 시효취득 소송을 지켜봐왔지만, 시효취득 인정을 본 게 딱 한 차례뿐이다. 조부모로부터 상속받은 주택과 토지를 친형제 부부와 사촌 한 명이 각 5분의 1씩 공유하고 있는 상태에서 시효취득 인정을 통해 사촌의 지분이

배제되는 경우였다. 지분을 갖고 있는 사촌이 나타나지도 않고, 또한 어디에 사는지도 알 수 없는 상태에서 해당 공유물을 30년 이상 실질적으로 점유해 법원으로부터 시효취득을 인정받은 사례였다.

측량 오차에 의한 시효취득도 법원에서 거의 인정받지 못하는 추세다. 측량 방식은 예전과 요즘 방식이 완전히 다르다. 예전에는 연필과 삼각대 등으로 평판 측량을 했는데, 요즘은 GPS와 전산 장비로 측량하기 때문에 측량 오차가 훨씬 더 줄어들었다. 이 때문에 예전에 했던 측량이 새로운 방식에 의해 오차가 드러나면서 타인 토지 침범 사례가 종종 발생하고 있다. 토지를 침범한 입장에서 내세울 수 있는 법적 근거가 점유 시효취득이지만, 측량 오차에 따른 시효취득은 법원으로부터 거의 인정받지 못하고 있다.

토지를 매입하겠다고 구두 합의를 했던 아들이 이러한 시효취득을 들고 나온 것이다. 우선 괘씸하다는 생각이 앞섰지만 이러한 말 바꾸기도 경매의 한 부분임을 유념해야 한다. 이럴 때일수록 감정적 대응보다는 차분하게 법리적으로 대응하는 게 중요하다.

"피고의 주장은 토지를 시효취득했다는 것인지, 건물을 시효취득했다는 것인지 불분명하나, 토지에 대한 시효취득 주장이라 가정한다 하더라도 민법 제245조 1항과 2항 어디에도 해당하지 않고 판례에 의하더라도 시효취득을 인정할 아무런 근거가 없다"는 취지로 그의 주장을 반박했다. 그랬더니 법원에서 시효취득을 인정할 수 없다는 판결을 내려주었다.

이런 판결이 나오자 채무자의 아들은 더 이상 버티기가 어렵게 되었다. 이젠 소송에서 꼼짝없이 패하게 생겼으니까 다시 만나자는 연락이 왔다. 지난 협상 때에는 감정가보다 조금 높은 6,000만 원 정도에서 일부 깎아줄 의향도 있었지만, 이번에는 제대로 받아야겠다고 마음먹었다. 다시 만난 자리에서 6,000만 원을 제시하고, 잔금을 지급할 때까지 이자도 꼼꼼하게 계산해서 계약서를 작성하자고 했다. 사실 이런 상태에서는 7,000만 원 이상 달라고 해도 저쪽에서는 어쩔 수 없이 응해야 하는 처지다. 커피숍에서 합의해서 합의한 사항을 법원에 제출했으며 합의한 대로 법원의 조정을 받아 토지 매각을 완료했다.

합의 시 특약도 작성했다. 토지를 6,000만 원에 매입해 계약금을 지불하며 잔금 지급 시까지 잔여금의 1%를 매월 이자로 받겠다는 특약이었다.

조정기일에 상대편은 출두하지 않았으나 토지매매 계약서와 협의한 사항을 조정관에게 제출하자 그대로 조정 결정을 해준 사례다.

2015 타경 40×× 충청남도 서산시 장동 26×-×(토지/건물 2/11지분)

2015 타경 40▮ (강제) 2015타경12180(중복)		매각기일 : 2015-12-01 10:00~ (화)			경매1계 041-660-0691	
소재지	(32011) 충청남도 서산시 장동 26▮▮ [도로명] 충청남도 서산시 장동1길 8▮ (장동)					
용도	대지	채권자	김▮수외1명	감정가	55,596,000원	
토지면적	678m² (205.09평)	채무자	유▮정	최저가	(49%) 27,242,000원	
건물면적		소유자	유▮정	보증금	(10%) 2,725,000원	
제시외	제외 : 194.2m² (58.75평)	매각대상	토지만매각	청구금액	11,066,301원	
입찰방법	기일입찰	배당종기일	2015-06-03	개시결정	2015-03-27	

기일현황 ▾간략보기

회차	매각기일	최저매각금액	결과
신건	2015-09-15	55,596,000원	유찰
2차	2015-10-27	38,917,000원	유찰
3차	2015-12-01	27,242,000원	매각
최▮영/입찰3명/낙찰39,300,000원(71%)			
	2015-12-08	매각결정기일	허가
	2016-01-18	대금지급기한 납부 (2016.01.05)	납부
	2016-02-17	배당기일	완료

⊕ 매각물건 주변 지적도

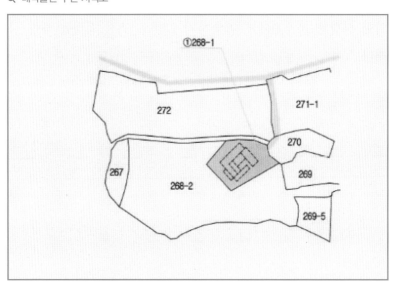

⊕ 매각물건 주변 항공사진

⊕ 매각물건 건물사진

소 장

원 고 : 최○영

　　　전라북도 전주시 완산구

　　　송달장소 경기도 평택시 평남로

　　　송달영수인 법무사 신○, 연락처 031-○○○○-○○○○

피 고 : 유○정

　　　충청남도 서산시

건물철거 및 토지인도 청구의 소

청 구 취 지

1. 피고는 원고에게,

　가. 별지 목록 기재 토지 중 별지 도면 표시 1, 2, 3, 4, 5, 6, 1의 각 점을 순차로 연결한 선내 (ㄱ)부분 주택 약 80.9㎡, 같은 도면 표시 7, 8, 9, 10, 7의 각 점을 순차로 연결 한 선내 (ㄴ)부분 주택 약 24.4㎡, 4, 7, 11, 5, 4의 각 점을 순차로 연결한 선내 (ㄷ)부분 주택 약 17.2㎡, 같은 도면 표시 8, 12, 13, 14, 8의 각 점을 순차로 연결한 선내 (ㄹ)부분 창고 및 출입구 약 35.6㎡, 같은 도면 표시 6, 15, 16, 17, 6의 각 점을 순차로 연 결한 선내 (ㅁ)부분 주택 약 24.2㎡, 같은 도면 표시 18, 19, 6, 20, 18의 각 점을 순차로 연결한 선내 (ㅂ)부분 창고 약 11.9㎡를 각 철거하고,

　나. 같은 목록 기재 토지를 인도하며,

다. 2016. 1. 7.부터 위 토지의 인도일까지 매월 금 300,000원의
비율에 의한 돈을 지급하라.

2. 소송비용은 피고가 부담한다.

3. 제1항은 가집행할 수 있다.
라는 판결을 구합니다.

청 구 원 인

1. 원고는 대전지방법원 서산지원 2015 타경 40××호 부동산강
   제경매사건에서 별지 목록 기재 토지를 매수한 소유자입니다.
2. 피고는 별지 도면 표시 1, 2, 3, 4, 5, 6, 1의 각 점을 순차로 연결
   한 선내 (ㄱ)부분 주택 약 80.9㎡, 같은 도면 표시 7, 8, 9, 10, 7
   의 각점을 순차로 연결한 선내 (ㄴ)부분 주택 약 24.4㎡, 4, 7, 11,
   5, 4의 각 점을 순차로 연결한 선내 (ㄷ)부분 주택 약 17.2㎡, 같
   은 도면 표시 8, 12, 13, 14, 8의 각 점을 순차로 연결한 선내 (ㄹ)
   부분 창고 및 출입구 약 35.6㎡, 같은 도면 표시 6, 15, 16, 17, 6
   의 각 점을 순차로 연결한 선내 (ㅁ)부분 주택 약 24.2㎡, 같은 도
   면 표시 18, 19, 6, 20, 18의 각 점을 순차로 연결한 선내 (ㅂ)부분
   창고 약 11.9㎡를,
3. 아무런 권원 없이 불법으로 위 토지 위에 소유하고 점유하면서
   원고에게 임료 상당의 손해를 입히고 있습니다. 그리고 위 각
   건축물들은 불법 건축물로서 건축물 대장 및 부동산등기부등
   본이 없습니다. 피고에 대한 임료청구 부분은 추후 감정을 통
   하여 확정할 것입니다. 그러나 우선 2015타경 40××호 부동산
   강제경매사건에서 토지에 대해 감정평가한 사실을 근거로 매
   월 300,000원(토지가격 55,596,000원×5%×1/12=231,650원)의 임

료를 청구합니다.

4. 그러므로 원고는 위 토지의 소유권에 기한 방해배제청구권 등을 행사하여 피고에 대해 아무런 권원없이 별지목록 기재 토지를 점유하고 있는 건물의 철거 및 대지에 대해 인도를 청구하고, 아울러 불법으로 점유 당하고 있는 원고의 위 토지에 대하여 2015. 1. 7.부터 위 토지의 인도완료일까지 임료 상당의 손해배상금의 지급을 청구하여 이 사건 소를 제기합니다.

입 증 방 법

1. 갑 제1호증   토지 부동산등기부등본
1. 갑 제2호증   건물 부동산등기부등본

기타 변론시 필요에 따라 수시 제출 하겠음.

첨 부 서 류

1. 소장부본   1부
1. 위 호증사본   1부
1. 토지대장 및 건축물대장   1부
1. 납부서   1부
1. 송달장소 및 송달영수인신고서   1부
1. 위임장   1부

창원지방법원 마산지원 귀중

답 변 서

원 고 최 ■ 영

피 고 유 ■ 정

위 당사자간 귀원 2016가단 20■호 토지인도등 청구 사건에 관하여 피고는 아래와 같이 답변합니다.

청 구 취 지 에 대 한 답 변

원고의 청구를 기각한다.
소송비용은 원고의 부담으로 한다.
라는 판결을 구합니다.

청 구 원 인 에 대 한 답 변

피고가 이건 토지와 지상 건물을 소유했던 사실만 인정하고 나머지 사실은 전부 부인합니다.

1. 원래, 이 사건 토지와 그 지상 건물은 피고의 시조부인 소외 망 한■ 운씨가 1966. 4. 22. 소외 성명미상자로부터 매수하여 거주해 오다가, 동인이 2004. 1. 3. 사망하여 시조모인 소외 이■분이가 협의분할에 의하여 상속했고, 그후, 이 토지가 임의경매절차가 진행되어 피고의 시 외숙인 소외 장■훈이가 2004. 7. 13. 대전지방법원 서산지원에서 매각에 의한 소유권이전등기를 경료했고,
위 장■훈이가 채무를 변제하지 못하여, 임의경매절차가 진행되어 소외 이■상이가 2008. 5. 19. 매각에 의한 소유권이전등기를 경료 받은 사실이 있습니다.

2. 그후, 이■상이가 2008. 9. 4. 사망하자 소외 이■종이가 협의분할에 의하여 이 토지를 상속하였고, 피고가 2012. 10. 23. 매매를 원인으

로 하여 소외 이■종으로부터 이 토지에 대한 소유권이전등기를 받았습니다.

3. 그후, 피고에게 채무가 있어서 강제경매절차가 진행되었고, 2016. 1. 5. 매각에 의하여 원고 최■영이가 소유권을 취득하게 된 것입니다.

4. 그런데, 그 지상 건물은 위 답변서 1.항 사실과 같이 1966. 4. 22. 피고의 시조부이신 소외 망 한■훈께서 이 토지와(별첨 갑 제 1호증 등기부등본 참조) 지상 건물인 목조스레트지붕 단층 주택 194. 20㎡를 전 소유인 성명미상자로부터 매수하여, 그 즉시 토지와 건물을 인도받아 소유의 의사로 가족과 거주하여 왔습니다.

5. 그후, 시아버지인 소외 한■관, 시어머니 장■화, 그 자손들이 거주해 왔고, 큰아들인 소외 한■신이와 그 처인 피고가 지금까지 평온, 공연하게 승계 점유하여 거주해 오고 있으니,
설령, 이 사건 토지가 위와 같은 사정으로 여러 경로를 통하여 원고에게 소유권이전등기가 경료 되었다 하더라도, 이미 20년간 취득시효가 완성되었다 하겠으므로 원고가 이제와서 피고에게 청구취지와 같은 판결을 구 한다는 것은 부당하다 하겠습니다.

따라서, 원고의 청구를 기각하여 주시기 바랍니다.

2016년 4월   일

위 피 고 유   ■   정

010-33■■-■■

대전지방법원 서산지원   귀중

준 비 서 면

사 건 : 2016 가단 20×× 토지인도등
원 고 : 최○영
피 고 : 유○정

위 사건과 관련하여 원고는 피고의 2016. 4. 7.자 답변서에 대하여 다음과 같이 변론을 준비합니다.

- 다 음 -

1. 피고 주장의 요지
피고는 토지 및 건물의 소유권이 변동된 사실에 대하여 장황하게 설시하면서, 토지인지 건물인지 정확하지는 않으나 피고가 시효취득을 하였으니 원고청구는 부당하다고 주장합니다.

2. 토지에 대한 시효취득
피고의 주장에 의하면 토지를 시효취득했다는 것인지, 건물을 시효취득했다는 것인지 불분명하나, 토지에 대한 시효취득 주장이라 가정할 경우, 민법 제245조 1항, 2항 어디에도 해당되지 않고 판례에 의하더라도 시효취득을 인정할 아무런 근거가 없습니다.

3. 건물에 대한 시효취득
피고의 시효취득 주장이 건물에 관한 것이라면, 원고는 건물의 소유자인 피고를 상대로 건물의 철거 및 토지인도를 구하고 있는 것이므로 건물의 소유자가 누구인지에 관하여는 다툼없는 사실로 인정되어야 합니다.

피고는 건물의 소유 및 점유를 통하여 원고의 토지소유권을 침해하고 있으므로 토 지를 점유할 정당한 권원(임차권, 전세권, 지상권 등)이 없는 이상 건물의 소유인 피고는 원고에게 건물을 철거하고 토지를 인도할 의무가 있습니다.

4. 결어

위와 같이 피고가 주장하는 시효취득 문제와 원고가 주장하는 건물철거 및 토지인도 청구는 전혀 무관하며, 피고가 건물의 소유자임이 명백하고 건물을 소유하면서 원고의 토지소유권을 침해하고 있음도 명백하므로 원고의 이 사건 청구를 인용하여 주시기 바랍니다.

첨부서류

1. 준비서면 부본   1통

2016. 4. .

위 원고 최○영

대전지방법원 서산지원 귀중

대전지방법원 서산지원

화해권고결정

사　　　건　　2016가단20■■ 토지인도 등

원　　　고　　최■영

전주시 완산구 화산천변로 50, 102동 15■호 (중화산동2가, 현대에코르아파트)

송달장소 평택시 평남로 1029, 2■■호 (동삭동, 쓰리제이타워)

소송대리인 김■식

피　　　고　　유■정

서산시 덕지천로 4■■ (오남동)

위 사건의 공평한 해결을 위하여 당사자의 이익, 그 밖의 모든 사정을 참작하여 다음과 같이 결정한다.

결정사항

1. 원고와 피고는 별지 부동산매매계약서 기재와 같은 내용으로 매매계약을 체결한다.
2. 원고는 나머지 청구를 포기한다.
3. 소송비용은 각자 부담한다.

청구의 표시

청구취지

피고는 원고에게, 서산시 장동 26■■ 대 678㎡ 지상 별시 도면 표시 1, 2, 3, 4, 5, 6, 7, 8, 9, 20, 12, 13, 14, 19, 1의 각 점을 순차로 연결한 선내 (ㄱ) 부분 건물 112㎡, 같은 도면 표시 19, 14, 15, 16, 17, 18, 19의 각 점을 순차로 연결한 선내 (ㄴ) 부분

건물 33㎡, 같은 도면 표시 20, 9, 10, 11, 12, 20의 각 점을 순차로 연결한 선내 (ㄷ)
부분 건물 19㎡를 각 철거하고, 위 토지를 인도하고, 2016. 1. 5.부터 위 토지의 인도
완료일까지 월 180,800원의 비율에 의한 돈을 지급하라.

청구원인

　원고는 2016. 1. 5. 서산시 장동 268-1 대 678㎡(이하 '이 사건 토지'라 한다)를 경락
받았다. 피고는 이 사건 토지 지상에 청구취지 기재 건물을 소유하고 있다.

　피고는 원고에게 위 각 건물을 철거하고, 그 부지를 인도하고, 이 사건 토지 점유로
인한 부당이득액을 반환할 의무가 있다.

2016. 9. 22.

판사　　장　　　익　　

※ 이 결정서 정본을 송달받은 날부터 2주일 이내에 이의를 신청하지 아니하면 이 결
정은 재판상 화해와 같은 효력을 가지며, 재판상 화해는 확정판결과 동일한 효력이 있
습니다.

별지

부 동 산 매 매 계 약 서

1. 부동산의 표시

충청남도 서산시 장동 26 대 678㎡

2. 계 약 내 용

제 1조 위 부동산을 매도인과 매수인 쌍방이 합의하에 아래와 같이 매매계약을 체결한다.
제 2조 위 부동산의 매매에 있어 매수인은 매매대금을 아래와 같이 지불키로 한다.

매매대금	금육천만원정 (₩60,000,000원정)
계 약 금	금일천만원정 (₩10,000,000원정) 은 2016년 9월 13일 지불하고
중 도 금	금일천오백만원정 (₩ 15,000,000) 은 2016년 10월 25일 지불하며
잔 금	금삼천오백만원 (₩35,000,000원정) 2016년 12월 31일 지불한다.

제 3 조 위 부동산의 명도는 2016년 12월 31일로 한다.
제 4 조 매도인은 잔금 지급일 현재의 위 부동산에 관련된 채무 및 제세공과금을 변제키로 한다.
제 5 조 매도인은 잔금 수령시 소유권(등기)에 필요한 모든 서류를 매수인에게 교부하고 이전등기에
협력키로 한다.
제 6 조 본 계약을 매도인이 위약시는 계약금의 배액을 변상하고, 매수인이 위약시는 계약금을
포기하고 반환청구하지 않기로한다.

특약사항:
별지기재와 같음

이 계약을 증명하기 위하여 계약서 2부를 작성하여 계약당사자가 이의없음을 확인하고 각자 서명날인한다.

2016년 9월 13일

매도인	주 소	전주시 완산구 화산천변로 102동 15 호 (중화산동2가,현대에코르아파트)	성 명	최 영
	주민등록번호	670320-	전 화	010-35 -
매수인	주 소	서산시 덕지천로 4 (오남동)	성 명	유 정
	주민등록번호	741101-	전 화	010-77 -

특약사항

1. 매도인, 매수인 양자간에 진행중인 대전지방법원 서산지원 2016 가단 20 토지인도 등 청구의 소에서 2016. 9. 20. 변론기일에 서로 이건 매매계약대로 조정에 응하기로 한다.

2. 만약 2016년 12월 31일까지 매수인이 잔금을 지급하지 않을 경우에는 잔금에 대하여 월 1%에 해당하는 지연손해금(지료 및 이자명목)을 지급하기로 하고, 잔금 및 지연손해금을 지급받음과 동시에 매도인은 매수인에게 소유권이전등기를 이행한다.

3. 단, 중도금 일천오백만원은 계약기한내 지불치 않을경우 1%의 지연손해금(지료 및 이자비용)을 지불하기로 하며 2017년 6월 25일까지 지불치(원금포함)않을 경우 계약파기한다.

4. 잔금은 2016년 12월 31일까지는 매도인은 매수인에 대하여 가지는 지료청구 채권을 포기한다.(잔금 삼천오백만원)

5. 2017년 12월 31일까지 본 계약내용대로 이행하지 않을 경우 계약은 파기된 것으로 하고, 매수인은 기 지급한 계약금을 포기하기도 한다.

끝.

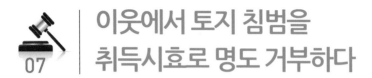

이웃에서 토지 침범을 취득시효로 명도 거부하다

2015 타경 20×× 충청남도 보령시 대천동 39×-××

2015 타경 20▮ (임의)		매각기일 : 2015-09-01 10:00~ (화)		경매4계 041-640-3237	
소재지	(33453) 충청남도 보령시 대천동 39▮-▮				
용도	대지	채권자	▮농업협동조합	감정가	86,697,000원
토지면적	247㎡ (74.72평)	채무자	한▮수	최저가	(70%) 60,688,000원
건물면적		소유자	박▮경	보증금	(10%)6,069,000원
제시외	제외 : 60㎡ (18.15평)	매각대상	토지만매각	청구금액	28,106,925원
입찰방법	기일입찰	배당종기일	2015-06-04	개시결정	2015-03-11

전국에서 보령도 비교적 토지 가격이 높은 편에 속한다. 아무 문제가 없는 2종 일반 주거지역의 토지가 경매로 나왔는데 북쪽에 도로가 접해 있으며 평수도 75평 정도이기에 원룸으로 건축해도 되겠다 싶은 생각에 현장 답사를 갔다.

차에서 내려보니 서쪽과 북쪽으로 도로가 있는데, 서쪽 도로는 토지보다 2.5m 정도 낮았으며 북쪽의 도로로 토지를 진입하게 되었다.

오랜 동안 건축을 해왔던 필자가 보기에 서쪽으로 진입하는 주차장을 지하로 만들며 용적률에 포함하지 않고 북쪽 도로를 이용해 1층으로 진입하면 일조권도 적용받지 않고 용적률도 다 찾을 수 있는 토지의 형태다.

문제는 원룸을 건축했을 시 입주자가 있겠는지의 문제다. 이 토지의 북쪽 도로 앞에 원룸이 한 동 지어져 있으며 '월세줌 전화번호'도 있기에 전화를 해보았다.

"방 있어요?"

"어디요?"

"대천동 원룸이요" 하자 "대천동은 방이 없어요. 다 나갔어요. 이쪽으로 오세요."

"얼마인데요."

"대천동은 500만 원에 월 40만 원이구요."

"이쪽으로 오시면 300만 원 보증에 월 30만 원이에요. 여기도 대천동에서 십 분밖에 안걸려요."

안성, 평택, 논산 등지의 원룸이 대부분 300만 원 보증에 30만 원 정도인데, 대천동만 월 40만 원이란다.

왜 이렇게 비싸고 방이 없지 하고 알아보니 길 건너편에 큰 건물이 화력 발전소 본사라고 한다. '아, 그래서 방이 없고 비싸구나' 하며 입찰을 결심해 감정가에 낙찰받았으며, 낙찰받자 바로 건축설계 사무실에 가설계를 맡기고 사업계획서 작성 후 본설계를 하기로 했다.

가설계 맡기며 즉시 경계측량을 실시했다. 측량해본 결과 윗집

두 집과 옆집에서 이 토지를 침범한 사실을 그때서야 알았다.

측량점을 확인한 설계사무소 소장이 말한다 원룸으로 건축하려면 내 토지를 다 찾아오든지 현황대로 잘라서 설계를 해야 건축허가가 난단다. 현황대로 자르자니 용적률 때문에 사업성이 없어 하는 수 없이 토지를 찾아오기로 하고 침범한 토지 주인을 만나러 가자 어머니는 마실가고 안계시며 이런 일은 어머니가 계셔도 안되니 큰 형님과 전화해서 의논하라며 전화 번호를 가르쳐준다. 고등학생 정도로 보이는 학생에게 "측량을 해보니 우리땅을 침범해서 내가 왔었다"고 전하고 나에게 전화번호를 가르쳐주었다고 하라고 얘기하고 나왔다.

다음 날 큰형님이라는 사람에게 전화했더니 만나자고 한다. 구로동 공업단지까지 가서 커피숍에서 이야기를 꺼냈다.

"토지를 침범했으니 돌려주세요"라고 말하자

"40년 전에 보령시에서 불하받은 토지입니다."

"40년을 사용하고 있던 토지를 어떻게 내어줍니까?"

"이미 취득시효가 지나도 한참을 지났습니다. 소유의 의사를 가려고 20년 이상을 사용했으니 우리 토지입니다."

"취득시효가 인정 안 될 건데요?"

"그럼 소송해보세요."

"소송을 하려면 제가 최소 500만 원은 들어갑니다. 저는 원룸을 지어야 하기에 그 토지가 꼭 필요합니다. 그 토지를 넘겨주신다면 소송비용 500만 원을 드리겠습니다"라고 제안하자 더 기고만장해 절대 못 준다고 한다. 만약 소송해서 제가 이기면 소송비용도 당신이 내야 될터인데라고 말하자 "지면 낼게요"라고 응수한다.

점유 취득에 대한 확고한 의지가 엿보인다. 결국은 소송하기로 결심하고 이번에는 보령법원 앞에 있는 변호사 사무실을 찾아가 변호사와 면담한 즉 이길수 있다고 한다.

300만 원이 소송비용 일시불로 선금 조건이며 승소 시 승소수당 200만 원을 요구한다.

모든 서류 다 넘겨주고 300만 원 입금시키면 바로 소송하기로 하고 변호사 사무실을 나왔다. 즉시 허가받고 원룸 건축하려다 언제 재판이 끝날지 모르는 사건으로 바뀌고 말았다.

결국은 피고 3명 중 전○수는 변호사를 사서 답변서를 보내며 바로 조정에 임하게 되었다. 조정실 앞에서 상대편 변호사와 우리 변호사가 10여분간 얘기하더니 상대편 변호사가 우리 요건을 말하면 다 들어 주기로 했다며 요구조건을 이야기하란다.

내 토지 측량대로 내어달라고 했더니 조정실로 들어가 조정관에게 우리가 원하는 대로 조정담당자에게 말하고 소송비용은 각자가 부담한다라고 조정이 끝났다.

피고 오○주와 송○옥은 답변서도 재판에도 나오지 않아 무변론으로 승소했다

참 허무하다. 상대편 변호사는 이미 점유 취득이 안 된다는 것을 알았으면 애초에 소송의뢰자에게 진다고 말하고 소송하지 않는게 좋다고 해야지, 변호를 맡아 놓고 조정실 앞에서 우리가 원하는대로 들어준다고 조정관에게 이야기하려고 변호를 맡았다는 것이 내 상식으로는 이해가 안간다.

나머지 두 집도 침범했으나 답변도 안하고 무대응이다. 결국은 시간만 잡아먹고 아직도 원룸 허가도 못 받은 상태다.

토지는 경계가 중요한데 이렇게 오래전에 측량한 토지는 경계가 틀릴 수 있다는 사실도 명심해야 한다.

2015 타경 20××　충청남도 보령시 대천동 39×-××

2015 타경 20▩ (임의)		매각기일 : 2015-09-01 10:00~ (화)		경매4계 041-640-3237	
소재지	(33453) 충청남도 보령시 대천동 39▩-▩				
용도	대지	채권자	▩농업협동조합	감정가	86,697,000원
토지면적	247㎡ (74.72평)	채무자	한▩수	최저가	(70%) 60,688,000원
건물면적		소유자	박▩경	보증금	(10%)6,069,000원
제시외	제외 : 60㎡ (18.15평)	매각대상	토지만매각	청구금액	28,106,925원
입찰방법	기일입찰	배당종기일	2015-06-04	개시결정	2015-03-11

기일현황

회차	매각기일	최저매각금액	결과
신건	2015-07-28	86,697,000원	유찰
2차	2015-09-01	60,688,000원	매각
김▩수외1명/입찰8명/낙찰87,800,000원(101%)			
	2015-09-08	매각결정기일	허가
	2015-10-05	대금지급기한 납부 (2015.09.30)	납부
	2015-11-04	배당기일	완료
배당종결된 사건입니다.			

🔍 매각물건 주변 지적도

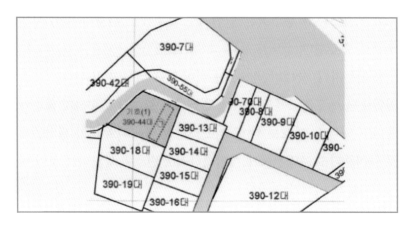

측량한 결과 (가)(나)(다)가 이웃에서 침범했으며 (가)의 점유자가 취득시효를 주장했음.
(나) (다)의 토지주는 무응답 무대응 판결.

🔍 매각물건 주변 항공사진

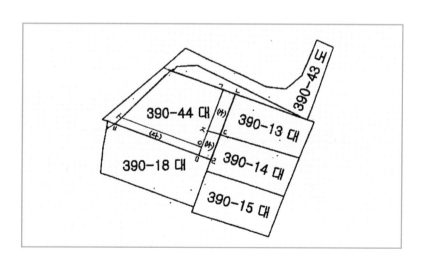

·   ·

소 장

원　　고　　1. 김■주 (　.*******)
　　　　　　　서울 중랑구 동일로169길 ■
　　　　　2. 박■준 (　.*******)
　　　　　　　광주시 발맡길 70-■
　　　　　원고들 소송대리인
　　　　　　　변호사 장■달
　　　　　　　충남 홍성군 홍성읍 법원로 41, 2■호(홍성법조타운)
　　　　　　　(전화: 041-633-■■■■ 팩스: 041-633-■■■■)

피　　고　　1. 전■수
　　　　　　　보령시 관촌1길 6■ (대천동 390-■)
　　　　　2. 오■주
　　　　　　　보령시 보령북로 4■ (대천동 618-■, 대천연립) 비-2■호
　　　　　송달주소: 보령시 관촌1길 ■■ (대천동 390-■)
　　　　　3. 송■옥
　　　　　　　보령시 관촌2길 7■ (대천동 390-■)

토지인도 청구의 소

청 구 취 지

1. 원고들에게 충남 보령시 대천동 390-■■ 대 247㎡ 중,

　가. 피고 전■수는 별지 도면 표시 ㄱ, ㄴ, ㄷ, ㅈ, ㄱ의 각 점을 순차로 연결한 선내 (가)부분 10㎡

를 인도하고,

　나. 피고 오■주는 별지 도면 표시 ㄷ, ㄹ, ㅁ, ㅈ, ㄷ의 각 점을 순차로 연결한 선내 (나)부분 10㎡ 를 인도하고,

　다. 피고 송　욱은 별지 도면 표시 ㅁ, ㅂ, ㅅ, ㅇ, ㅁ의 각 점을 순차로 연결한 선내 (다)부분 지상 시멘벽돌/스라브 주택 5㎡를 철거하고, 위 (다)부분 5㎡를 인도하라.

2. 소송비용은 피고들의 부담으로 한다.

3. 위 제1항은 가집행 할 수 있다.

라는 판결을 구합니다.

청 구 원 인

1. 당사자간의 관계

　가. 원고들은 2015. 9. 30. 충남 보령시 대천동 390-■ 대 247㎡(이하 '이 사건 토지'라 합니다)를 임의경매로 인한 매각을 원인으로 같은 달 10. 5. 소유권이전등기를 경료한 소유자(각 2분의1 지분 공유)들입니다(갑 제1호증 등기부등본 참조).

　나. 피고 전란수는 이 사건 토지와 인접한 충남 보령시 대천동 390-■ 대 149㎡의 소유자이고, 피고 오　주는 이 사건 토지와 인접한 충남 보령시 대천동 390-■ 대 126㎡의 소유자이며, 피고 송　욱은 이 사건 토지와 인접한 충남 보령시 대천동 390-■ 대 234㎡ 및 위 지상 시멘트블록조 기와지붕 단층주택 39.66㎡와 시멘벽돌/스라브 주택 88.72㎡의 소유자로, 피고들은 이 사건 토지 중 일부를 점유하고 있는 자들입니다.(갑 제2호증의 1 내지 4 각 등기부동본, 갑 제3호증 건축물관리대장 참조).

2. 원고들의 피고들에 대한 청구에 대하여

　가. 원고들은 이 사건 토지를 매수한 이후에 경계측량을 하였습니다.

　나. 그런데 피고 전■수는 이 사건 토지 중 별지 도면 표시 ㄱ, ㄴ, ㄷ, ㅈ, ㄱ의 각 점을 순차로 연결한 선내 (가)부분 10㎡를 밭으로 사용하고 있었고, 피고 오　주는 이 사건 토지 중 별지 도면 표

시 ㄷ, ㄹ, ㅁ, ㅈ, ㄷ의 각 점을 순차로 연결한 선내 (내)부분 10㎡를 자신의 장독대로 사용하고 있었으며, 피고 송█옥은 이 사건 토지 중 별지 도면 표시 ㅁ, ㅂ, ㅅ, ㅇ, ㅁ의 각 점을 순차로 연결한 선내 (대)부분 5㎡를 침범하여 시멘벽돌/스라브 주택을 지었습니다.

다. 이에 원고들은 수차 피고들에게 이 사건 토지 중 피고들이 점유하고 있는 부분의 인도와 건물 철거를 요구하였으나, 피고들은 인도 및 철거를 거부하고 있습니다.

라. 따라서 이 사건 토지의 소유자인 원고들에게 피고 전█수는 이 사건 토지 중 별지 도면 표시 ㄱ, ㄴ, ㄷ, ㅈ, ㄱ의 각 점을 순차로 연결한 선내 (개)부분 10㎡를, 피고 오옥주는 이 사건 토지 중 별지 도면 표시 ㄷ, ㄹ, ㅁ, ㅈ, ㄷ의 각 점을 순차로 연결한 선내 (내)부분 10㎡를 각 인도하여야 할 것이며, 피고 송█옥은 이 사건 토지 중 별지 도면 표시 ㅁ, ㅂ, ㅅ, ㅇ, ㅁ의 각 점을 순차로 연결한 선내 (대)부분 지상 시멘벽돌/스라브 주택5㎡를 철거하고, 위 (대)부분 토지 5㎡를 인도하여야 할 것입니다.

3. 결론

따라서 원고들은 피고들로부터 청구취지와 같은 판결을 구하기 위하여 이 사건 청구에 이른 것입니다.

입 증 방 법

1. 갑 제1호증   등기부등본(원고 소유)
2. 갑 제2호증의 1   등기부등본(피고 전█수 소유)
3. 갑 제2호증의 2   등기부등본(피고 오█주 소유)
4. 갑 제2호증의 3   등기부등본(피고 송█옥 토지)
5. 갑 제2호증의 4   등기부등본(피고 송█옥 건물)
6. 갑 제3호증   건축물관리대장

첨 부 서 류

1. 개별공시지가열람
2. 소송위임장

대전지방법원 홍성지원

판 결

사 건	2016가단10█ 토지인도
원 고	1. 김█주
	서울 중랑구 동일로169길 41, 103동 6██호 (묵동, 동구햇살아
	파트)
	2. 박█준
	광주시 발맡길 70-11, 303동 3██호 (목현동)
	원고들 소송대리인 변호사 장█달
피 고	1. 오█주
	보령시 웅천읍 열린바다로 2██ (관당리)
	2. 송██옥
	보령시 관촌2길 ██ (대천동)
변 론 종 결	2016. 9. 20.
판 결 선 고	2016. 10. 11.

주 문

1. 원고들에게, 충남 보령시 대천동 390-██ 대 247㎡ 중,

가. 피고 오█주는 별지(1) 도면 표시 3, 8, 9, 10, 4, 3의 각 점을 차례로 연결한 선

내 (ㄷ)부분 9㎡를 인도하고, 별지(2) 도면 표시 5, 6, 7, 8, 5의 각 점을 차례로 연

결한 선내 (ㄴ)부분 콘크리트벽돌 주택 5㎡를 철거하고,

나. 피고 송■옥은 별지⑴ 도면 표시 4, 10, 11, 12, 5, 4의 각 점을 차례로 연결한

선내 (ㄹ)부분 10㎡를 인도하고, 별지⑵ 도면 표시 9, 10, 11, 12, 9의 각 점을 차

례로 연결한 선내 (ㄷ)부분 콘크리트벽돌 주택 2㎡와 같은 도면 표시 13, 14, 15,

16, 17, 13의 각 점을 차례로 연결한 선내 (ㄹ)부분 콘크리트 주택 3㎡를 철거하

라.

2. 소송비용은 피고들이 부담한다.

3. 제1항은 가집행할 수 있다.

청 구 취 지

주문과 같다.

이 유

1. 청구의 표시

별지 소장, 청구취지 및 청구원인 변경신청서 기재와 같다.

2. 자백간주 판결 (민사소송법 제208조 제3항 제2호)

판사   권■수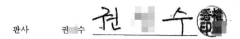

판결문으로
결정

"
막가파를 만나면
재경매로 끝난다.
"

01 | 무변론 무대응

 낙찰 후 거주자를 찾아가자 사위라고 하면서 마음대로 하라고 하면서 그냥 들어가버려 소송을 진행해 전체가 다시 경매로 진행된 사례다. 법원에서 건물 전체를 재경매로 진행해 투자자는 지분만큼 배당으로 받았다.

2015 타경 76×× 경상남도 통영시 도남동 54×-×(토지/건물 2/11 지분)

2015 타경 76■ (강제)		매각기일 : 2016-06-02 10:00~ (목)		경매1계 055-640-8500	
소재지	(53076) 경상남도 통영시 도남동 54■ [도로명] 경상남도 통영시 데메3길 64■				
용도	주택	채권자	■대부금융	감정가	7,720,850원
지분토지	20㎡ (6.05평)	채무자	김■화	최저가	(64%) 4,942,000원
지분건물	4.21㎡ (1.27평)	소유자	김■화 外	보증금	(10%)495,000원
제시외	3.21㎡ (0.97평)	매각대상	토지/건물지분매각	청구금액	14,163,672원
입찰방법	기일입찰	배당종기일	2015-11-27	개시결정	2015-09-16

기일현황 ▽간략보기

회차	매각기일	최저매각금액	결과
신건	2016-04-07	7,720,850원	유찰
2차	2016-05-04	6,177,000원	유찰
3차	2016-06-02	4,942,000원	매각
추	옥/입찰1명/낙찰5,955,000원(77%)		
	2016-06-09	매각결정기일	허가
	2016-07-19	대금지급기한 납부 (2016.07.04)	납부
	2016-08-10	배당기일	완료

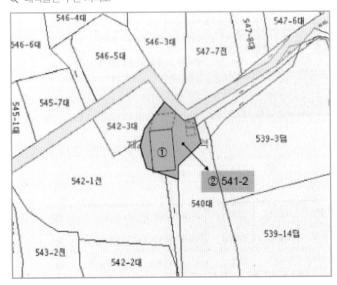

⊕ 매각물건주변 항공사진

⊕ 경매 물건 토지 안의 도로 전경

⊕ 주요 등기사항 요약(참고용)

건물 지분 2/11

주요 등기사항 요약 (참고용)

— [주 의 사 항] —

본 주요 등기사항 요약은 증명서상에 말소되지 않은 사항을 간략히 요약한 것으로 증명서로서의 기능을 제공하지 않습니다.
실제 권리사항 파악을 위해서는 발급된 증명서를 필히 확인하시기 바랍니다.

[건물] 경상남도 통영시 도남동 64- ▌·▌   고유번호 1912-1996-163082

1. 소유지분현황 (갑구)

등기명의인	(주민)등록번호	최종지분	주 소	순위번호
김▌화 (공유자)	731003-*******	11분의 2	경상남도 통영시 데메3길 6▌-▌(도남동)	2
김▌화 (공유자)	710728-*******	11분의 2	경기도 구리시 원수택로62번길 1▌-▌, 지층(수택동)	2
김▌이 (공유자)	441123-*******	11분의 3	경상남도 통영시 데메3길 6▌-▌(도남동)	2
김▌려 (공유자)	691206-*******	11분의 2	경상남도 통영시 봉수4길 3▌(봉평동)	2
김▌욱 (공유자)	770815-*******	11분의 2	경상남도 김해시 금관대로509번길 27, 9▌동 2▌▌호(무계동,석봉마을 부영아파트)	2

토지 지분 2/11

주요 등기사항 요약 (참고용)

— [주 의 사 항] —

본 주요 등기사항 요약은 증명서상에 말소되지 않은 사항을 간략히 요약한 것으로 증명서로서의 기능을 제공하지 않습니다.
실제 권리사항 파악을 위해서는 발급된 증명서를 필히 확인하시기 바랍니다.

[토지] 경상남도 통영시 도남동 64- ▌·▌ 대 110㎡   고유번호 1912-1996-163084

1. 소유지분현황 (갑구)

등기명의인	(주민)등록번호	최종지분	주 소	순위번호
김▌화 (공유자)	731003-*******	11분의 2	경상남도 통영시 데메3길 6▌-▌(도남동)	2
김▌화 (공유자)	710728-*******	11분의 2	경기도 구리시 원수택로62번길 1▌-▌, 층(수택동)	2
김▌이 (공유자)	441123-*******	11분의 3	경상남도 통영시 데메3길 6▌-▌(도남동)	2
김▌려 (공유자)	691206-*******	11분의 2	경상남도 통영시 봉수4길 3▌▌(봉평동)	2
김▌욱 (공유자)	770815-*******	11분의 2	경상남도 김해시 금관대로509번길 , 9▌동 2▌▌호(무계동,석봉마을 부영아파트)	2

소 장

원 고   추 ▨ 복 (740814-▨▨▨▨▨▨)

　　　진주시 새평거로 75, 408동 9▨호(평거동,평거휴먼시아4단지)

　　　송달장소 : 평택시 평남로 1045, 5▨호(동삭동,손문빌딩)

　　　송달영수인 : 법무사 유▨수

피 고   1. 김▨화 (731003-*******)

　　　　　통영시 데메3길 64-▨(도남동)

　　　　2. 김▨이 (441123-*******)

　　　　　통영시 데메3길 64-▨(도남동)

　　　　3. 김▨려 (691205-*******)

　　　　　통영시 봉수4길 ▨(봉평동)

　　　　4. 김▨옥 (770815-*******)

　　　　　김해시 금관대로599번길 ▨,

　　　　　905동 2▨호(무계동,석봉마을부영아파트)

공유물분할 청구의 소

청 구 취 지

1. 별지 목록 기재 부동산을 경매에 붙이고 그 대금에서 경매비용을 공제한
   나머지 금액을 각 원고에게 11분의 2, 피고 김랑화에게 11분의 2, 피고

김█이에게 11분의 2, 피고 김█려에게 11분의 2, 피고 김█옥에게 11분의 2 지분에 따라 각 분배한다.
2. 소송비용은 피고들이 부담한다.
3. 제1항은 가집행 할 수 있다.
라는 판결을 구합니다.

청 구 원 인

1. 이사건 부동산의 공유관계

경상남도 통영시 도남동 54█ 대 110㎡ 및 같은 곳 지상 목조 초즙 평가건 주택 7평(이하 "이사건 부동산"이라함)은 피고들이 2011. 10. 24. 상속을 원인으로 각 11분의 2지분을 취득하였고, 원고가 2016. 7. 4. 강제경매로 인한 매각을 원인으로 11분의 2 지분을 취득하여 공유하고 있습니다(갑제1호증의 1, 2 각 부동산등기사항증명서 및 갑제2호증의 1, 2 토지대장, 건축물대장 참조).

2. 분할의 필요성 및 그 방법

이사건 부동산은 위와 같이 원고를 포함한 5인의 공동소유로 되어있어 원고와 피고들 모두가 재산권행사에 많은 제약을 받고 있는 바, 각 공유지분에 따라 분할을 할 필요가 있습니다.
한편 이사건 부동산은 토지 및 주택으로, 현물로 분할하는 것은 거의 불가능하다 할 것이므로, 경매에 붙여 그 대금에서 경매비용을 차감한 나머지 금전을 가지고 각 공유자의 지분에 따라 현금으로 분할하는 것이 가장 적절한 분할 방법입니다.

3. 결어

위와 같이 원고는 피고들과의 이사건 부동산의 공유관계를 청산하고자 하나, 현물분할이 불가하므로, 경매에 부쳐 그 대금에서 경매비용을 공제한 나머지 대금으로 각 공유지분에 따라 대금분할을 하고자 이사건 청구취지와 같은 판결을 구하기에 이른 것입니다.

입 증 방 법

1. 갑 제1호증의 1, 2   부동산등기사항증명서   각 1통
1. 갑 제2호증의 1, 2   토지대장   각 1통

첨 부 서 류

1. 위 입증방법   각 5통
1. 소장부본   4통

2016. 7. .

위 원고 추 █ 복

창원지방법원 통영지원   귀중

창원지방법원 통영지원

보정권고

사   건   2016가단48█ 공유물분할
[추█복 / 김█화 외 3명]

원고는
다음 사항을 2016. 8. 4.까지 보완하여 주시기 바랍니다.

보완할 사항

1. 청구취지 기재 피고 김█이의 지분 표시와 등기사항전부증명서 상의 피고 김█이의
   지분 표시가 불일치합니다. 확인 후 청구취지를 정정하여 주십시오.

2016. 7. 21.

법원주사   박 █ 우

※ 문의사항 연락처 : 창원지방법원 통영지원 민사2단독 법원주사 박█우
   전화 : 640-8545
   팩스 : 649-1882   e-mail :

2016-0073030566-A0909

청구취지 및 청구원인 변경신청서

사   건   2016 가단 48█ 공유물분할
원   고   추█복
피   고   김█화 외 3

위 사건과 관련하여 원고는 처음 제출한 소장의 청구취지 및 청구원인에서 피고 김█이의 지분을 잘못 표시하였으므로 다음과 같이 청구취지 및 청구원인을 변경합니다.

변경후 청구취지

1. 별지 목록 기재 부동산을 경매에 붙이고 그 대금에서 경매비용을 공제한 나머지 금액을 각 원고에게 11분의 2, 피고 김█화에게 11분의 2, 피고 김█이에게 11분의 3, 피고 김█려에게 11분의 2, 피고 김█옥에게 11분의 2 지분에 따라 각 분배한다.
2. 소송비용은 피고들이 부담한다.
3. 제1항은 가집행 할 수 있다.
라는 판결을 구합니다.

변경후 청구원인

1. 이사건 부동산의 공유관계

경상남도 통영시 도남동 54██ 대 110㎡ 및 같은 곳 지상 목조 초즙 평가건 주택 7평(이하 "이사건 부동산" 이라함)은 피고들이 2011. 10. 24. 상속을 원인으로 각 피고 김█화는 11분의 2, 피고 김█이는 11분의 3, 피고 김█려는 11분의 2, 피고 김█옥 11분의 2 지분을 취득하였고, 원고가 2016. 7. 4. 강제경매로 인한 매각을 원인으로 11분의 2 지분을 취득하여 공유하고 있습니다(갑제1호증의 1, 2 각 부동산등기사항증명서 및 갑제2호증의 1, 2 토지대장, 건축물대장 참조).

2. 나머지 청구원인의 원용

위 변경후 청구원인 이외의 내용은 기존에 제출한 소장의 청구원인을 모두 원용합니다.

첨 부 서 류

1. 청구취지 및 청구원인변경신청서 부본   4통

2016. 7.   .

위 원고 추█복

창원지방법원 통영지원 귀중

창원지방법원 통영지원

판 결

사 건	2016가단48██ 공유물분할	
원 고	추█복	
	진주시 새평거로 7█ (평거동, 평거휴먼시아4단지)	
	송달장소 평택시 평남로 1029, 2██호 (동삭동 70██, 쓰리제이타█	
	송달영수인 법무사 유█수	
피 고	1. 김█화	
	최후주소 통영시 데메3길 64-██ (도남동)	
	2. 김█이	
	최후주소 통영시 데메3길 64-██ (도남동)	
	3. 김█려	
	통영시 봉수4길 ██ (봉평동)	
	4. 김█옥	
	김해시 금관대로 599번길 27, 905동 2██호	
	(무계동, 석봉마을부영아파트)	
변론종결	2016. 9. 29.	
판결선고	2016. 10. 20.	

주 문

1. 별지 목록 기재 각 부동산을 경매에 부쳐 그 매각대금에서 경매비용을 공제한 나머지 금액을,

　가. 원고, 피고 김■화, 피고 김■려, 피고 김■옥에게 각 2/11 지분,

　나. 피고 김■이에게 3/11 지분의 각 비율에 따라 각 분배한다.

2. 소송비용은 각자 부담한다.

청 구 취 지

주문과 같다.

이　　유

1. 기초사실

　가. 원고와 피고들은 별지 목록 기재 각 부동산을 원고, 피고 김■화, 피고 김■려, 피고 김■옥은 각 2/11 지분, 피고 김■이는 3/11 지분의 각 비율로 공유하고 있다.

　나. 원고는 이 사건 변론종결일 현재 피고들과 사이에 별지 목록 기재 각 부동산에 대한 분할협의가 이루어지지 않았고, 당사자 사이에 분할금지의 약정을 한 바는 없다.

2. 판단

　가. 분할의 방법에 관하여 협의가 성립되지 아니한 때에는 공유자는 법원에 그 분할을 청구할 수 있고(민법 제269조 제1항), 기록에 나타난 사정을 종합적으로 감안하여 보면, 별지 목록 기재 각 부동산의 경우 민법 제269조 제2항에서 정한 바와 같이 현물로 분할할 수 없거나 분할로 인하여 현저히 그 가액이 감손될 염려가 있는 때에 해

한다고 보이므로, 그 분할방법은 경매에 의한 대금분할방법이 상당하다.

나. 따라서 별지 목록 기재 각 부동산을 경매에 부쳐 그 매각대금에서 경매비용을 공제한 나머지 금액을 원고, 피고 김■화, 피고 김■려, 피고 김■옥에게 각 2/11 지분, 피고 김■이에게 3/11 지분의 각 비율에 따라 분배한다.

3. 결론

그렇다면, 별지 목록 기재 각 부동산을 주문과 같이 분할하기로 판결한다.

판사   송■용

건물은 지키고 싶고
많은 돈은 내기 싫고

02

토지 건물 지분 2분의 1이 경매로 나온 경남 남해군 물건을 살펴보자. 토지는 193m^2(58평), 건물은 35m^2(10평)가 감정가 2,900만 원에서 절반가량인 1,500만 원까지 떨어졌을 때 수강생 L씨가 응찰해 1,600만 원에 낙찰받았다. 이날 경매에서 눈길을 끈 것은 L씨 외에 다른 한 명이 응찰해 2등을 했는데, 그 응찰자가 나머지 2분의 1의 지분을 갖고 있는 공유자의 자손이라는 사실이다.

L씨가 그날 공유자 자손에게 연락처를 줘서 전화를 통해 협상을 벌였다. 얼마에 팔겠냐고 물어와 감정가 정도에 팔겠다고 했더니 그 가격엔 절대 살 수 없다면서 마음대로 하라며 전화를 끊었다는 것이다. 그래서 바로 공유물 분할 청구 소송을 제기했더니 답변서를 통해 우리 쪽에서 터무니없는 가격을 요구해 매입할 수 없었다는 주장을 폈다. 이 물건은 현재 법원에서 조정 과정을 거치고 있는 중인데, 합의가 안 될 것으로 보인다.

시간만 끌며 가격을 낮추어보자는 속셈인 것 같다. 따라서 합의에 신경을 쓰지 않는다.

따라서 절대로 합의에 구걸하지 않는다. 합의를 구걸할 사건은 낙찰을 피해야 한다. 최악의 경우에도 시간이 소요될 뿐 이익이 있어야 한다. 앞에서도 언급했었으나 다시 한 번 정리해보자.

지금까지 살펴본 지분 경매에서 수익을 내는 방법을 종합해보면 크게 세 가지로 나눠볼 수 있다.

첫째는 현재 해당 부동산에서 거주 혹은 점유하고 있는 공유자 또는 공유자 가족에게 지분을 다시 매각하는 방법이다. 지분 경매에서 이 방법이 수익을 내는 데 가장 간편하고 시간도 적게 걸린다. 이 방법을 채택하기 위해서는 낙찰 전에 현장 조사를 통해 공유자의 경제적 능력을 사전에 체크해두는 것이 좋다.

둘째는 낙찰자가 나머지 지분을 인수해 해당 부동산의 점유자를 내보낸 뒤 공인중개사를 통해 일반에 매각해 수익을 실현하는 방법이다. 공유자에게 파는 것보다 시간은 좀 더 걸리겠지만, 지분 물건에서 수익을 올릴 수 있는 괜찮은 방법이다.

셋째는 앞선 두 가지의 협상이 모두 결렬되고 나서 공유물 분할 소송과 경매를 통해 공유 지분을 정리하는 방법이다. 이 방법은 소송을 거쳐야 하기 때문에 시간도 오래 걸리고, 때로는 예상치 못한 비용이 들기도 해 자칫 재정적으로 손해를 입을 수도 있다. 하지만 면밀한 권리 분석과 사전 조사를 통해 적정한 가격에 낙찰을 받는다면 소송을 거친다 해도 결국엔 수익을 실현할 수 있는 것이 지분 경매다.

2015 타경 57×× 남해군 남면 당항리 7×-× (토지/건물 1/2 지분매각)

2015 타경 57██ (강제)		물번4 [잔금납부] ✔		매각기일 : 2016-04-25 10:00~ [월]		경매5계 055-760-3255
소재지	(52437) 경상남도 남해군 남면 당항리 7█ [도로명] 경상남도 남해군 두양로1█번길 █(남면)					
용도	주택	채권자	김██례		감정가	29,958,000원
지분토지	193.5㎡ (58.53평)	채무자	박██완		최저가	(51%) 15,338,000원
지분건물	35.37㎡ (10.7평)	소유자	박██완 外		보증금	(10%)1,534,000원
제시외	24㎡ (7.26평)	매각대상	토지/건물지분매각		청구금액	34,600,000원
입찰방법	기일입찰	배당종기일	2015-09-30		개시결정	2015-06-16

기일현황

회차	매각기일	최저매각금액	결과
신건	2015-12-28	29,958,000원	유찰
2차	2016-02-15	23,966,000원	유찰
3차	2016-03-21	19,173,000원	유찰
4차	2016-04-25	15,338,000원	매각
이██화/입찰2명/낙찰16,025,000원(53%)			
	2016-05-02	매각결정기일	허가
	2016-06-02	대금지급기한 납부 (2016.05.25)	납부

🔍 매각물건 주변 지적도

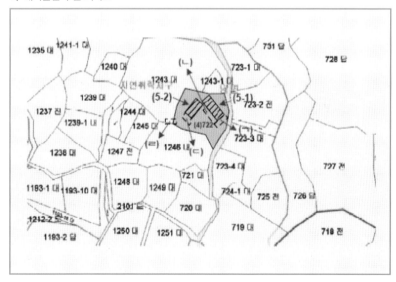

⊕ 매각물건 주변 항공사진

⊕ 매각물건 건물사진

🔍 주요 등기사항 요약(참고용)

건물 지분 1/2

주요 등기사항 요약 (참고용)

[주 의 사 항]

본 주요 등기사항 요약은 증명서상에 말소되지 않은 사항을 간략히 요약한 것으로 증명서로서의 기능을 제공하지 않습니다.
실제 권리사항 파악을 위해서는 발급된 증명서를 필히 확인하시기 바랍니다.

[건물] 경상남도 남해군 남면 당항리 7█ 　　　　　　　　　　　　　　　　　　　고유번호 1946-1996-191887

1. 소유지분현황 (갑구)

등기명의인	(주민)등록번호	최종지분	주　　　　　소	순위번호
박█환 (공유자)	631012-*******	2분의 1	부산광역시 해운대구 반송동 887 남흥아파트 103-2█	2
윤█희 (공유자)	830830-*******	2분의 1	부산광역시 동래구 충렬대로 271, 11█호 (낙민동)	6

2. 소유지분을 제외한 소유권에 관한 사항 (갑구)

순위번호	등기목적	접수정보	주요등기사항	대상소유자
7	강제경매개시결정	2016년6월16일 제78█호	채권자 김█례	박█환

토지 지분 1/2

주요 등기사항 요약 (참고용)

[주 의 사 항]

본 주요 등기사항 요약은 증명서상에 말소되지 않은 사항을 간략히 요약한 것으로 증명서로서의 기능을 제공하지 않습니다.
실제 권리사항 파악을 위해서는 발급된 증명서를 필히 확인하시기 바랍니다.

[토지] 경상남도 남해군 남면 당항리 7█ 대 387㎡ 　　　　　　　　　　　　고유번호 1946-1996-196713

1. 소유지분현황 (갑구)

등기명의인	(주민)등록번호	최종지분	주　　　　　소	순위번호
박█환 (공유자)	631012-*******	2분의 1	부산광역시 해운대구 반송동 887 남흥아파트 103-2█	2
윤█희 (공유자)	830830-*******	2분의 1	부산광역시 동래구 충렬대로 271, 11█호 (낙민동)	6

2. 소유지분을 제외한 소유권에 관한 사항 (갑구)

순위번호	등기목적	접수정보	주요등기사항	대상소유자
7	강제경매개시결정	2016년6월16일 제78█호	채권자 김█례	박█환
8	압류	2016년12월4일 제180█호	권리자 부산광역시연제구	윤█희

소 장

원 고 : 이○화(   )

　　　　진주시 초북로 77, ×××동 ×××4호

　　　　(초전동, 진주초장엠코타운 더 이스턴 파크)

　　　　송달장소 : 평택시 평남로 ××40, ××1호(동삭동, 손문빌딩)

　　　　송달영수인 : 법무사 유종수

피 고 : 1. 설○분(   )

　　　　　충북 영동군 학산면 서산로 35

　　　　2. 윤○자(   )

　　　　　진주시 초장로 14번길 29, ××6동 0901호

　　　　　(초전동, 진주초전푸르지오2단지)

　　　　3. 최○중(   )

　　　　　부산 연제구 중앙대로 ××66번길 24, 003호

　　　　　(연산동, 에이스빌리지)

공유물분할 등 청구의 소

청 구 취 지

1. 충청북도 영동군 학산면 서산리 81×-×× 대 514㎡를 경매에
　붙이고 그 대금에서 경매 비용을 공제한 나머지 금액을 각 원
　고에게 4분의 1, 피고 설○분에게 4분의 2, 피고 윤○자에게 4
　분의 1 지분에 따라 각 분배하라.

2. 피고 설○분, 최○중은 공동하여 원고에게,

  가. 별지 1 도면표시 1, 2, 3, 4, 5, 6, 1의 각점을 순차로 연결한 선내 (1-1)부분 목조 아연 지붕 단층 창고 약 33.4㎡, 7, 8, 9, 10, 7의 각 점을 순차로 연결한 선내 ㉠부분 조적조 강판지붕 주택 약 90㎡, 11, 12, 13, 14, 11의 각 점을 순차로 연결한 선내 ㉡부분 벽채를 이용한 판넬마감 현관 약 8.4㎡, 7, 15, 16, 17, 8, 7의 각 점을 순차로 연결한 선내 ㉢부분 철파이프조 판넬지붕 가추 약 22㎡, 5, 4, 18, 19, 5의 각 점을 순차로 연결한 선내 ㉣부분 조적조 스레트지붕 창고 약 72㎡, 20, 21, 22, 23, 20의 각 점을 순차로 연결한 선내 ㉤부분 조적조 및 목조 아연지붕 주택 약 36㎡, 24, 25, 26, 27, 24의 각 점을 순차로 연결한 선내 ㉥부분 철파이프조 판넬지붕 가추 약 31.9㎡, 28, 29, 30, 31, 28의 각 점을 순차로 연결한 선내 ㉦부분 조적조 스레트지붕 다용도실 약 4.2㎡, 32, 33, 34, 35, 32의 각 점을 순차로 연결한 선내 ㉧부분 블록조 스레트지붕 창고 약 18㎡, 32, 35, 36, 37, 32의 각 점을 순차로 연결한 선내 ㉨부분 블록조 스레트지붕 창고 약 50.4㎡, 38, 39, 40, 41, 38의 각 점을 순차로 연결한 선내 ㉩부분 조적조 슬라브지붕 변소 약 4.2㎡, 42, 43, 44, 45, 42의 각 점을 순차로 연결한 선내 ㉪부분 철파이프조 판넬지붕 가추 약 16㎡의 각 건물을 철거하고 위 1항 토지를 인도하고,

  나. 2016. 7. 26.부터 위 토지인도 완료일까지 연 금 3,600,000원을 지급하라.

3. 소송비용은 피고들이 부담한다.

4. 제2항은 가집행할 수 있다.
라는 판결을 구합니다.

청 구 원 인

1. 토지의 공유관계

충청북도 영동군 학산면 서산리 81×-×× 대 514㎡(이하 "이 사건 토지"라 함)는 원고가 2016. 7. 26. 강제경매로 인한 매각을 원인으로 4분의 1, 피고 설○분이 2013. 6. 22. 협의분할에 의한 상속을 원인으로 4분의 2, 피고 윤위자가 2016. 7. 26. 강제경매로 인한 매각을 원인으로 4분의 1를 각 취득하여 공유하고 있습니다(갑제1호증의 1호 부동산 등기사항증명서 참조).

2. 분할의 필요성 및 그 방법

이 사건 토지는 위와 같이 각 3인의 공동소유로 되어 있어 원고와 피고들 모두가 재산 권행사에 많은 제약을 받고 있는 바, 각 공유지분에 따라 분할을 할 필요가 있습니다. 그런데 이 사건 토지는 3인이 공유하고 있고, 별지 2 도면과 같이 이 사건 토지의 지 상에는 피고 설○분, 피고 최○중이 공유하는 건물이 존재하여 현물로 분할하는 것은 거의 불가능하다 할 것이므로, 경매에 붙여 그 대금에서 경매비용을 차감한 나머지 금전을 가지고 각 공유자의 지분에 따라 현금으로 분할하는 것이 가장 적절한 방법입니다.

3. 건물의 소유 및 토지소유권의 침해

이 사건 토지의 지상에는 피고 설○분, 최○중의 공동소유인 건물 및 다수의 미등기 무허가 건물(이하 "이 사건 건물"이라함)이 존재합니다(갑제1호증의 2, 3 부동산등기 사항증명서 참조). 피고 설○분, 최○중은 위와 같이 이 사건 토지 지상에 건물을 소유하면서 원고의 이 사건 토지 소유권(공유지분)을 침해하고 있다 할 것이므로 원고에게 이 사건 건물을 철거하고 이 사건 토지를 인도할 의무가 있습니다.

4. 지료 상당의 부당이득 청구

피고 설○분, 최○중은 이 사건 건물을 소유하면서, 이 사건 토지를 이용하고 있으므 로 원고가 소유지분을 취득한 2016. 7. 26.부터 이 사건 건물의 철거 및 이 사건 토지의 인도완료일까지 지료상당의 부당이득을 하고 있다 할 것이므로, 원고는 경매 감정평가금액(갑제8호증 감정평가서 참조)인 원고의 지분에 해당하는 금 35,980,000원의 10%에 해당하는 연 금 3,600,000원을 청구합니다.

5. 결어

위와 같은 사유로 원고는 이 사건 건물의 철거 및 이 사건 토지의 인도 및 피고들과의 공유관계를 청산하고자 청구취지와 같은 형태의 공유물 분할 판결을 구하기에 이른 것입니다.

입 증 방 법

1. 갑 제1호증의 1 내지 3   부동산등기사항증명서 각 1통
1. 갑 제2호증   토지대장
1. 갑 제3호증 1, 2   건축물대장 각1통
1. 갑 제4호증   지적도등본
1. 갑 제5호증   항공사진
1. 갑 제6호증   현황조사서
1. 갑 제7호증   매각물건명세서
1. 갑 제8호증   감정평가서

첨 부 서 류

1. 위 입증방법　　각 4통
1. 소장부본　　　　3통

2016. 8.   .

위 원고 이○화

청주지방법원 영동지원 귀중

답 변 서

사 건   2016가단 43███   공유물분할

원 고   이 █ 화

피 고   윤 █ 희

위 사건에 관하여 피고는 다음과 같이 답변을 준비합니다.

청구취지에 대한 답변

1. 원고의 청구를 기각한다.

2. 소송비용은 원고의 부담으로 한다.

라는 판결을 구합니다.

청구원인에 대한 답변

1. 원고주장의 요지

원고는 2016. 05. 25. 창원지방법원 진주지원 2015타경57███ 강제경매로 매물.

나와 있는 경남 남해군 남면 당항리 7██번지 상의 토지 378㎡ 중 2분의 1, ░

물 70.74㎡ 중 2분의 1 부동산(이하 "이 사건 부동산"이라 함)을 경매낙찰 ░

아 2016. 6. 1. 각 소유권을 취득하였고.

이 사건 부동산은 토지나 건물이 원, 피고의 각 공동소유로 되어 있어 재
행사를 할 수가 없기 때문에, 피고에게 공유물분할 또는 피고의 지분을 원
게 매도하거나 원고의 지분을 피고가 매수할 것을 상의하였던 바, 이에
간에 이견이 있어 원피고 모두가 원만한 합의점을 찾을 수가 없어 경매어
여 낙찰된 대금에서 경매비용을 공제한 나머지 금전을 가지고 각 현금으로
할하는 것이 가장 적절하다는 이유를 밝혔습니다.

원고 주장에 대하여

가. 피고가 이 사건 부동산을 소유하게 된 경위

(1) 이 사건 부동산은 당초 피고의 외조부님께서 외조모님과 농사를 지○
며 자식들과 가장 소중한 주거지로 외조부님의 소유였으나 외조부○
서 돌아가시기 전에 평생을 고생하신 외조모님이 조금이나마 편안○
생활할 수 있도록 1999. 6. 28. 외조모님에게 증여를 하였고, 이로써
사건 부동산은 외조모님이신 소외 김■례 명의로 소유가 된 것입니다

(2) 그러나 이후 외조모님이신 소외 김■례께서는 외손녀인 피고가 후에
가의 고향에서도 생활할 수가 있다면서 2016. 4. 9. 이 사건 부동산을
고에게 증여를 하였고 이로써 동 부동산 중 2분의 1의 지분은 피그
소유가 되었습니다.

(3) 가족관계증명서 상의 흐름을 살펴보면, "윤■회는 피고이고, 박■자는
고의 어머님이시고, 김■례는 피고의 외조모(이 사건 부동산 2분의
유자 임)"입니다(을제 1호증: 가족관계증명서(피고 윤■회, 모, 외조모)

입증자료

1. 을제 1호증   가족관계증명서   1통

                           2016.   10.

            위 피고   윤 ▓ 희

부산지방법원   귀중

돈은 안 내고
말로만 하는 자식들

현장에 가서 연락처를 두고 왔으나 전혀 연락이 없어 소송을 시작하자 피고 중 네 명이 법원에 답변서를 제출했다. 이러한 답변서가 통하지 않는다는 것을 알고 했는지 아니면 모르고 했는지는 필자가 알 수 없다.

다만 네 명의 자녀가 똑같은 문구로 법원에 답변서를 접수한 것으로 보아 자식들이 모여 논의는 한 것 같으나 현재 건물 전체 매각에 들어가도 경제적 부담이 되는지 합의해보자고 연락오는 어느 자식도 없다.

그러나 전체 매각이 되면 답변서를 제출한 지분권자들은 법원에서 소정의 배당을 받아갈 것이다. 결론은 합의를 안 한 지분권자들에게는 경제적 이익이 돌아간다.

2015 타경 609×× 광주광역시 남구 월산동 3×-×(토지, 건물 지분 9/31)

2015 타경 609███ (강제)		매각기일 : 2016-08-05 10:00~ (금)		경매3계 062-239-1605	
소재지	(61631) 광주광역시 남구 월산동 3███ [도로명] 광주광역시 남구 구성로7███길				
용도	주택	채권자	신용보증기금	감정가	73,547,920원
지분토지	88.84㎡ (26.87평)	채무자	송██자	최저가	(56%) 41,187,000원
지분건물	50.09㎡ (15.15평)	소유자	송██자 外	보증금	(10%)4,119,000원
제시외		매각대상	토지/건물지분매각	청구금액	52,184,710원
입찰방법	기일입찰	배당종기일	2015-09-02	개시결정	2015-06-02

기일현황 ▼간략보기

회차	매각기일	최저매각금액	결과
신건	2016-05-27	73,547,920원	유찰
2차	2016-07-01	51,484,000원	유찰
3차	2016-08-05	41,187,000원	매각
	낙찰47,500,000원(65%)		
	2016-08-12	매각결정기일	허가
	2016-09-12	대금지급기한 납부 (2016.08.23)	납부
	2016-10-12	배당기일	완료

🔍 매각물건 주변 지적도

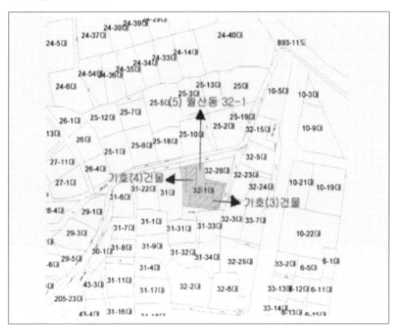

건물 지분 9/31

주요 등기사항 요약 (참고용)

[주 의 사 항]

본 주요 등기사항 요약은 증명서상에 말소되지 않은 사항을 간략히 요약한 것으로 증명서로서의 기능을 제공하지 않습니다.
실제 권리사항 파악을 위해서는 발급된 증명서를 필히 확인하시기 바랍니다.

[건물] 광주광역시 남구 월산동 32-1 제2호   고유번호 2001-2013-001129

1. 소유지분현황 (갑구)

등기명의인	(주민)등록번호	최종지분	주　　소	순위번호
강■자 (공유자)	560221-*******	31분의 2	광주광역시 남구 서동로2번안길 1■ (서동)	15
권■경 (공유자)	781003-*******	31분의 2	광주광역시 광산구 도산로9번길 35, 101동 12■호 (도산동,호반아파트)	7
송■자 (공유자)	680605-*******	31분의 2	광주광역시 남구 월산동 25■	1
송■단 (공유자)	630613-*******	31분의 2	경기도 수원시 장안구 영화동 43■ 4층	1
송■숙 (공유자)	521010-*******	31분의 2	서울특별시 동대문구 장안동 391-21 성수연립 3■■호	1
송■자 (공유자)	560413-*******	31분의 2	서울특별시 강서구 가양동 1469 동신아파트 105동 13■호	1
송■자 (공유자)	560413-*******	31분의 7	서울특별시 강서구 화곡로63길 77, 11동 6■■호(등촌동,녹십초해미리타운)	9
송■종 (공유자)	620706-*******	31분의 2	광주광역시 광산구 산정동 143-13	1
송■희 (공유자)	580503-*******	31분의 2	광주광역시 북구 용봉동 1463 용봉동금호어울림 102동 20■호	1
송■권 (공유자)	741008-*******	31분의 2	광주광역시 서구 양동 7■■	1
송■일 (공유자)	730918-*******	31분의 2	광주광역시 남구 봉선동 101■	1
송■문 (공유자)	661010-*******	31분의 2	광주광역시 남구 월산동 2■	1
송■자 (공유자)	691010-*******	31분의 2	광주광역시 남구 서동 143-■	1

토지 지분 9/31

주요 등기사항 요약 (참고용)

[주 의 사 항]

본 주요 등기사항 요약은 증명서상에 말소되지 않은 사항을 간략히 요약한 것으로 증명서로서의 기능을 제공하지 않습니다.
실제 권리사항 파악을 위해서는 발급된 증명서를 필히 확인하시기 바랍니다.

[토지] 광주광역시 남구 월산동 32-1 대 306㎡   고유번호 2041-1996-216455

1. 소유지분현황 (갑구)

등기명의인	(주민)등록번호	최종지분	주　　소	순위번호
강■자 (공유자)	560221-*******	31분의 2	광주광역시 남구 서동로2번안길 1■ (서동)	47
권■경 (공유자)	781003-*******	31분의 2	광주광역시 광산구 도산로9번길 35, 101동 12■호 (도산동,호반아파트)	38
송■자 (공유자)	680605-*******	31분의 2	광주광역시 남구 월산동 2■■	13
송■단 (공유자)	630613-*******	31분의 2	경기도 수원시 장안구 영화동 43■ 4층	13
송■숙 (공유자)	521010-*******	31분의 2	서울특별시 동대문구 장안동 391-21 성수연립 3■ 호	13
송■자 (공유자)	560413-*******	31분의 2	서울특별시 강서구 가양동 1469 동신아파트 105동 13■호	13
송■자 (공유자)	560413-*******	31분의 7	서울특별시 강서구 화곡로63길 77, 11동 6■■호(등촌동,녹십초해미리타운)	42
송■종 (공유자)	620706-*******	31분의 2	광주광역시 광산구 용아로 2■(산정동)	13
송■희 (공유자)	580503-*******	31분의 2	광주광역시 북구 용봉동 1463 용봉동금호어울림 102동 20■호	13
송■권 (공유자)	741008-*******	31분의 2	광주광역시 서구 양동 7■■	13
송■일 (공유자)	730918-*******	31분의 2	광주광역시 남구 봉선동 101■	13
송■문 (공유자)	661010-*******	31분의 2	광주광역시 남구 월산동 2■	13
송■자 (공유자)	691010-*******	31분의 2	광주광역시 남구 서동 143-■■	13

소 　 장

원 고　윤█열 (500730-████████)

　　　진주시 금산면 중장로154번길 49, 108동 20█호(진주금산두산위브)

　　　송달장소 : 평택시 평남로 1029, 2█호(동삭동,쓰리제이타워)

　　　송달영수인 : 법무사 유█수

피 고　1. 강█자 (560221-*******)

　　　　　광주 남구 서동로2번안길 1██(서동)

　　　2. 권█정 (781003-*******)

　　　　　광주 광산구 도산로9번길 35, 101동 12█호(도산동,호반아파트)

　　　3. 송█자 (680505-*******)

　　　　　광주 남구 월산동 2██

　　　4. 송█단 (630613-*******)

　　　　　수원시 장안구 영화동 431-1, █층

　　　5. 송█숙 (521010-*******)

　　　　　서울 동대문구 장안동 391-█ 성수연립 3██호

　　　6. 송█종 (620705-*******)

　　　　　광주 광산구 용아로 2██(산정동)

　　　7. 송██희 (580503-*******)

　　　　　광주 북구 용봉동 1463 용봉동금호어울림 102동 20██호

　　　8. 송██천 (741008-*******)

　　　　　광주 서구 양동 7██

　　　9. 송██일 (730918-*******)

　　　　　광주 남구 봉선동 101██

10. 송█문 (651010-*******)
  · 광주 남구 월산동 2██
11. 송█자 (691010-*******)
  광주 남구 서동 143-██

공유물분할 청구의 소

청 구 취 지

1. 별지목록 기재 부동산을 경매에 붙이고 그 대금에서 경매비용을 공제한
   나머지 금액을 원고에게 31분의 9, 피고 강█자에게 31분의 2, 피고 권██
   정에게 31분의 2, 피고 송█자에게 31분의 2, 피고 송█단에게 31분의 2,
   피고 송█숙에게 31분의 2, 피고 송█종에게 31분의 2, 피고 송█희에게
   31분의 2, 피고 송█천에게 31분의 2, 피고 송█일에게 31분의 2, 피고 송
   █문에게 31분의 2, 피고 송█자에게 31분의 2 지분에 따라 각 분배하라.
2. 소송비용은 피고들이 부담한다.
라는 판결을 구합니다.

청 구 원 인

1. 토지의 공유관계

광주광역시 남구 월산동 3██ 대 306㎡, 같은 곳 지상 건물 제1호 목조 시멘
트기와지붕 단층주택 63.03㎡, 부속건물 시멘트벽돌조 스래브지붕 단층창고,

10. 송█문 (651010-*******)
    · 광주 남구 월산동 2██

11. 송█자 (691010-*******)
    광주 남구 서동 143-█

공유물분할 청구의 소

청 구 취 지

1. 별지목록 기재 부동산을 경매에 붙이고 그 대금에서 경매비용을 공제한
   나머지 금액을 원고에게 31분의 9, 피고 강█자에게 31분의 2, 피고 권█
   정에게 31분의 2, 피고 송█자에게 31분의 2, 피고 송█단에게 31분의 2,
   피고 송█숙에게 31분의 2, 피고 송█종에게 31분의 2, 피고 송█희에게
   31분의 2, 피고 송█천에게 31분의 2, 피고 송█일에게 31분의 2, 피고 송
   █문에게 31분의 2, 피고 송█자에게 31분의 2 지분에 따라 각 분배하라.
2. 소송비용은 피고들이 부담한다.
라는 판결을 구합니다.

청 구 원 인

1. 토지의 공유관계

광주광역시 남구 월산동 3██ 대 306㎡, 같은 곳 지상 건물 제1호 목조 시멘
트기와지붕 단층주택 63.03㎡, 부속건물 시멘트벽돌조 스래브지붕 단층창고,

변소 8.55㎡, 같은 곳 지상 건물 제2호 경량철골구조 판넬지붕 단층 단독주택 109.49㎡(이하 "이사건부동산들" 이라함)는 원고가 31분의 9, 피고 강█자가 31분의 2, 피고 권█정이 31분의 2, 피고 송█자가 31분의 2, 피고 송█단이 31분의 2, 피고 송█숙이 31분의 2, 피고 송█종이 31분의 2, 피고 송█희가 31분의 2, 피고 송█천이 31분의 2, 피고 송█일이 31분의 2, 피고 송█문이 31분의 2, 피고 송█자가 31분의 2의 각 지분으로 공유하고 있습니다(갑제1호증의 1, 2, 3 각 부동산등기사항증명서 및 갑제2호증의 1, 2, 3 각 토지대장, 건축물대장 참조).

2. 분할의 필요성 및 그 방법

이사건 부동산들은 위와 같이 총 12인의 공동소유로 되어있어 원고와 피고들 모두가 재산권행사에 많은 제약을 받고 있는 바, 각 공유지분에 따라 분할을 할 필요가 있습니다.

그런데 이사건 부동산 중에는 토지뿐만 아니라 건물까지 존재하여 현물로 분할하는 것은 거의 불가능하다 할 것이므로, 경매에 붙여 그 대금에서 경매비용을 차감한 나머지 금전을 가지고 각 공유자의 지분에 따라 현금으로 분할하는 것이 가장 적절한 방법이라 할 것입니다.

3. 결어

위와 같은 사유로 원고는 피고들과의 이사건 부동산들의 공유관계를 청산하고자 청구취지와 같은 형태의 공유물 분할 판결을 구하기에 이른 것입니다.

광 주 지 방 법 원

보 정 명 령

사　　건　　2016가단362▮▮ 공유물분할

원　　고　　윤▮열

피　　고　　강▮자 외 10명

　원고는 이 명령이 송달된 날로부터 5일 안에 다음 흠결 사항을 보정하시기 바랍니다.

흠 결 사 항

1. 피고 송▮자(691010-▮▮▮▮▮▮▮)의 주민등록초본을 제출 할 것.

2016. 11. 8.

판사　전　▮　철

016-0080849594-7KKUO

주소보정서

사   건   2016 가단 362▦▦ 공유물분할
원   고   윤■열
피   고   강┃자 외10

위 사건과 관련하여 피고 송▦단, 송▦숙, 송▦천, 송▦자의 주소에 관하여
행정구역변경등이 있으므로 다음과 같이 송달주소를 보정합니다.

- 다   음 -

피고   송▦단 (630613-▦▦▦▦▦▦▦)
　　　광주 북구 북문대로98번길 10, 313동 5▦▦호(운암동,운암아파트)
피고   송▦숙 (521010-▦▦▦▦▦▦▦)
　　　남양주시 화도읍 경춘로1842번길 20-11, 4▦호(서광맨션)
피고   송▦천 (741008-1▦▦▦▦▦▦)
　　　전남 장성군 장성읍 오동촌길 16, 9▦호(부강아트빌)
피고   송▦자 (691010-*******)
　　　광주 남구 서오층석탑2길 1▦(서동)

첨부서류

1. 주민등록초본   3통

2016. 10. .

위 원고 윤■열

광주지방법원   귀중

주소보정서

사　　건　　2016 가단 36■■ 공유물분할
원　　고　　윤■열
피　　고　　강■자 외10

　위 사건과 관련하여 원고는 피고 송■자의 송달장소를 다음과 같이 보정합니다.

- 다　　음 -

피고　송■자 (691010-■■■■■■■)
　　　 거제시 하청면 하청2길 12, 비동 3■■호(국민주택)

첨부서류

1. 주민등록초본　　　　　1통

2016. 11.　　.

위 원고　　윤■열

광주지방법원　　귀중

사건번호 : 2016가단302▒▒

제출자 : 피고 송 ▒▒ 주민번호 : 6306▒▒▒▒

준비기일 : 2016. 10. 31

주장내용 : 본인 지분에 대한 부분의
현물매각은 동의 하지 않습니다.
제 소유의 토지와 건물은 건드리지 마성시
아버지 께서 주신 유산이나 보존되기를
간절히 원합니다.

재판관님 어려운 저희들의 간절한 마음을
헤아려 서서 꼭 꼭 유산이나 지켜 주성시

27870

사건번호   2016   36︎ ☐

제출자   피고   승☐옥 주민번호
                                      521010 ☐

준비기일   2016   10. 31

주장내용   본인 지분에 대한 부분의
           현목 매각은 동의 하지 않습니다

    제 소유의 토지와 건물은 건드리지 마십시요

    아버지께서 주시 유산이나 보존되기를 간절히
    원합니다

    현명하신 제판관 님   어려운 저희들이
    간절한 마음을 헤아리셔서 꼭좀
    유산을 지켜주십시요

27864

사건번호 : 2016가단362▮

제출자 : 피고 송▮천(741008-▮▮▮▮▮▮▮)

준비기일 : 2016년 10월 31일

주장내용 : 본인지분에 대한 부분의 현물매각을 동의하지 않습니다

　　　　제 소유의 토지는 건드리지 마십시오

　　　　아버지가 주신 유산이 보존되기를 원합니다.

2016년 10월 31일

송　천

27880

사건번호 : 2016 가합362■■

제출자 : 피고 송■아

준비기일 : 2016. 10. 31

주장내용 : 본인지분에 대한 부분의
현물매각은 동의하지 않습니다.
제 소유의 토지는 건드리지 마십시요.
아버지가 주신 유산이
보존되기를 원합니다.

※ 이늠을 계받 했습니다.

광 주 지 방 법 원

판   결

사   건   2016가단362▒▒ 공유물분할

원   고   윤▒열

진주시 금산면 중장로154번길 49, 108동 20▒호 (장사리, 진주금

산두산위브아파트)

송달장소 평택시 평남로 1029, 2▒호 (동삭동, 쓰리제이타워)

피   고   1. 강▒자

광주 남구 서동로2번안길 14-▒ (서동)

2. 권▒정

광주 광산구 도산로9번길 35, 101동 12▒호 (도산동, 도산동

호반1차아파트)

3. 송▒아(개명전 송▒자)

광주 남구 구성로76번길 ▒ (월산동)

4. 송▒단

광주 북구 북문대로98번길 10, 313동 5▒호(운암동, 운암아파

트)

5. 송▒숙

남양주시 화도읍 경춘로1842번길 20-11, 4▒호(녹촌리, 서광

맨션)

6. 송 종

　　광주 광산구 용아로 2 (산정동, 하남성심병원)

7. 송 희

　　광주 북구 설죽로279번길 19, 102동 20 호 (용봉동, 용봉동 금호어울림)

8. 송 천

　　전남 장성군 장성읍 오동촌길 16, 9 호(영천리, 부강아트빌)

9. 송 일

　　광주 남구 봉선중앙로67번길 8- (봉선동)

10. 송 문

　　광주 남구 구성로76번길   (월산동)

11. 송 자

　　최후주소 거제시 하청면 하청2길 12, 비(B)동 3 호(국민주택)

변 론 종 결　　2017. 3. 8.

판 결 선 고　　2017. 3. 22.

주　　　문

1. 별지 목록 기재 부동산을 경매에 부쳐 그 매각대금에서 경매비용을 공제한 나머지 금액을 원고에게 9/31, 피고들에게 각 2/31의 비율로 각 분배한다.

2. 소송비용은 피고들이 부담한다.

청 구 취 지

주문과 같다.

이　　유

1. 인정사실

가. 별지 목록 기재 부동산(이하 '이 사건 부동산'이라 한다)은 원고가 9/31 지분, 피고들이 각 2/31 지분씩 공유하고 있다.

나. 이 사건 변론종결일까지 원고와 피고들 사이에 이 사건 부동산의 분할 방법에 관하여 협의가 성립되지 않았다.

[인정근거] 다툼 없는 사실, 갑 제1호증의 1 내지 3, 갑제2호증의 1 내지 3의 각 기재 변론 전체의 취지

2. 판단

가. 위 인정사실에 비추어 보면, 이 사건 부동산의 공유자인 원고는 다른 공유자인 피고들을 상대로 민법 제269조 제1항에 따라 이 사건 부동산의 분할을 청구할 수 있다.

나. 재판에 의한 공유물분할은 각 공유자의 지분에 따른 합리적인 분할을 할 수 있는 한 현물분할의 방법에 의함이 원칙이나, 현물분할이 불가능하거나 그것이 형식상 가능하다고 하더라도 그로 인하여 현저히 가격이 감손될 염려가 있을 때에는 공유물의 경매를 명하여 대금을 분할하는 이른바, 대금분할의 방법에 의하여야 하는바, 대금분할

에 있어 '현물로 분할할 수 없다'는 요건은 이를 물리적으로 엄격하게 해석할 것은 아니고, 공유물의 성질, 위치나 면적, 이용 상황, 분할 후의 사용가치 등에 비추어 보아 현물분할을 하는 것이 곤란하거나 부적당한 경우를 포함한다 할 것이다(대법원 2002. 4. 12. 선고 2002다45▨ 판결 등 참조).

다. 위 법리에 비추어 이 사건을 보건대, 앞서 든 증거 및 변론 전체의 취지를 종합하여 인정되는 다음 사정들, 즉, 당사자들이 모두 동의하는 현물분할안을 이끌어내기 어려워 보이는 점, 원고의 이 사건 청구에 대해 피고 송▨아, 송▨단, 송▨숙, 송▨천은 대금분할을 원하지 아니하나 위 피고들 및 피고 송▨자 외 나머지 피고들은 원고의 청구를 다투지 아니하는 점과 함께, 이 사건 부동산이 한필의 토지와 그 토지상의 두 채의 주택인 점, 공로와의 접근가능성, 향후 이용가능성 등을 감안하면, 이 사건 부동산은 현물분할 하는 것이 곤란하거나 부적당한 경우에 해당한다.

라. 따라서 이 사건 부동산을 경매에 부쳐 대금에서 경매비용을 공제한 나머지 금액을 원고에게 9/31, 피고들에게 각 2/31의 비율로 각 분배하는 것이 상당하다.

3. 결론

그렇다면 원고의 이 사건 청구는 이유 있어, 이 사건 부동산을 경매를 통해 분할하기로 하여 주문과 같이 판결한다.

판사   양▨권   양 ▨ 천

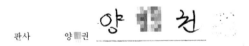

광 주 지 방 법 원

결 정

정본입니다.

2017. 5. 17.

법원주사보 김 국

사   건   2017타경78█ 공유물분할을위한경매

신 청 인   윤█열 (500730-█████)
진주시 금산면 중장로154번길 49, 108동 20█호 (장사리 705, 진주금산 두산위브)
[송달장소 : 평택시 평남로 1029, 2█호 (동삭동 705-5, 쓰리제이타워)
(송달영수인 : 유█수)]

상 대 방   강█자 (560221-█████)
광주 남구 서동로2번안길 14-█ (서동 59-13)

권█정 (781003-█████)
광주 광산구 도산로9번길 35, 101동 12█호 (도산동 1136-1, 도산동호반 아파트)

송█아(개명전:송█자) (680505-█████)
광주 남구 구성로76번길 █ (월산동 25-█)

송█단 (630613-█████)
광주 북구 북문대로98번길 10, 313동 5█호 (운암동 318, 운암아파트)
[등기부상 주소 : 경기도 수원시 장안구 영화동 431-1 █층]

송█숙 (521010-█████)
남양주시 화도읍 경춘로1842번길 20-11, 4█호 (녹촌리 243-3, 서광맨션)
[등기부상 주소 : 서울특별시 동대문구 장안동 391-21 성수연립 3█호]

송█종 (620705-█████)
광주 광산구 용아로 2█ (산정동 143-█)

송█희 (580503-█████)
광주 북구 설죽로279번길 19, 102동 20█호 (용봉동 1463, 용봉동 금호

동문서답

04

정문에 연락처를 적어두고 왔더니 법무사를 통해서 전화가 왔다.

내 지분을 사겠다면 팔겠다고 답했더니 얼마에 팔겠느냐고 해서 감정가에 팔겠다고 답했더니 법무사가 잘 알겠다며 그렇게 전하겠다고 하며 전화를 끊었다.

답이 없어 그대로 경매 분할 소송을 진행했는데 무대응 무변론이었다. 그럼에도 불구하고 판사님의 화해 결정은 공인중개사에 내놓고 팔아서 나누어 가지라는 판결이다. 판사님의 화해 결정을 보고 정말 판사도 동문서답하는구나를 느꼈다.

그 집에 거주하는 피고가 공인중개사에 내놓으면 파는 것에 동의할 리가 없다는 것은 삼척동자도 다 알 수 있을 터인데 이러한 판결을 내렸기에 즉시 이의신청하고 경매로 분할해줄 것을 요구해 재판에 임했다. 판사님께서 원고에게 경매로 팔면 가격이 떨어질 텐데 그래도 좋냐고 물어 그래도 좋다고 답변하자 경매 분할을

결정한 사건이다. 또 이 사건의 원고 승계는 낙찰받은 원고의 이름
으로 소송하기 어려운 일이 발생해 소송 중 지분을 매각해 소송을
승계받아 진행한 것이다.

2015 타경 143×× 전라남도 순천시 남정동 42×-×(토지/건물 2/7지분)

2015 타경 143█ (강제)	물번2 [배당종결] ∨		매각기일 : 2016-10-10 10:00~ (월)		경매7계 061-729-5327
소재지	(57958) 전라남도 순천시 남정동 42█				
	[도로명] 전라남도 순천시 신흥3길 █(남정동)				
용도	주택	채권자	이█우	감정가	21,730,870원
지분토지	48㎡ (14.52평)	채무자	오█순	최저가	(45%) 9,736,000원
지분건물	23.19㎡ (7.01평)	소유자	오█순 外	보증금	(10%)974,000원
제시외	2.15㎡ (0.65평)	매각대상	토지/건물지분매각	청구금액	13,000,000원
입찰방법	기일입찰	배당종기일	2016-02-01	개시결정	2015-10-29

기일현황 ▼간략보기

회차	매각기일	최저매각금액	결과
신건	2016-05-30	21,730,870원	유찰
2차	2016-07-11	15,212,000원	유찰
3차	2016-08-22	12,170,000원	유찰
4차	2016-10-10	9,736,000원	매각
박█미/입찰2명/낙찰13,010,000원(60%)			
	2016-10-17	매각결정기일	허가
	2016-11-24	대금지급기한
납부 (2016.11.08)	납부
	2016-11-29	배당기일	완료
배당종결된 사건입니다.			

🔍 매각물건 주변 항공사진

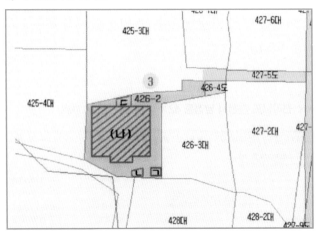

⊕ 매각물건 주변 지적도

⊕ 주요 등기사항 요약(참고용)

주요 등기사항 요약 (참고용)

[건물] 전라남도 순천시 남정동 42▨▨   고유번호 2013-2003-001864

1. 소유지분현황 (갑구)

등기명의인	(주민)등록번호	최종지분	주　　　　소	순위번호
오▨순 (공유자)	790317-*******	7분의 2	전라남도 순천시 신흥3길 ▨▨(남정동)	2
오▨준 (공유자)	771127-*******	7분의 2	인천광역시 부평구 동암남로36번길 19, 2▨호 (십정동,효성탑스빌)	2
이▨희 (공유자)	470106-*******	7분의 3	전라남도 광양시 광양읍 숲샘길 20, 2▨호	2

2. 소유지분을 제외한 소유권에 관한 사항 (갑구)

순위번호	등기목적	접수정보	주요등기사항	대상소유자
3	강제경매개시결정	2015년10월29일 제648▨호	채권자 이▨우	오▨순
4	가압류	2015년11월26일 제697▨호	청구금액 금7,071,642 원 채권자 ▨▨▨▨대부주식회사	오▨순

주요 등기사항 요약 (참고용)

[토지] 전라남도 순천시 남정동 42▨ 답 168㎡   고유번호 2013-1996-012811

1. 소유지분현황 (갑구)

등기명의인	(주민)등록번호	최종지분	주　　　　소	순위번호
오▨순 (공유자)	790317-*******	7분의 2	전라남도 순천시 신흥3길 ▨▨(남정동)	2
오▨준 (공유자)	771127-*******	7분의 2	인천광역시 부평구 동암남로36번길 19, 2▨호 (십정동,효성탑스빌)	2
이▨희 (공유자)	470106-*******	7분의 3	전라남도 광양시 광양읍 숲샘길 20, 2▨호	2

2. 소유지분을 제외한 소유권에 관한 사항 (갑구)

순위번호	등기목적	접수정보	주요등기사항	대상소유자
3	강제경매개시결정	2015년10월29일 제648▨호	채권자 이▨우	오▨순
4	가압류	2015년11월26일 제697▨호	청구금액 금7,071,642 원 채권자 ▨▨▨▨대부주식회사	오▨순

소　　　　　장

원 고　박■미 (650513-■■■■■■)

　　　　　창원시 성산구 창원대로780번길 77, 5■호(외동,광득미지루아파트)

　　　　　송달장소 : 평택시 평남로 1029, 2■호(동삭동,쓰리제이타워)

　　　　　송달영수인 : 법무사 유■수

피 고　1. 강■례 (360727-*******)

　　　　　　서울 동대문구 답십리동 143-■

　　　　2. 박■용 (650619-*******)

　　　　　　서울 동대문구 답십리동 3■■

공유물분할 청구의 소

청 구 취 지

1. 별지목록 기재 부동산을 경매에 붙이고 그 대금에서 경매비용을 공제한
   나머지 금액을 원고에게 9분의 2, 피고 강■례에게 9분의 3, 피고 박■용
   에게 9분의 4 지분에 따라 각 분배하라.
2. 소송비용은 피고들이 부담한다.

라는 판결을 구합니다.

청 구 원 인

1. 토지의 공유관계

전라북도 김제시 요촌동 40■■ 대 341㎡, 같은 곳 지상 벽돌조 시멘트 기와 지붕 단층주택 68.94㎡(이하 "이사건부동산들" 이라함)는 원고가 9분의 2, 피고 강■례가 9분의 3, 피고 박■용이 9분의 4의 각 지분으로 공유하고 있습니다(갑제1호증의 1, 2 각 부동산등기사항증명서 및 갑제2호증의 1, 2 각 토지대장, 건축물대장 참조).

2. 분할의 필요성 및 그 방법

이사건 부동산들은 위와 같이 각 3인의 공동소유로 되어있어 원고와 피고들 모두가 재산권행사에 많은 제약을 받고 있는 바, 각 공유지분에 따라 분할을 할 필요가 있습니다.

그런데 이사건 부동산 중에는 건물까지 존재하여 현물로 분할하는 것은 거의 불가능하다 할 것이므로, 경매에 붙여 그 대금에서 경매비용을 차감한 나머지 금전을 가지고 각 공유자의 지분에 따라 현금으로 분할하는 것이 가장 적절한 방법이라 할 것입니다.

3. 결어

위와 같은 사유로 원고는 피고들과의 이사건 부동산들의 공유관계를 청산하고자 청구취지와 같은 형태의 공유물 분할 판결을 구하기에 이른 것입니다.

상대방용

소송참가신청서(원고권리승계)

사 건 2016 가단 15███ 공유물분할
원 고 박███미
피 고 오███준 외 1

위 사건과 관련하여 계쟁부동산의 원고 박영미 지분에 대하여 2017년 2월 2일 매매를 원인으로 2017년 2월 10일 접수 제5415호로 취득하여 권리를 승계하였으므로 이 사건에 새로운 원고로서 소송참가하오니 신청인을 원고로 인정해 주시기 바랍니다.

원고 참가인의 인적사항

최███일
창원시 성산구 원이대로 774, 305동 24██호(상남동,성원아파트)

첨부서류

1. 신청서 부본   3통
1. 부동산등기사항증명서   2통

2017. 2. 17.

위 소송참가신청인(원고)   최███일

광주지방법원 순천지원 귀중

전 주 지 방 법 원

판 결

사 건	2016가단288██ 공유물분할
원 고	박██미
	창원시 성산구 창원대로 780번길 77, 5██호 (외동, 광득미지루아
	파트)
원고 승계참가인	최██일
	창원시 성산구 원이대로 774, 305동 24██호(상남동, 성원아파트)
	송달장소 평택시 평남로 1029, 2██호(동삭동, 쓰리제이타워)
피 고	1. 강██례
	최후주소 서울 동대문구 전농로 7██ (답십리동)
	2. 박██용
	최후주소 서울 동대문구 전농로 7██ (답십리동)
변 론 종 결	2017. 5. 2.
판 결 선 고	2017. 5. 30.

주 문

1. 원고의 소를 각하한다.

2. 별지 목록 기재 부동산을 경매에 부쳐 그 대금에서 경매비용을 공제한 나머지 금액
   을 원고 승계참가인에게 2/9, 피고 강██례에게 3/9, 피고 박██용에게 4/9의 각 비율

로 분배한다.

3. 소송비용은 각자 부담한다.

청 구 취 지

원고 : '원고 승계참가인'을 '원고'로 정정하는 외에는 주문 제2항과 같다.

원고 승계참가인 : 주문 제2항과 같다.

이   유

1. 원고 승계참가인

　가. 청구의 표시 : 별지 청구원인 기재와 같다(다만, '원고'는 '원고 승계참가인'으로 본다).

　나. 공시송달에 의한 판결(민사소송법 제208조 제3항 제3호)

2. 원고

　원고는 이 사건 소송 계속중인 2017. 2. 9. 원고 승계참가인에게 별지 목록 기재 부동산에 대한 원고의 지분을 양도하였으므로, 원고가 위 부동산의 공유자임을 전제로 한 공유물분할 청구는 부적법하다(원고가 2017. 2. 20. 소송탈퇴신청서를 제출하였으나, 피고들의 동의가 없어 탈퇴의 효력이 없다).

판사   장인혜

송달/확정증명원

사　　건 : 전주지방법원　2016가단288█ 공유물분할

원　　고 : 박█미

피　　고 : 강█례 외 1명

증명신청인 : 원고의 승계참가 최█일

위 사건에 관하여 아래와 같이 송달 및 확정되었음을 증명합니다.

원고의 승계참가 최광일　2017.　6.　5.　송달, 2017.　6.　20.　확정
피고1 강█례　　　　　　2017.　6.　2.　송달, 2017.　6.　20.　확정
피고2 박█용　　　　　　　2017.　6.　2.　송달, 2017.　6.　20.
끝.

2017.　6.　20.

전주지방법원

법원주사보　태　█.례　

본　증명(문서번호:보존문건부(제증명,종합민원실용)　7313)에　관하여　문의할　사항이　오
로 문의하시기 바랍니다.

전 주 지 방 법 원
결 정

정본입니다.
2017. 7. 5.
법원주사보 이■민

사   건   2017타경71■■ 공유물분할을위한경매

신 청 인   최■일 (590612-■■■■■■)
           창원시 성산구 원이대로 774, 305동 24■호 (상남동 45-1, 성원아파트)
           [송달장소 : 평택시 평남로 1029, 2■호 (동삭동 705-5) (송달영수인 : 법
           무사 유■수)]

상 대 방   강■례 (360727-■■■■■■)
           서울 동대문구 전농로 7■■ (답십리동 250-■)

           박■용 (650619-■■■■■■)
           서울 동대문구 전농로 7■■ (답십리동 250-■)

소 유 자   최■일 (590612-■■■■■)
           창원시 성산구 원이대로 774, 305동 24■호 (상남동 45-1, 성원아파트)
           [등기부상 주소 : 경상남도 창원시 성산구 원이대로 774, 305동 24■호
           (상남동,성원아파트)]

           강■례 (360727-■■■■■)
           서울 동대문구 전농로 7,■■ (답십리동 250-■)
           [등기부상 주소 : 서울 동대문구 답십리동 143-■]

           박■용 (650619-■■■■■)
           서울 동대문구 전농로 7■■ (답십리동 250-■■)
           [등기부상 주소 : 서울 동대문구 답십리동 143-■,서울 동대문구 답십리
           동 3■]

주   문

별지 기재 부동산에 대하여 경매절차를 개시하고 신청인을 위하여 이를 압류한다.

청 구 금 액

※ 각 법원 민원실에 설치된 사건검색 컴퓨터의 발급번호조회 메뉴를 이용하거나, 담당 재판부에 대한 문의를 통
하여 이 문서 하단에 표시된 발급번호를 조회하시면, 문서의 위, 변조 여부를 확인하실 수 있습니다.

05 | 무변론 무대응
판결 후 협상

낙찰 후 집에 찾아가자 노모 한 분이 계셔 낙찰받은 사람이라고 얘기하고 연락처를 두고 왔으나 연락이 없다.

결국 소송을 진행해 건물을 허물고 허물 때까지 지료를 연 5,260,000 원을 지불하라는 소송을 진행했으나 무변론 무대응 으로 판결되었다. 판결 후 연락을 하며 건물 철거를 요구하자 이제서야 토지를 매입하겠다며 얼마를 원하냐고 물어온다. 감정가를 요구하자 돈이 없다며 사정한다.

사건을 보면 3,000만 원의 빚에 경매가 진행되었으며 합의에 6,300만 원이 들어가야 되게 되었다. 필자가 생각해도 호미로 막을 것을 가래로 막는 경우다. 안타까운 마음에 일시불로 준다면 4,500만 원까지 깎아주겠다는 필자에게 한 달만 시간을 주면 최선을 다해 해결한다고 한다. 한 달 기다리기로 결정했다.

2016 타경 218×× 경기도 연천군 전곡읍 은대리 68×-×(토지만 매각. 도로만 지분)

2016 타경 218█ (임의)		매각기일 : 2017-02-21 10:30~ (화)		경매5계 031-828-0361	
소재지	(11024) 경기도 연천군 전곡읍 은대리 68█-█ 외2필지 [도로명] 경기도 연천군 선비위길 █ (전곡읍)				
용도	대지	채권자	옥█경	감정가	63,393,000원
토지면적	352㎡ (106.48평)	채무자	김█진	최저가	(49%) 31,063,000원
건물면적		소유자	김█진 外	보증금	(10%) 3,107,000원
제시외	제외 : 137.1㎡ (41.47평)	매각대상	토지일부지분매각	청구금액	30,000,000원
입찰방법	기일입찰	배당종기일	2016-11-07	개시결정	2016-08-19

기일현황

회차	매각기일	최저매각금액	결과
신건	2016-12-13	63,393,000원	유찰
2차	2017-01-17	44,375,000원	유찰
3차	2017-02-21	31,063,000원	매각
김█회/입찰2명/낙찰33,366,000원(53%)			
	2017-02-28	매각결정기일	허가
	2017-04-14	대금지급기한 납부 (2017.03.17)	납부
배당종결된 사건입니다.			

🔍 매각물건 주변 지적도

매각물건 주변 항공사진

매각물건 건물사진

소　　장

원 고　김■희 (521002-*******)

　　　　서울 종로구 평창문화로 156, 105동 5■호(평창동,롯데캐슬로잔)

　　　　송달장소 : 평택시 평남로 1029, 2■호(동삭동,쓰리제이타워)

　　　　송달영수인 : 법무사 유■수

피 고　김■진 (700926-*******)

　　　　경기 연천군 전곡읍 선바위길 7■■

토지인도 등 청구의 소

청 구 취 지

1. 피고는 원고에게,

　　가. 경기도 연천군 전곡읍 은대리 68■-■ 대 252㎡ 지상의 별지도면
　　　 표시 1, 2, 3, 4, 1의 각점을 순차로 연결한 선내 (가)부분 벽돌조
　　　 및 철재구조 판넬지붕 주택 약 137.1㎡를 철거하고,

　　나. 위 토지를 인도하고,

　　다. 2017. 3. 17.부터 위 토지인도 완료일 또는 원고의 토지소유권 상
　　　 실일까지 연 금5,260,000원의 비율로 계산한 돈을 지급하라.

2. 소송비용은 피고가 부담한다.

3. 제1항은 가집행할 수 있다.

라는 판결을 구합니다.

청 구 원 인

1. 원고의 토지소유권 취득

원고는 경기도 연천군 전곡읍 은대리 680-█ 대 252㎡(이하 "이 사건 토지"라 함)를 2017. 3. 17. 임의경매로 인한 매각을 원인으로 취득하였습니다.(갑제1호증 부동산등기사항증명서, 갑제2호증 토지대장 참조).

2. 피고의 건물소유 및 점유

이사건 토지의 지상에는 별지 도면표시 1, 2, 3, 4, 1의 각점을 순차로 연결한 선내 (가)부분에 피고 소유의 무허가 미등기건물인 벽돌조 및 철재구조 판넬지붕 주택 약 137.1㎡(이하 "이사건 건물"이라 함)가 존재하며, 현재 이사건 건물에는 피고 및 피고의 모친인 소외 최█봉이 거주하고 있습니다(갑제3호증 항공사진, 갑제4호증 현황조사서, 갑제5호증 매각물건명세서, 갑제6호증 감정평가서 참조).

3. 건물철거 및 토지인도 청구

위와 같이 피고는 무허가 미등기인 이사건 건물을 소유 및 점유하면서 원고의 이사건 토지 소유권을 침해하고 있다 할 것이므로 당연히 피고는 이사건 건물을 철거하고 이사건 토지를 원고에게 인도할 의무가 있습니다.

4. 지료상당의 부당이득금 청구

피고는 원고가 이사건 토지의 소유권을 취득한 2017. 3. 17.부터 이사건 건물을 철거하고 이사건토지를 인도할 때까지, 또는 원고가 이사건 토지의 소유권을 상실할 때까지 지료상당의 금원을 부당이득하고 있다 할 것이므로 원고는 우선 경매사건의 감정평가액인 금52,668,000원(갑제6호증 감정평가서 참조)의 약10%에 해당하는 금5,260,000원을 연간 지료로 청구합니다.
향후 필요시 지료감정을 통하여 위 금액을 특정하겠습니다.

5. 결어

이상과 같이 피고는 이사건 건물의 소유를 통해 원고의 이사건 토지 소유권을 침해하고 있으며, 지료 상당액을 부당이득하고 있다 할 것이므로 원고는 이사건 청구취지와 같은 판결을 구하기에 이른 것입니다.

입 증 방 법

1. 갑 제1호증   부동산등기사항증명서
1. 갑 제2호증   토지대장
1. 갑 제3호증   항공사진
1. 갑 제4호증   현황조사서
1. 갑 제5호증   매각물건명세서
1. 갑 제6호증   감정평가서

의 정 부 지 방 법 원

판 결

사　　　건	2017가단98■■ 토지인도 등	
원　　　고	김■희	
	서울 종로구 평창문화로 156, 105동 5■호 (평창동, 평창동 롯데	
	캐슬 로잔)	
	송달장소 평택시 평남로 1029, 2■■호 (동삭동, 쓰리제이타워)	
피　　　고	김■진	
	경기 연천군 전곡읍 선바위길 7■■ (은대리)	
변 론 종 결	무변론	
판 결 선 고	2017. 7. 7.	

주　　문

1. 피고는 원고에게,

   가. 경기 연천군 전곡읍 은대리 680-■■ 대 252㎡ 지상의 별지 도면 표시 1, 2, 3, 4
   1의 각 점을 순차로 연결한 선내 (가)부분 벽돌조 및 철재구조 판넬지붕 주택 약
   137.1㎡를 철거하고, 위 토지를 인도하고,

   나. 2017. 3. 17.부터 제1의 가.항 기재 토지의 인도 완료일 또는 원고의 토지소유권
   상실일까지 연 5,260,000원의 비율에 의한 돈을 지급하라.

2. 소송비용은 피고가 부담한다.

2017-0097883145-34463　　　　　　　　　위변조 방지용 바코드 입니다.

3. 제1항은 가집행할 수 있다.

청 구 취 지

주문과 같다.

이   유

1. 청구의 표시

  별지 청구원인 기재와 같다.

2. 적용법조

  무변론 판결(민사소송법 제208조 제3항 제1호, 제257조)

판사   조■연 _____

2017-0097883145-34463   위변조 방지용 바코드 입니다.

06 얼마에 지분 파실래요?

  법무사를 통해서 내 전화번호를 알아서 "지분을 얼마에 팔겠어요?" 하고 물어온다. "감정 가격에 100만 원만 더 주시면 팔겠습니다" 라고 하자, "외삼촌이 그 집에서 살고 있는데"라며 말을 흐린다. 이참에 지분권자들이 그동안 외삼촌이 살고 있는 집을 나가라고 못하고 있다가 지분권자가 다 팔아서 나누자고 하니 삼촌에게는 미안한 일이지만 한편으로는 이때를 이용해 조카들이 지분권을 회복했으면 하는 기색이다.

  결국 그 이후로는 소식이 없으며 소송에 무응답 무대응이다. 결론만 얘기하자면 2017-164로 전체 경매가 진행되어 낙찰자는 배당으로 받은 사건이다.

  따라서 지분 경매의 최악의 경우를 생각하면 지분으로 3번째 낙찰받아 최악의 경우 전체를 2번째 낙찰될 수 있는 물건을 골라야 배당이익을 실현할 수 있다.

2015 타경 156×× 충청남도 서천군 판교면 우라리 2××(토지지분 1/6 매각)

2015 타경 156⬛ (강제)		매각기일 : 2016-04-12 10:00~ (화)		경매3계 041-640-3235	
소재지	(33614) 충청남도 서천군 판교면 우라리 2⬛ 외1필지				
용도	답	채권자	신용보증기금	감정가	11,060,550원
지분토지	552㎡ (166.98평)	채무자	임⬛역	최저가	(49%) 5,419,000원
건물면적		소유자	임⬛혁 外	보증금	(10%)542,000원
제시외		매각대상	토지지분매각	청구금액	23,782,571원
입찰방법	기일입찰	배당종기일	2015-11-30	개시결정	2015-07-01

기일현황 ⊙ 간략보기

회차	매각기일	최저매각금액	결과
신건	2016-01-26	11,060,550원	유찰
2차	2016-03-08	7,742,000원	유찰
3차	2016-04-12	5,419,000원	매각
노⬛리/입찰5명/낙찰7,130,000원(64%)			
	2016-04-19	매각결정기일	허가
	2016-05-18	대금지급기한 납부 (2016.05.09)	납부
	2016-06-22	배당기일	완료
배당종결된 사건입니다.			

⊕ 매각물건 주변 지적도

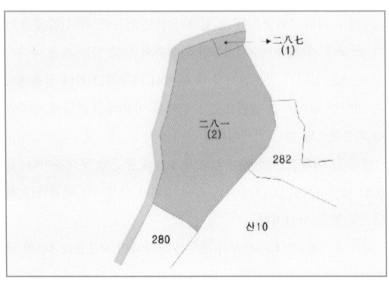

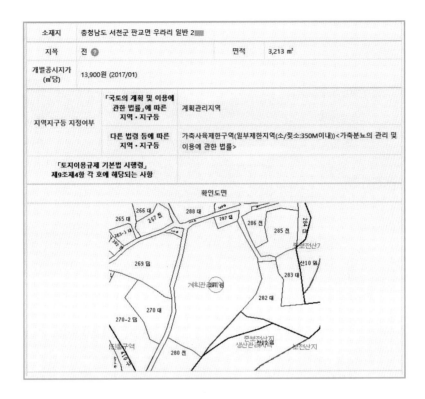

소재지	충청남도 서천군 판교면 우라리 일반 2▓▓		
지목	전 ❓	면적	3,213 ㎡
개별공시지가 (㎡당)	13,900원 (2017/01)		
지역지구등 지정여부	「국토의 계획 및 이용에 관한 법률」에 따른 지역·지구등	계획관리지역	
	다른 법령 등에 따른 지역·지구등	가축사육제한구역(일부제한지역(소/젖소:350M이내))<가축분뇨의 관리 및 이용에 관한 법률>	
「토지이용규제 기본법 시행령」 제9조제4항 각 호에 해당되는 사항			

확인도면

⊕ 매각물건 주변 항공사진

주요 등기사항 요약 (참고용)

──────[주 의 사 항]──────

본 주요 등기사항 요약은 증명서상에 말소되지 않은 사항을 간략히 요약한 것으로 증명서로서의 기능을 제공하지 않습니다.
실제 권리사항 파악을 위해서는 발급된 증명서를 필히 확인하시기 바랍니다.

[토지] 충청남도 서원군 판교면 우라리 2▩ 답 99㎡   고유번호 1644-1996-004462

1. 소유지분현황 (갑구)

등기명의인	(주민)등록번호	최종지분	주 소	순위번호
임▩숙 (공유자)	591229-*******	6분의 1	인천광역시 서구 염곡로311번길 12, 비동 2▩호 (석남동,한전아파트)	2
임▩희 (공유자)	720816-*******	6분의 1	서울특별시 동작구 만양로 26, 103동 2▩호 (노량진동,건영아파트)	2
임▩희 (공유자)	691030-*******	6분의 1	경기도 화주시 미래로 562, 903동 16▩호 (화동동,가람마을9단지 남양휴튼)	2
임▩혁 (공유자)	670830-*******	6분의 1	경기도 부천시 소사구 부광로8번길 E▩ (피안동)	2
임▩회 (공유자)	640423-*******	6분의 1	경기도 안양시 만안구 수리산로66번길 6-3, 6층 6▩호 (안양동,떡스빌)	2
임▩현 (공유자)	600803-*******	6분의 1	경기도 부천시 소사구 안곡로149번길 30, 가동 2▩호 (피안동,성우3차아파트)	2

2. 소유지분을 제외한 소유권에 관한 사항 (갑구)

순위번호	등기목적	접수정보	주요등기사항	대상소유자
3	강제경매개시결정	2015년7월2일 제96▩호	채권자 신용보증기금	임▩혁

소   장

<보관용>
기/4

사건번호	
배당순위 번호	
재판부	제 부(합의)
주 심	

16가란 6514

공유물분할 등 청구의 소

원 고   노▒리
피 고   임▒숙 외 4

소 가	금3,716,925원
첨부할 인지액	금18,500원
첨부한 인지액	금18,500원
송 달 료	금333,000원
비고	㉑

대전지방법원 홍성지원 귀중

소　　장

원 고　노█리 (860708-*******)

　　　　창원시 의창구 북면 감계로 277,

　　　　106동 7█2호(창원감계아내에코프리미엄)

　　　　송달장소 : 평택시 평남로 1045, 5█호(동삭동,손문빌딩)

　　　　송달영수인 : 법무사 유█수 ·

피 고　1. 임█숙 (591229-*******)

　　　　　인천 서구 염곡로311번길 12, 비동 2█호(석남동,한전아파트)

　　　　2. 임█희 (720815-*******)

　　　　　서울 동작구 만양로 26, 103동 3█호(노량진동,건영아파트)

　　　　3. 임█희 (691030-*******)

　　　　　파주시 미래로 562, 903동 15█호(와동동,가람마을9단지남양휴튼)

　　　　4. 임█희 (640423-*******)

　　　　　안양시 만안구 수리산로56번길 5-3, 6층 6█호(안양동,맥스빌)

　　　　5. 임█현 (600803-*******)

　　　　　부천시 소사구 안곡로149번길 30,

　　　　　가동 2█호(괴안동,성우3차아파트)

공유물분할 청구의 소

청 구 취 지

1. 별지 목록 기재 토지를 경매에 붙이고 그 대금에서 경매비용을 공제한 나머지 금액을 각 원고에게 6분의 1, 피고 임█숙에게 6분의 1, 피고 임█희에게 6분의 1, 피고 임█희에게 6분의 1, 피고 임█희에게 6분의 1, 피고 임█현에게 6분의 1 지분에 따라 각 분배한다.
2. 소송비용은 피고들이 부담한다.
3. 제1항은 가집행 할 수 있다.
라는 판결을 구합니다.

청 구 원 인

1. 토지의 공유관계

충청남도 서천군 판교면 우라리 2██ 답 99㎡ 및 같은 곳 2██ 전 3213㎡(이하 "이사건 토지들" 이라함)는 피고들이 1991. 8. 30. 상속을 원인으로 각 6분의 1지분을 취득하였고, 원고가 2016. 5. 9. 강제경매로 인한 매각을 원인으로 6분의 1 지분을 취득하여 공유하고 있습니다(갑제1호증의 1, 2 각 부동산 등기사항증명서 및 갑제2호증의 1, 2 각 토지대장참조).

2. 분할의 필요성 및 그 방법

이사건 토지들은 위와 같이 원고를 포함한 6인의 공동소유로 되어있어 원고와 피고들 모두가 재산권행사에 많은 제약을 받고 있는 바, 각 공유지분에 따라 분할을 할 필요가 있습니다.

한편 이사건 토지들은 6인이 공유하고 있어 현물로 분할하는 것은 거의 불가능하다 할 것이므로, 경매에 붙여 그 대금에서 경매비용을 차감한 나머지 금전을 가지고 각 공유자의 지분에 따라 현금으로 분할하는 것이 가장 적절한 분할 방법입니다.

3. 결어

위와 같이 원고는 피고들과의 이사건 토지들의 공유관계를 청산하고자 하나, 현물분할은 거의 불가능하므로 공유토지를 경매에 부쳐 그 대금에서 경매비용을 공제한 나머지 대금으로 각 공유지분에 따라 대금분할을 하고자 이사건 청구취지와 같은 판결을 구하기에 이른 것입니다.

입 증 방 법

1. 갑 제1호증의 1, 2   부동산등기사항증명서   각 1통
1. 갑 제2호증의 1, 2   토지대장   각 1통
1. 갑 제3호증   지적도
1. 갑 제4호증   현황조사서
1. 갑 제5호증   매각물건명세서
1. 갑 제6호증   감정평가서

원고

(농삭동, 손문빌딩) 501호
노나리(송달영수인 : 법무사 유종수)

‖‖‖‖‖‖‖‖‖‖‖‖‖‖‖‖‖‖ 17849
2060531-688030 ↓
(사무과 민사2단독)
2016-001-6514

〈권판용〉
8/10

대전지방법원 홍성지원

보 정 명 령

사 건   2016가단65▨▨ 공유물분할
    [원고 노▨리 / 피고 임▨숙 외 4명]

원고   노▨리 (귀하)

소장에 기재된 피고 임▨희에 대하여 소장부본이 송달되지 않습니다.

[피고 임▨희   송달불능사유 : 이사불명   ]
주민번호: 720815-****** 송달주소: 서울 동작구 만양로 26 (상도동, 건영아파트) 103동 3▨호

 원고는 이 보정명령을 받은 날부터 7일 안에 아래와 같은 요령으로 주소보정을 하시기바랍니다. 송달료의 추가 납부가 필요한 경우에는 주소보정과 함께 그 금액을 납부하여야합니다.
 위 기한 안에 주소보정을 하지 아니하면 소장이 각하될 수 있습니다(민사 소송법 제255조 제2항 참조).

2016. 8. 3.

판사   박 ▨ 아

등본입니다.
법원주사 복▨철

주소변동유무	☐ 주소변동 없음	종전에 적어낸 주소에 그대로 거주하고 있음
	변동있음 ☑ 주소(주민등록상 주소가 변동)	서울 동작구 상도로30길 63-2, 4▨호(상도동)
	☐ 송달장소(주민등록상 주소는 변동없음)	
송달신청	☐ 재송달신청	종전에 적어낸 주소로 다시 송달
	☐ 특별송달신청	☐ 주간송달 ☐ 야간송달 ☐ 휴일송달
		☐ 종전에 적어낸 주소로 송달 ☐ 새로운 주소로 송달 ☐ 송달장소로 송달
	☐ 공시송달신청	주소를 알 수 없으므로 공시송달을 신청함 (첨부서류 :)

2016. 8. 10.   원고 노▨리 (인)

대전지방법원 홍성지원 귀중

야간특별송달신청

사	건	2016 가단 65██ 공유물분할
원	고	노██리
피	고	임██숙 외4

위 사건과 관련하여 피고 임██회에 대한 주소보정명령을 수령하였는 바, ░
달불능사유가 폐문부재이고, 주민등록초본은 얼마전 발급하여 이미 제출하였
으므로, 낮시간에 집에 사람이 없는 것으로 사료되므로 피고 임██회의 주░
를 관할하는 법원 소속 집행관으로 하여금 야간 시간에 특별송달을 실시하
여 주시기 바랍니다.

피고 임██회
  서울 동작구 상도로30길 63-2, 4██호(상도동)

                          첨부서류

1. 주민등록초본   기 제출분 원용합니다.

                      2016. 11.   .

                      위 원고 노██리

대전지방법원 홍성지원 귀중

대전지방법원 홍성지원

화해권고결정

사　　건　　2016가단65■■ 공유물분할

원　　고　　노■리 (860708-*******)

창원시 의창구 북면 감계로 277, 106동 7■호(감계리, 창원 감계
아내 에코프리미엄)

송달장소　평택시 평남로 1029, 2■■호(동삭동, 쓰리제이타워)

소송대리인 이■경

피　　고　　1. 임■숙 (1959. 12. 29.생)

인천 서구 염곡로311번길 12, 비동 2■■호(석남동, 인천화력사택)

2. 임■희 (1972. 8. 15.생)

서울 동작구 상도로30길 63-2, 4■■호(상도동)

3. 임■희 (1969. 10. 30.생)

파주시 미래로 562, 903동 15■■호(와동동, 가람마을9단지남양
휴튼아파트)

4. 임■희 (1964. 4. 23.생)

안양시 만안구 수리산로56번길 5-3, 6층 6■■호(안양동)

5. 임■현 (1960. 8. 3.생)

부천시 안곡로149번길 30, 가동 2■■호(괴안동, 성우아파트)

위 사건의 공평한 해결을 위하여 당사자의 이익, 그 밖의 모든 사정을 참작하여 다음
과 같이 결정한다.

결정사항

1. 별지 목록 기재 각 부동산을 경매에 부쳐 그 대금에서 경매비용을 공제한 나머지

금액을 원고와 피고들에게 각 1/6의 비율로 분배한다.

2. 소송비용은 각자 부담한다.

청구의 표시

1. 청구취지

결정사항 제1항과 같다.

2. 청구원인

별지 청구원인 기재와 같다.

2016. 10. 12.

판사 박 ▨ 아

※ 이 결정서 정본을 송달받은 날부터 2주일 이내에 이의를 신청하지 아니하면 이 결정은 재판상 화해와 같은 효력을 가지며, 재판상 화해는 확정판결과 동일한 효력이 있습니다.

2016-0078993610-B7947   위변조 방지용 바코드 입니다.   2 / 5

공유물분할을 위한 형식적 경매신청

신청인 노█리 (860708 -*******)

　　　　창원시 의창구 북면 감계로 277,

　　　　106동 7██호(감계리, 창원감계아내에코프리미엄)

　　　　송달장소 : 평택시 평남로 1029, 2██호(동삭동, 쓰리제이타워)

　　　　송달영수인 : 법무사 유█수

상대방 1. 임█숙 (591229-*******)

　　　　　인천 서구 염곡로311번길 12, 비동 2██호(석남동, 한전아파트)

　　　　2. 임█회 (720815-*******)

　　　　　서울 동작구 상도로30길 63-2, 4██호(상도동)

　　　　　등기부상주소 : 서울 동작구 만양로 26,

　　　　　　　　　　　103동 3██호(노량진동, 건영아파트)

　　　　3. 임█회 (691030-*******)

　　　　　파주시 미래로 562,

　　　　　903동 15██호(와동동, 가람마을9단지 남양휴튼)

　　　　4. 임█회 (640423-*******)

　　　　　안양시 만안구 수리산로56번길 5-3, 6층 6██호(안양동,맥스빌)

　　　　5. 임█현 (600803-*******)

　　　　　부천시 안곡로149번길 30, 가동 2██호(괴안동,성우3차아파트)

경매할 부동산의 표시

별지 목록 기재와 같습니다.

집행권원의 표시

창원지방법원 통영지원 2016 가단 48█ 공유물분할 사건의 확정판결

신 청 취 지

대전지방법원 홍성지원 2016 가단 65█ 공유물분할 청구사건의 확정된 화해권고결정에 의거한 배당을 위하여 별지목록 기재 부동산에 대한 경매 개시결정을 한다.

라는 결정을 구합니다.

신 청 이 유

별지목록기재 부동산은 신청인 및 상대방들 총 6인이 각 6분의 1의 지분으로 공유하고 있습니다.

신청인은 상대방들을 상대로 귀원 2016 가단 65█호 공유물분할 청구의 소를 제기하여 2016. 10. 12. 화해권고결정이 있었고 2016. 11. 22. 최종 확정 되었는 바, 위 공유부동산을 경매에 붙여 경매비용을 공제한 나머지 금액을 각 지분 비율로 분배하여야 합니다.

따라서 신청인은 위 확정된 화해권고결정에 의거하여 공유물을 분할하고자 이사건 형식적 경매를 신청하게 되었습니다.

본 책의 내용에 대해 의견이나 질문이 있으면
전화(02)333-3577, 이메일 dodreamedia@naver.com을 이용해주십시오.
의견을 적극 수렴하겠습니다.

이것이 진짜 소송 경매다

제1판 1쇄 발행 | 2017년 11월 15일
제1판 2쇄 발행 | 2020년 11월 30일

지은이 | 이종실
펴낸이 | 손희식
펴낸곳 | 한국경제신문*i*
기획제작 | (주)두드림미디어

주소 | 서울특별시 중구 청파로 463
기획출판팀 | 02-333-3577
영업마케팅팀 | 02-3604-595, 583 FAX | 02-3604-599
E-mail | dodreamedia@naver.com
등록 | 제 2-315(1967. 5. 15)

ISBN 978-89-475-4263-0 03320